BORNES TO WALK

34-36, rue La Pérouse
75116 Paris
Ouvrage dirigé par Clément Ronin

Graphisme de couverture et mise en page : Jef Cortes
Photo de couverture : © Léo Coulongeat / ERISPHERE
Photos : © Léo Coulongeat / ERISPHERE, © Violette Duval,
© Shutterstock
ISBN : 9782755695106
Dépôt légal : avril 2022
Imprimé par CPI BlackPrint (Barcelone)

VIOLETTE DUVAL

BORNES TO WALK

Hugo Doc

SOMMAIRE

PROLOGUE

Combien de temps lui a-t-il fallu ? Dix minutes ? Un peu plus ? Un peu moins ? Je dois reconnaître que je ne m'en souviens plus exactement. Cela m'a paru passer très vite, très, très vite, surtout comparé aux atermoiements des médecins jusque-là rencontrés. Le docteur, ce grand spécialiste de la maladie pour lequel je venais de parcourir en train deux cents kilomètres depuis Le Mans afin de le consulter à Paris, n'a eu besoin que de quelques minutes pour m'écouter raconter le mal qui me rongeait depuis si longtemps. Que de quelques autres supplémentaires pour consulter mon lourd dossier médical et m'inspecter. En fait, il avait déjà compris mais souhaitait sans doute confirmer son diagnostic au regard de ses propres observations. Et il n'a pas hésité plus longtemps, il était tellement sûr de lui. Il n'avait pas de temps à perdre.

— Vous souffrez de fibromyalgie, il n'y a aucun doute.

Son ton catégorique m'a convaincue. D'autant plus facilement d'ailleurs que, si j'étais venue le voir, c'était bien parce que j'avais ma petite idée sur la question. Et puis, comment douter face à ce roc de certitude ? Le docteur avait prononcé ces mots avec froideur, sans le moindre sourire, sans le moindre commentaire superflu. Des mots tellement banals pour lui, semblait-il.

Comment ne pas sentir soudain mon cœur battre, tout excité par cette révélation ? Son diagnostic – même si j'étais loin de comprendre ce qu'il signifiait – a résonné dans ma tête comme un sésame salvateur. Enfin, quelqu'un savait mettre un nom sur ce que je ressentais depuis plus de dix ans passés à entendre que c'était dans ma tête, que ce n'était « probablement pas cela » compte tenu de mon âge, à ne pas être prise au sérieux, encore et toujours. Enfin, on reconnaissait mes maux au lieu de les traiter par le mépris, voire de les nier totalement. Enfin, une porte s'ouvrait sur une perspective de traitement, de guérison, de délivrance et de vie nouvelle. Enfin…

Et soudain, je me suis sentie légère, soulagée du poids de cette attente interminable. Pleine d'espoir. Enfin…

Combien de temps a-t-il fallu pour que cette porte se referme violemment et douloureusement sur mes doigts ? À peine plus longtemps, me semble-t-il.

Un diagnostic n'est rien sans le traitement qu'il induit. Une fois le mal identifié, évidemment, je n'ai pas eu vraiment besoin de longues explications sur le pourquoi de l'apparition de ces problèmes qui pourrissaient ma vie depuis si longtemps. Le passé m'importait peu. Le présent à peine plus. Seul l'avenir immédiat et celui à long terme comptaient à mes yeux. Seul m'intéressait le comment : comment lutter, comment m'en sortir, comment reprendre le cours de ma vie une fois débarrassée de ce fardeau. La question essentielle était désormais pour moi de connaître la suite à donner.

Le mot « fibromyalgie » était nouveau pour mes parents comme pour moi, et pour tout dire absent jusque-là de notre vocabulaire. Enfin presque : j'avais effectué précédemment des recherches sur Internet pour tenter de comprendre ce que je ressentais. Et j'avais découvert ce mot un peu barbare, qui avait attiré mon attention. Il n'y avait manifestement pas de remède. Les symptômes décrits semblaient correspondre pour certains à mon vécu de malade. C'est d'ailleurs la raison pour laquelle j'avais décidé d'aller consulter ce spécialiste réputé, afin de vérifier avec lui si la piste de cette maladie, très peu (re)connue mais qui pouvait provoquer des troubles similaires aux miens, était la bonne.

Malgré une certaine hésitation au moment de le prononcer, une crainte de m'emmêler dans les syllabes, il a bien fallu que je me lance :

— Que dois-je faire, Docteur, pour cette « fibromyalgie » ? Ça se soigne comment ?

— Mettez-vous en contact avec le centre de traitement de la douleur le plus proche de chez vous, et restez active.

La réponse a fusé. Succincte et laconique. Quelques mots prononcés sur un ton très froid, sans empathie ni bienveillance. Et plus rien d'autre. Une phrase, deux indications. Elles disaient précisément l'intégralité de la tâche. C'était tout ce qu'il y avait à faire.

Point final.

Enfin presque final, puisqu'une dernière phrase a rompu le silence un peu pesant du cabinet, signifiant très clairement la fin de la consultation, et surtout celle de mes espoirs :

— Vous souhaitez régler par chèque ou en liquide ? Ça fera 70 euros.

Il n'en fallait pas plus pour que je comprenne que mon sort était scellé. Définitivement scellé. Venue à Paris la tête remplie de questions mais aussi pleine d'espoir, j'en suis repartie tout aussi désabusée, déconcertée. Dans un premier temps, j'avais été pour le moins choquée. En quelques instants, j'étais passée par toute une série d'émotions contradictoires :

joie, frustration, incompréhension, énervement, questionnement, remise en cause… À cette période de ma vie, je peinais vraiment à bouger, et face à moi, le médecin me disait de « rester active ». Cela me paraissait impossible. Rester active ? Active ?! Encore aurait-il fallu que je le sois déjà, que j'en sois capable. Mais comment faire ?

Avait-il vraiment conscience de mes douleurs ? En fin de compte, ce docteur ne s'ajoutait-il pas simplement à la liste de ceux qui n'avaient pas conscience de mon état, qui ne comprenaient rien à mes souffrances ? Aller au centre antidouleur, c'était simple. L'idée était claire dans mon esprit. Mais rester active, ça, c'était dur à avaler. Comme une sorte d'ironie déplacée. Chaque personne atteinte de cette maladie ne demande justement qu'à rester active, mais son corps est tellement en souffrance qu'elle en est bien incapable.

Qui plus est, entendre « reste active » alors que tu ne souhaites que cela, cela revient un peu à ce que l'on te traite de fainéante. « Eh bien, vas-y, bouge ton corps » : cela paraît facile, comme si ce n'était qu'une question d'envie personnelle. Comme si tout disparaissait en un claquement de doigts, simple, basique, easy : « Lève-toi et marche. »

Certains médecins devraient faire davantage attention aux mots qu'ils emploient, à plus nuancer leurs propos. La façon de parler est aussi importante que ce que l'on dit. Et j'étais justement tombée ce jour-là sur quelqu'un qui n'avait pas bien pris conscience de la portée de ses propos dans mes oreilles.

C'était davantage l'explication, la notice, qu'il aurait fallu me donner.

Alors, désabusée ? En quelque sorte. Soulagée qu'un diagnostic ait été établi. Mais tout au long du retour en train, je n'ai pas pu m'empêcher de me poser mille et une questions.

Comment vais-je faire ? Que vais-je devenir ? Comment vais-je m'en sortir ? Comment faire pour rester active ?

Plus les questions abondaient et plus je constatais que je n'avais aucune réponse à leur opposer. Rester active ?! Oui, mais comment ? J'avais 25 ans et je n'y arrivais pas...

À toutes ces questions, il aurait été normal et utile d'en entendre les réponses de la part de ce docteur, ce spécialiste. Mais s'il avait finalement bien établi le diagnostic, je n'étais pas plus avancée concernant la façon de m'en sortir. Ce « restez active » laconique ne m'avait clairement pas convaincue. Et je ne cessais de me répéter : « Comment a-t-il pu se contenter de me dire une chose pareille ? Est-il vraiment sérieux ? Est-il conscient de la brutalité de son affirmation et de son effet culpabilisant sur sa patiente ? Restez active, pfffff... »

J'étais scotchée, sous le choc : est-ce qu'il s'était foutu de moi ? Est-ce que, pour lui, la fibromyalgie était banale ? Certes, il était spécialiste de la maladie et la côtoyait au quotidien, mais pouvait-il pour autant l'annoncer comme s'il s'agissait d'un simple rhume ? Comment et pourquoi n'avait-il pas pris le temps d'un quelconque éclaircissement ? J'étais sonnée par cette rencontre. Pourquoi aucune explication ?

Au fil de mon questionnement, j'ai doucement commencé à comprendre la complexité de la maladie, le combat qui m'attendait. Si un spécialiste m'envoyait à 25 ans dans un centre antidouleur, ce n'était pas pour jouer aux billes. Et s'il me disait de rester active, c'était qu'il n'avait sans doute pas grand-chose à me proposer, comme je l'avais lu sur Internet. Enfin, s'il avait pris si peu de temps, c'était peut-être simplement que cet homme, certes peu bavard, n'était pas dans une position confortable pour m'annoncer un tel diagnostic à mon âge. Mais à ce moment précis, je ne savais pas ce que la maladie engendrerait dans ma vie de tous les jours. Je ne savais pas que ces deux mots – « restez active » – étaient la partie la plus importante de ses conseils et qu'ils allaient finalement guider ma vie.

Depuis des années, je vivais un enfer, et ce type savait exactement définir ma maladie. Certes, il ne pouvait pas savoir tout ce que j'endurais puisqu'il ne le vivait pas au quotidien. Mais tout de même, il en avait sans doute une vague idée. Et pourtant, m'annoncer son diagnostic n'avait semblé qu'une simple formalité. Je n'étais dès lors pour lui qu'un nom désormais rayé sur la liste de ses rendez-vous du jour. Du haut de sa grande connaissance, il m'avait traitée comme un patient sans grand intérêt.

Je ne fais pas là son procès. Je décris l'impression que j'avais eue – peut-être exagérée, peut-être à tort – au sortir de son cabinet. Manque de diplomatie, de tact, de signe extérieur d'intérêt pour moi, et, disons-le tout net, de bienveillance. Aussi calé était-il dans sa discipline, il ne s'était finalement pas beaucoup mieux comporté que nombre de médecins un peu particuliers qui m'avaient opposé du dédain tout au long de mon parcours.

Il connaissait ma maladie mais s'était montré très maladroit. Manifestement, le temps imparti pour chaque patient était trop limité pour qu'il puisse prendre celui nécessaire à des explications. Entre nous, il avait manqué le dialogue.

De retour chez moi, je me suis sentie plus perdue encore que lorsque j'en étais partie. Un mauvais jeu de mots pourrait me faire écrire que je ne savais plus sur quel pied danser. Mais il n'était pas question de danser. Même si je ne savais pas encore précisément ce que c'était, je pressentais de manière diffuse que les centres antidouleur n'étaient pas une solution, qu'ils ne m'apporteraient rien, ou si peu. Mes expériences me le confirmeraient plus tard.

Quant à rester active, qu'est-ce que cela signifiait ? Moi, ancienne sportive, stoppée dans sa progression… Et en quoi cela m'apporterait-il quelque chose ? Et comment être active alors qu'on est perclus de douleurs ? Il me faudra deux ans avant de pouvoir l'être enfin, active. Deux longues années passées à travailler.

Et il faudra encore quelque temps avant que je me rende compte par moi-même quelle réponse apporter à la question. Et pour le coup, je déciderai d'être active, de pratiquer une activité physique, et de bouger, bouger et bouger. En tout temps et en tout lieu.

Plusieurs années plus tard, j'ai réécrit à ce médecin, à l'occasion de mon projet de couvrir 6 700 kilomètres en marchant. Je voulais lui confier que j'avais très mal pris ses propos lors de notre rencontre ; que je n'avais jamais oublié cette consultation ; mais qu'en fait, il avait eu clairement raison. Et que, certainement inconsciemment, j'avais suivi son conseil.

Aujourd'hui, j'ai compris ce qu'il est difficile d'admettre : le mouvement, l'action apportent beaucoup aux personnes atteintes de fibromyalgie.

C'est loin d'être une recette universelle : elle me convient, à moi. Chaque individu est vraiment différent des autres face à la douleur et à la maladie, et il ne saurait être question de mettre tous les fibromyalgiques dans le même panier. Pas plus que de les comparer. Ce qui est bon pour les uns peut être sans effet ou pire pour d'autres. Selon moi, nous, les fibromyalgiques, nous sommes « same same but different ». Ce qui fonctionne pour moi ne convient pas forcément à d'autres personnes atteintes.

Je suis une ancienne sportive de haut niveau ; j'ai été diagnostiquée tôt ; je suis bien entourée ; je n'ai pas cru aux médicaments ; j'ai toujours fait attention à ce que je mange ; je suis souvent dans la nature ; je n'ai pas d'enfant ; j'ai fait des choix sociaux et professionnels en fonction de ma santé ;

j'en passe… C'est mon vécu, ma personnalité et, finalement, mon mode de vie qui sont vraiment, vraiment différents de la norme. Je n'ai aucune leçon ni même aucune recette à donner à qui que ce soit. Pour moi, il n'y a pas de recette miracle, mais pour vivre mieux cette maladie, une chose est sûre, cela demande beaucoup de travail et de détermination : c'est en quelque sorte du sport de haut niveau, un véritable challenge.

Je sais pertinemment qu'il n'est pas aisé de se convaincre, lorsqu'on souffre affreusement, que le mouvement nous aide. Pour ma part, j'ai décidé qu'il serait mon remède principal. C'est un choix personnel fondé sur ce que je suis. C'est vraiment la pratique assidue de la marche – et les 6 700 kilomètres parcourus – qui m'a fait comprendre que ma philosophie, ma façon de voir les choses étaient souvent différentes de celles des personnes touchées par cette maladie. Mais mon but n'est pas, et n'a jamais été, de faire culpabiliser ceux qui ne peuvent plus rien faire et d'affirmer qu'avec le mouvement – et rien que le mouvement – tout va aller mieux. Ce n'est pas du tout le cas. Je n'apporte que mon témoignage.

Je le sais : il est difficile de considérer le mouvement comme un médicament à part entière. Dans notre inconscient, on doit avoir recours à un traitement.

Si ce docteur avait pris le temps de m'expliquer : « Il faut rester active. Je sais, c'est compliqué à entendre et plus encore à comprendre, mais c'est la meilleure façon de traiter, à l'heure actuelle, la fibromyalgie », s'il m'avait dit ces simples phrases, cela aurait été beaucoup plus constructif. Mais les prononcer, cela faisait une minute de plus… Peut-être bien une minute de trop, pour lui.

La marche libère les endorphines – ces hormones sécrétées par le cerveau, aux effets antalgiques, anxiolytiques, relaxants, qui participent à la sensation de mieux-être – et permet de mieux nous situer dans notre vie et de renforcer notre estime de soi. De plus, elle oblige à abandonner les tensions hautes – dos, nuque, épaules – qui s'installent quand nous sommes stressés. Enfin, le type de respiration ample et régulière qu'elle implique favorise une meilleure oxygénation du corps et du cerveau. Cela participe à dénouer les tensions accumulées.

Ma façon à moi de traiter la douleur, étant donné sa constance, consiste à trouver des mécanismes qui me la font oublier. Du moins, qui m'en distraient : on ne peut l'oublier complètement car elle est constamment présente. Mais on peut la rendre plus discrète en pensant à autre chose, en écoutant de la musique, en se focalisant sur l'observation d'un paysage, en s'émerveillant pour telle ou telle chose, tout simplement… Dans le même objectif, il existe la méditation, qu'à titre personnel je ne pratique pas. Mais il y a également plein d'autres choses qui peuvent aider à ne pas penser à la douleur et provoquent du bien-être. Pour tout cela, il me faut, c'est exact, rester active…

CHAPITRE 1

SI FAUSSEMENT ORDINAIRE

C'est un jour comme les autres. Un de ces multiples matins où le réveil résonne dans ma chambre pour me sortir de mon sommeil. Sa tâche est parfois délicate. Mais en règle générale, je ne suis pas une enfant qui dort beaucoup : je suis très motivée par ce qui m'attend, que ce soit le collège ou l'entraînement. Ça ne m'incite pas à de longues nuits, et encore moins à lézarder au lit.

C'est un matin où je me prépare, donc, un peu pâteuse mais volontaire, où j'enfile un jean et un pull, des fringues plutôt sport, voire carrément – c'est plus probable – un jogging. La vérité m'oblige à dire que mon style vestimentaire s'apparente alors plus à celui d'un garçon manqué que d'une fille très coquette. Du moment que je porte mes Jordan fétiches, je suis heureuse.

Bientôt, une autre sonnerie – celle du collège, cette fois – rythme ma journée en découpant les tranches de mon emploi du temps. Maths, français, histoire-géo – et que sais-je encore ? – se succèdent en vertu de leur agencement programmé. C'est un jour comme les autres. Ni meilleur ni pire : banal.

J'ai 14 ans, mais pas 14 ans ce jour-là précisément, ni depuis la veille. Pas plus que le lendemain ne justifiera la moindre célébration. Pour tout dire, la date est tellement insignifiante que, quelques années plus tard, il me sera bien impossible de m'en souvenir avec précision. Est-ce un lundi, un mardi, ou est-ce plutôt vers la fin de la semaine ? Pourquoi y accorder la moindre importance puisque c'est un jour comme les autres ?

Ah si, tout de même : c'est jour de basket, et ça, ça n'arrive pas tout le temps. À cet âge-là, les séances ne se succèdent pas encore quotidiennement : je vais à la salle le lundi, le mercredi et le vendredi, pour l'entraînement. Je suis exemptée du rendez-vous du samedi, mais j'y retourne le dimanche, pour la compétition. Et ce jour-là, c'est une avant-veille de match, ce qui explique que je prenne tant de soin à serrer mes lacets. La rencontre de dimanche est importante, et il est hors de question que je prenne le risque de la louper pour un mauvais appui.

Ce soir-là doit donc se situer un vendredi, et ce sont désormais les crissements stridents des chaussures sur le parquet se mêlant aux sourds rebonds des ballons qui succèdent dans mes oreilles aux sonneries de la matinée et de l'après-midi. Maman est là. C'est elle qui, comme de coutume, m'a accompagnée au gymnase Jean Maurice de Mondeville, à une cinquantaine de minutes de chez nous.

J'y ai retrouvé mes coéquipières, comme la grande Rachel, qu'on ne risque pas de louper du regard : elle mesure 1,98 mètre ! Il y a aussi Véronique, la meneuse de jeu, très adroite, très carrée dans son approche et, pour tout dire, la plus « pro », et surtout la meilleure d'entre nous. Et puis Élise, aux chevilles fragiles mais qui est une vraie battante : elle n'est sans doute pas la vedette de l'équipe techniquement, mais elle se bat sur tous les ballons comme si sa vie en dépendait… Et puis il y a les autres, comme Mélanie ou Mathilde, deux filles vraiment sympa, bonnes camarades, mais qui semblent en quelque sorte « parachutées » plus ou moins volontairement sur le parquet. Le basket, oui, ça leur plaît bien : elles aiment ça et se donnent pour l'équipe. Elles jouent le jeu. Mais je sens bien qu'elles n'envisagent pas de faire carrière dans le sport. C'est leur hobby, une manière en quelque sorte de s'occuper agréablement et peut-être aussi de faire plaisir à leurs pères, qui eux sont de vrais fans. Il n'est pas rare que des jeunes arrivent dans un sport par tradition familiale.

En plus de notre entraîneur, Olivier, nous avons hérité d'un préparateur physique répondant au prénom de Serge. Il est exigeant, il n'est de toute évidence pas là pour faire de la garderie ni simplement acte de présence. C'est un « vrai » préparateur physique, qui veut nous accompagner vers le haut niveau.

— Allez les filles, on ne se relâche pas, là !

— On ne peut pas récupérer un peu ?

— Vous voulez récupérer ? OK, je vous accorde vingt secondes !

Vingt secondes, ce n'est pas vingt et une. Il commence alors à les égrener pour arriver – trop vite – au moment fatidique où il faut se remettre en action.

La réalité, c'est qu'avec lui les temps morts étaient une denrée extrêmement rare. Il nous en demandait beaucoup. Un peu trop, même, au goût de certaines qui pratiquaient le basket en dilettante. Ce type était passionné, déterminé… Mais, à vrai dire, fou dans ses exigences. Il n'avait jamais pris en charge de féminines jusque-là, et je me demande même s'il s'était déjà occupé d'enfants ou d'ados. Il n'était pas adapté à notre équipe.

Moi, je trouvais ses séances dures, c'est vrai, mais je m'y pliais volontiers, pour autant que je le pouvais. Très tôt, j'ai compris l'importance primordiale du physique dans la performance sportive, même dans une discipline aussi technique et demandant autant d'adresse que le basket. L'exemple m'était venu des États-Unis, et en particulier du plus grand joueur de tous les temps.

En octobre 1985, Michael Jordan s'était grièvement blessé au cours du troisième match de la saison NBA : fracture au niveau du pied gauche. Au grand désespoir des dirigeants et des techniciens des Chicago Bulls, le joueur phénomène s'isole, se fait discret, mais travaille, travaille, travaille beaucoup plus tôt et beaucoup plus fort que conseillé pour retrouver son niveau. Au point que, quand il revient dans son club, le mollet de son pied blessé est plus musclé que l'autre. Encore plus impressionnant : il rejoue vite et permet à son équipe d'atteindre les playoffs, les phases finales, où il marque 49 puis 63 points face à Boston lors des deux premières rencontres. À force de travail, le blessé n'a pas seulement retrouvé son niveau : il a progressé et s'est transformé en dieu vivant. Pour moi, la leçon est claire : le physique est la clé de la réussite.

Avant que notre nouveau préparateur physique ne nous prenne en charge, notre entraîneur et le club avaient confié à chacune d'entre nous un programme à effectuer pendant les vacances, pour que nous soyons préparées à travailler avec lui. On devinait que le choc allait être rude, car ce n'était déjà pas de la tarte. Moi, j'avais tiré un enseignement de l'histoire de Michael Jordan : j'avais respecté les consignes à la lettre, enchaîné les séances de pompes, de cardio, de courses plus volontiers que je ne m'étais plongée dans mes cahiers de vacances... Eux, comme tous les ans, étaient restés bien sagement rangés, voire même cachés.

Celles qui avaient eu le tort de s'affranchir de ce programme de préparation physique l'ont regretté, ce soir-là. Elles ont craché leurs poumons, plié sous la souffrance… Sprints sur toute la longueur du terrain, pas chassés, montées de genoux, foulées bondissantes, pompes… Pas moyen de tricher en se noyant dans la masse : notre nouveau coach physique nous faisait passer une par une pour mieux nous contrôler.

Il y avait quelque chose de militaire et d'inquiétant dans sa manière de crier :

— Allez, allez ! Et vous me faites ça cinquante fois !

Les visages de la plupart de mes coéquipières tournaient au cramoisi. Certaines ont même quitté le terrain pour vomir…

L'espace de quelques séances d'entraînement, et sans que je m'en aperçoive alors, Serge m'apprendra beaucoup, à commencer par l'importance du mental chez le sportif, et plus largement chez l'être humain. Notre tête contrôle notre corps, beaucoup plus que nous ne l'imaginons. J'ai retenu de lui que « si vous voulez vous dépasser, vous devez vous en donner les moyens ».

J'ai également appris de lui que nos capacités physiques sont souvent beaucoup plus grandes que nous le supposons. On pense être au maximum de ses limites, mais si le besoin s'en fait sentir, on est capable de les repousser, d'aller plus loin encore dans l'effort. Serge jouait ce rôle de catalyseur. Quand il me donnait des consignes, ou plutôt quand il m'intimait l'ordre d'aller au-delà de mes capacités, j'y parvenais finalement. Il me poussait à sortir de ma zone de confort, m'encourageait, et je m'apercevais qu'il avait raison. Seule, je n'aurais jamais pu aller dans cet espace de possibilités qu'à ma grande surprise il me faisait découvrir.

J'ignorais alors à quel point ces révélations seraient importantes pour le reste de mon existence, et qu'elles constitueraient mon credo au moment d'affronter les épreuves que la vie m'imposerait.

À un certain niveau, le sport n'est pas seulement fait de réjouissances et de sourires : on serre les dents, on peine, on souffre, même, parfois, comme ce soir-là à Jean Maurice. Mais c'est ce chemin-là qui mène à la victoire, et jamais je n'aurais été satisfaite de quitter le gymnase fraîche comme une fleur. Même comme une violette…

Cette salle, ce n'est pas rien. Elle inspire le respect et incite à l'effort. D'accord, le gymnase n'est pas tout neuf : il a été construit à la fin des années soixante. Mais il vibre lorsque les seniores de l'équipe première du club disputent un match. L'Union sportive ouvrière de Mondeville appartient à l'élite du basket français, elle évolue en Ligue féminine, la première division nationale. Et jusqu'en 2000 et l'inauguration de la Halle des sports Pierre Bérégovoy, le gymnase Jean Maurice est le « chaudron » où sont mitonnés les exploits et célébrées les victoires.

Quand on y pénètre, on devine les derniers encouragements des supporters, les cris et les chuchotements, les éblouissements et les déceptions. On se sent immédiatement motivé. Et en ce qui me concerne, je m'y sens chez moi. Il a une dimension et une ambiance familiales. Chaudron et cocon à la fois.

Alors quoi, ce bobo, cette douleur subite ressentie au cours de l'entraînement ? Comment lui attacher de l'importance ? OK, ça a été soudain et intense, ça m'a vraiment fait mal… À la réception d'un saut comme les autres, pour prendre un rebond, j'ai reçu un coup de poignard dans le talon. C'était totalement inattendu, violent… Puis la douleur a irradié rapidement sous la voûte plantaire, où elle s'est installée. J'ai accusé le coup, mais j'ai essayé de faire mine de ne pas y prêter attention. Autant sans doute pour me rassurer moi-même que pour ne pas être privée de la fin de la séance. Je me suis dit que ça allait passer…

Pour un sportif engagé, ce genre de sensations n'a malheureusement rien d'inhabituel. Même à 14 ans, on a déjà été confronté aux entorses, aux tiraillements musculaires, aux débuts d'élongations, voire de contractures, aux effets des « béquilles » (non intentionnelles) des partenaires ou adversaires, ou des bousculades plus ou moins maîtrisées sous les paniers comme aux quatre coins du terrain. Ça fait partie du jeu, et j'en ai eu ma part.

Les coups et les douleurs, ça ne se discute pas. Ou plutôt, j'ai tenu ce jour-là à ne rien laisser paraître, même si j'avais vraiment mal. J'ai fini l'entraînement comme si de rien n'était – du moins, j'ai essayé de le faire croire –, je suis passée outre, seulement handicapée dans mes mouvements par ce pied sur lequel j'avais tant de difficultés à m'appuyer. C'était une douleur banale, juste dans la moyenne haute de ce que j'avais déjà enduré par le passé, survenue au cours d'un entraînement banal, au cœur d'une journée banale. C'était du moins l'impression que je voulais donner, et ce dont j'essayais de me convaincre en mon for intérieur.

Le soir, je me suis couchée, certes meurtrie, mais sans inquiétude excessive par rapport à cette blessure, que je ne considérais même pas comme telle. Ce n'était qu'une douleur à mes yeux. J'en avais vu d'autres. J'étais loin de me douter que son apparition aurait tant de conséquences.

C'était un jour comme les autres, mais il allait changer ma vie.

CHAPITRE 2

IDOLES ET GUIDES À LA FOIS

Le basket, j'ai commencé à y jouer alors que j'étais en CE2. À peine sortie de l'œuf, j'étais « mini-poussin ». Auparavant, je m'étais essayée à la gymnastique, mais sans enthousiasme excessif. J'étais grande pour mon âge, et j'ai d'ailleurs toujours été la plus grande de ma classe pendant ma scolarité. C'est loin d'être un avantage, à la gym.

J'avais pratiqué l'athlétisme aussi, un peu. Dans la nature, où j'avais remporté quelques cross. Sur la piste aussi, où mon énergie s'était révélée débordante. J'admirais beaucoup Marie-José Pérec et je tentais de prendre exemple sur elle pour me dépasser, repousser mes limites. Marie-Jo, pour moi, symbolisait la grâce, l'élégance. Pendant les Jeux olympiques de Barcelone, j'avais été très marquée par son succès dans le 400 mètres. J'éprouvais un immense respect pour elle. Son doublé 400 mètres-200 mètres, quatre ans plus tard, lors des Jeux d'Atlanta, m'avait renforcée dans mon opinion la concernant. C'était une victoire à la fois sur ses adversaires, mais aussi sur les journalistes qui l'avaient tant critiquée jusque-là.

Moi, l'ensemble de mes performances m'avait permis d'être désignée meilleure sportive de Vire. Mais j'avoue que le sprint comme le demi-fond me donnaient l'impression de courir sans but réel : j'étais plutôt douée, mais je n'aimais pas trop ça… Ce n'était pas mon kiff, comme on dit aujourd'hui.

Et surtout, en gym comme en athlétisme, il me manquait quelque chose : des partenaires, bien sûr, parce que j'aimais partager. Et le ballon, aussi, parce que j'aimais le toucher, le donner, le recevoir, et parfois même le garder. J'adorais plus que tout jongler avec la balle, enchaîner les grigris techniques, faire étalage de virtuosités comme je voyais les joueurs de NBA le faire à la télévision. J'aimais le côté « spectacle » du basket américain. Je n'en abusais pas non plus : j'essayais d'en placer un ou deux par match, et c'était presque devenu machinal, automatique. Au fond d'eux-mêmes, mes entraîneurs appréciaient en général modérément. Mais comme cela désorganisait souvent les défenses adverses, ils ne me disaient trop rien.

À l'époque, nous habitions Vassy, une petite commune de Basse-Normandie, dans le département du Calvados. La campagne. On avait quelques vaches, quelques poules, mais les environs ne comptaient pas suffisamment d'enfants, et surtout de filles, du même âge pour bâtir une équipe. J'ai moi-même été enfant unique pendant sept ans.

À Vassy, j'aurais pu me lancer dans la musique, en solitaire. J'ai essayé, comme beaucoup de copains et de copines, mais ce n'était pas mon truc. J'avais besoin de me dépenser physiquement. C'est donc à Bihorel, en Seine-Maritime, que j'ai débuté le basket, car mon père faisait ses études non loin, à Mont-Saint-Aignan. Ensuite, j'ai joué à Vire, où j'étais surclassée et évoluais avec des filles de deux ans mes aînées. Et enfin à Mondeville, en championnat de France. Autant de mutations au gré de ma passion et de mes ambitions.

Bornes to Walk

Comme beaucoup d'enfants grandissant un peu trop vite, j'ai souffert un temps de la maladie d'Osgood-Schlatter. Il s'agit d'une inflammation douloureuse de l'os et du cartilage de la tubérosité tibiale. Les os grandissent, les muscles résistent et les tendons trinquent. La croissance, qui provoque une sollicitation excessive de la jambe, en est souvent responsable. En résultent une douleur, un gonflement et une sensibilité plus ou moins marqués au niveau du genou.

Je m'étais déjà retrouvée également avec la cheville plâtrée, à la suite d'un décollement épiphysaire. En fait, le jour où je m'étais donné cette entorse, ni mes parents ni moi-même n'avions compris que c'était une blessure sérieuse. J'avais continué à sourire, mais, à force de ne pas pouvoir poser le pied à terre, il avait bien fallu se rendre à l'évidence et consulter un médecin. C'était pareil avec les ampoules qui éclairaient de leurs énormes cloques le dessous de mes pieds après chaque match. Mon entraîneur était très impressionné. Mais une aiguille, du désinfectant, et hop, j'étais repartie.

J'avais déjà un seuil de tolérance à la douleur assez élevé. Aujourd'hui, c'est pire encore : parfois, je ne confie pas au médecin que je souffre, car je me dis que ma douleur doit être normale, habituelle, chez tous les autres aussi. Inutile d'en parler.

L'attente avant l'annonce des différents diagnostics et traitements envisagés avait en revanche toujours été stressante, pénible. Mais en aucun cas cela n'avait assombri mes rêves. La patience fait aussi partie de la trousse de survie du sportif.

À 14 ans, je mesurais 1,75 mètre. Et tout me semblait écrit concernant mon avenir : j'allais faire carrière dans le basket. C'était mon monde.

Les yeux fermés, je rêvais d'être Michael Jordan. Rien que ça. Ça m'avait prise tout de suite, dès mes premiers pas dans ce sport. Lorsque nous sommes allées, ma mère et moi, acheter mes premières baskets, il y avait dans le magasin une paire de Jordan qui me plaisaient énormément. C'est cette paire-là que je voulais, une paire de Jordan et rien d'autre. Malheureusement, le commerçant n'avait pas ma taille disponible en réserve. Il ne pouvait me proposer pour ce modèle que des chaussures trop grandes d'une pointure et tentait par tous les moyens de me convaincre d'acheter autre chose, plus adapté à mes pieds. Mais je n'en démordais pas… Après m'avoir fait essayer à peu près tout ce qu'il avait sur ses rayons, il avait dû s'avouer vaincu. Et finalement me vendre mes Jordan un peu surdimensionnées. Ma mère les conserve encore aujourd'hui, comme des reliques.

À l'époque, notre maison était déjà marquée du sceau de ma passion. Pour mes dix ans, mes parents m'avaient offert un panier de basket qui trônait fièrement dans le jardin, perché en haut de son poteau. Il n'était pas seulement devenu mon objet préféré, mais également mon meilleur ami. Dans ma chambre, à l'étage, les murs étaient tapissés des posters de mes deux idoles, Shaquille O'Neal et Michael Jordan. Ils encadraient l'étagère que ma mère avait fabriquée et installée elle-même près de mon lit pour y exposer les coupes et les médailles que j'avais moi-même remportées.

Le méga-pivot de 2,16 mètres pour 147 kilos, le « Shaq », je le suivais lors des matchs NBA qui me poussaient à me réveiller la nuit, et accessoirement me faisaient détester le décalage horaire entre la France et les États-Unis. Quant à Jordan…

Pendant les Jeux olympiques de Barcelone, en 1992, je n'avais pas loupé une seconde des matchs de la Dream Team, cette équipe de rêve qui réunissait tout ce qu'on faisait de mieux à l'époque sur les parquets. Des légendes vivantes dont j'égrenais les numéros. Ils s'appelaient Scottie Pippen (n° 8), Larry Bird (7), Patrick Ewing (6), Karl Malone (11), Charles

Barkley (14), Magic Johnson (15), John Stockton (12), David Robinson (5), Clyde Drexler (10), Chris Mullin (13). Une galaxie d'étoiles, emmenée par le numéro 9, hallucinant de talent et d'efficacité sur le terrain, et tellement pétri de classe en dehors : Michael Jordan.

Alors oui, j'admets qu'avec ma naïveté adolescente, je me reconnaissais dans leur amour de leur sport, leur détermination, leur abnégation et leur envie de repousser toujours leurs limites, d'en donner encore plus, d'aller constamment plus loin. Et j'avoue que lorsque je fermais les yeux, je m'imaginais être Michael Jordan, ce joueur, cet homme si proche de la perfection.

Quand Kobe Bryant, une autre de mes idoles, a commencé sa carrière, au moment où celle de Jordan était déjà bien engagée, tous deux m'ont donné sans le savoir une grande leçon pour ma propre vie. Après avoir avalé un entraînement physique plus que poussé, Jordan n'hésitait pas à s'y remettre le soir même, sur le chemin du retour chez lui : il avait appris que Bryant procédait de la sorte pour tenter de se rapprocher de son niveau, voire de le surpasser. Or, il était rigoureusement inconcevable pour Jordan d'être inférieur à un rival, quel qu'il soit, et à Bryant en particulier…

J'adorais cette rivalité saine, cette ambition un peu démesurée d'être le meilleur des meilleurs. Mais surtout, je me rendais compte que ces deux joueurs d'exception avaient un degré d'exigence envers eux-mêmes rarement observé dans l'histoire du sport. Je comprenais bien qu'on n'obtenait rien sans rien, que le mental et le travail étaient la clé.

Kobe Bryant et Michael Jordan ont profondément marqué ma vision de l'existence.

CHAPITRE 3

ENFANT DE LA BALLE

C'est véritablement dans le basket que je me réalisais. C'est là que je me sentais épanouie. C'était toute ma vie. Je me levais basket, je m'habillais basket, je bougeais basket, j'étudiais basket, je mangeais basket, je me couchais basket, je dormais basket. Et lorsque j'ouvrais les yeux à nouveau, le lendemain, et oubliais un temps les parquets de la NBA, je continuais à rêver basket.

Il ne m'avait pas fallu de multiples années de pratique pour rejoindre l'équipe des benjamines de l'Union sportive ouvrière de Mondeville, ce grand club dont les féminines évoluaient au plus haut niveau national. De 1996 jusqu'au terme de la saison 2018-2019, elles ont aligné vingt-quatre saisons consécutives dans l'élite, terminant même à la deuxième place du championnat (derrière Valenciennes) en 2005-2006 avant de participer à l'EuroLigue, la plus prestigieuse des compétitions continentales pour les clubs.

J'évoluais donc dans un grand club prestigieux qui, de surcroît, possédait l'un des tout meilleurs centres de formation de l'Hexagone. Et évidemment, puisque le basket était bel et bien ma vie au présent, je n'imaginais pas qu'il puisse en être autrement dans l'avenir, surtout dans ce contexte. Tout était réuni pour que je m'épanouisse pleinement.

Tout le monde le reconnaissait : moi, de nature plutôt réservée, je me transformais en guerrière lorsque mes Jordan se posaient sur le parquet. Tous ceux qui me connaissaient savaient que c'était là que j'étais moi-même, à l'état brut. Je redevenais la petite fille dont la force de caractère l'avait un jour poussée à préparer son sac à dos et à annoncer abruptement à ses parents « Je m'en vais ! » parce qu'elle n'était pas contente. J'avais alors 3 ans…

Tous mes proches me soutenaient, et même m'encourageaient désormais à suivre la voie du basket : mes parents, mon frère, ma sœur… J'étais assez mature pour mes 14 ans, je vivais intensément ma passion et rêvais secrètement de partir faire mes études aux États-Unis pour intégrer un jour le top du top, la WNBA (Women's National Basketball Association). Mes parents n'en savaient rien. Mon père avait bien idée de me faire poursuivre mes études à l'étranger, mais pour un an, et en Angleterre. J'étais particulièrement nulle en anglais alors qu'il voulait me donner la chance d'être bilingue.

Je me faisais mon film, un peu différent : bien gérer mon passage en sport-études ; me renseigner pour obtenir une bourse afin d'aller étudier aux États-Unis ; jouer au basket à l'université ; puis être recrutée par la WNBA. Un scénario bien distinct de celui de mon père et du séjour linguistique d'un an en Angleterre… Pour moi, le basket était une évidence, comme le sont aujourd'hui mes voyages et mon combat. Quelque chose d'inscrit en moi, d'inné. Ma passion.

J'étais faite pour ça. Pour être basketteuse… Je sentais bien que ma vraie place était un ballon en main. Chaque entraînement, chaque match était autant de fêtes auxquelles je me rendais avec dynamisme et détermination. Pleine d'appétit, je voulais jouer, donner le meilleur de moi-même au sein du collectif, et pour le collectif. Si on perdait, c'est qu'on ne méritait pas de gagner, et l'on devait en conséquence travailler encore plus. Pour ne pas avoir de regrets.

Le basket ne me transformait pas : il me permettait d'exprimer ma vraie personnalité, d'être moi-même. Je me sentais forte. En fait, ce n'est pas le mot : je me sentais bien. Je ne m'inquiétais de rien, tout se passait bien. Je prenais les événements comme ils arrivaient, avec une certaine insouciance. J'étais heureuse, je le pense, comme je peux l'être aujourd'hui lorsque je voyage et que je suis en mouvement. Et ce sentiment de plénitude, j'allais pouvoir l'éprouver plus souvent encore en intégrant la section sport-études.

Au collège, j'obtenais de bonnes notes et, sans fausse modestie, il semblait que j'étais plutôt douée pour les sciences et les mathématiques. Mais c'est le basket qui m'apportait la confiance nécessaire pour envisager l'avenir avec enthousiasme : j'étais à ma place.

Je connaissais mon présent, mais je savais également de quoi serait fait mon avenir. À 14 ans, on est plein de certitudes : on a l'impression de maîtriser sa vie, d'avoir tout compris à l'existence.

J'allais découvrir que la mienne ne serait pas celle que j'imaginais…

CHAPITRE 4

JE NE SAVAIS PAS

Lorsque la douleur a soudain jailli à l'intérieur de mon pied, je ne pouvais pas deviner qu'aujourd'hui encore, plus de vingt ans après, elle serait toujours ma compagne d'infortune… Pas plus que j'allais devoir attendre plusieurs années avant de pouvoir lui donner un nom.

Celui-ci n'est pas forcément facile à prononcer : fibromyalgie. De toute façon, à l'époque, mes notions de latin et de grec antique étaient, je l'avoue, tout aussi inexistantes qu'elles le sont aujourd'hui : « fibro », du latin « fibra », comme fibre ; « my » et « algie », respectivement du grec « myo », comme muscle, et « algos », comme douleur.

L'étymologie est censée tout expliquer et se suffire à elle-même en termes de (froide et clinique) description. Mais elle ne dit rien de ce que cette maladie représente. Elle ne décrit pas l'adolescente qui voit son monde lentement s'écrouler, comme sapé à la base. Son incompréhension, son mal-être, face aux incrédules. Son parcours peuplé de médecins en tous genres qui, parfois, voire souvent, lui affirment, péremptoires, que sa maladie n'existe pas, ou bien qu'elle se situe « dans sa tête », faute de savoir la reconnaître dans son corps.

Violette Duval

L'étymologie du nom de cette maladie n'exprime pas l'envie de se battre pour la personne qui en est victime, parce qu'elle ne baisse jamais les bras, mais sans savoir au juste comment le faire. Comment partir au combat quand on est désarmé ? La fibromyalgie est à mes yeux la maladie du « mal partout », comme une sorte d'énorme grippe chronique et permanente. Et il est dommage d'ailleurs qu'on l'ait affublée d'un nom compliqué, que quasiment personne n'arrive à prononcer ou orthographier.

Je ne savais pas que ce soir qui concluait une journée a priori banale deviendrait une date charnière dans mon existence. J'avais l'impression d'avoir mal à l'os. Une douleur difficile à expliquer. Comme un véritable coup de poignard, quelque chose de très soudain et très vif. Et qui se prolongeait ensuite au moment d'appuyer mon pied sur le sol. Enfin, d'essayer de l'appuyer, car, en vérité, j'avais si mal que je ne pouvais plus poser le talon par terre.

Cette douleur se faisait sentir sous le talon lorsque je sautais. Chaque fois – et ça n'a rien de rare au basket –, je recevais comme une décharge violente. À la marche, c'était supportable : on pouvait à peine le remarquer, mais en action… Ce n'était pas une fracture, on pouvait s'en rendre compte facilement. Je ne ressentais pas ce picotement caractéristique des os brisés. Comment aurais-je pu imaginer que les douleurs allaient bientôt s'étendre ? Qu'elles apparaîtraient plus tard sous la voûte plantaire, puis dans tout le pied ? Que les mêmes symptômes apparaîtraient également dans l'autre pied sans que je sache pourquoi ?

J'avais les pieds très creux à l'époque. Ils sont aujourd'hui devenus presque plats. Et je traîne cette tendinite chronique depuis cette période. Je souffre toujours de ces douleurs actuellement, et j'ai dû être équipée de semelles orthopédiques qui améliorent un peu mon ordinaire. Celle sous le talon a en revanche quasiment disparu, ce qui paraît assez étonnant. Subsistent celles qui sont consécutives à ce que l'on appelle une « aponévrosite plantaire » : c'est une inflammation d'une membrane fibreuse, dite « fascia plantaire ».

J'ignorais tout ça, à l'époque, et surtout que j'aurais bientôt des difficultés à monter des escaliers, à marcher…

J'ignorais qu'à terme la position assise me serait insupportable pour de longues durées.

J'ignorais que j'éprouverais de grandes difficultés pour dormir : douleurs dans les épaules, dans les hanches, retournements permanents car il faut changer sans cesse de position pour ne pas avoir mal… Étant jeune, je dormais à plat ventre. Il me faudra apprendre à dormir sur le dos, au risque de mettre beaucoup de temps à trouver le sommeil. Et j'ignorais qu'il me serait nécessaire de me doter d'un oreiller spécifique (Tempur®), ergonomique et thermoformé. D'un matelas spécial aussi.

J'ignorais que je ne supporterais bientôt plus le poids de la couette et des draps sur mon corps – je ne borde jamais le lit, sous peine d'avoir mal aux pieds –, des vêtements sur mes épaules, sans parler des sacs à dos, évidemment, qui font jaillir des douleurs aux épaules, au thorax et au rachis. Les sacs à main posent, eux, le problème de la latéralité : ils ne s'appuient que sur une épaule, et sont tout aussi synonymes de douleurs.

J'ignorais qu'il me faudrait limiter l'usage de l'ordinateur, du téléphone, que je maudirais les climatisations et garderais le chauffage à fond.

J'ignorais que faire mes courses deviendrait ma hantise : la foule, la clim, les rayons frais – où je mets un bonnet ou une casquette –, le bruit, les lumières partout… Je dois limiter mon temps sur place. Même les caddies ne sont pas adaptés : y déposer les produits me fait mal au dos, sans compter qu'il faut les ressortir lors du passage en caisse, puis les y remettre jusqu'à la voiture avant de les enlever à nouveau… Je préfère faire mes courses sur des marchés ou dans des petites structures.

J'ignorais qu'un nouveau et gigantesque défi me serait imposé par la maladie : faire le deuil de ma vie « d'avant ».

CHAPITRE 5

DES COUPS ET DES DOULEURS

Les symptômes de cette maladie s'insinuent dans tous les gestes quotidiens, à tous les moments de la journée, dans toutes les parties du corps… On a le crâne compressé en permanence, des maux de tête assez fréquents. C'est constant : aucun répit, mais au contraire des pics vertigineux. Pour ma part, l'envie de vomir les accompagne assez régulièrement, tant la souffrance est intense. En tout cas, cela ne disparaît jamais, c'est l'intensité qui varie. Pour certains, cela reste même bloqué tout en haut… Et alors, c'est insoutenable.

On ne sait jamais à l'avance quand cela va survenir. On se réveille, et on ne se sent pas bien du tout. Chaque matin, on se retrouve dans le « fibro fog », une sorte de brouillard absolu, la tête dans un étau. L'impression de porter en permanence un casque qui pèse des tonnes. Ni un, ni deux, ni trois, pas même quatre cafés ne parviennent à m'en faire sortir. Le brouillard est trop épais. En ce qui me concerne, s'ajoutent ces jours-là des douleurs dans la face. Il m'arrive même de ne plus sentir le côté droit de mon visage. C'est surtout le cas en hiver, lorsque la température baisse.

En permanence également, une fragilité musculaire qui se traduit par des douleurs, comme des brûlures ou des piqûres aux cervicales. Et puis, celles au niveau du thorax, insoutenables, difficilement gérables, pendant lesquelles on a l'impression de ne plus avoir ni son ni image. Celles aux coudes – j'en suis régulièrement exemptée, heureusement – et aux poignets, aux mains... Difficile de vivre lorsque toute force quitte vos mains, lorsque vous ne les sentez plus.

Les experts comptent dix-huit points douloureux sans inclure pourtant les mains, les pieds et les épaules ; personnellement, j'arrive à un total de vingt-quatre – en faisant même abstraction des côtes, une douleur conséquence d'un point douloureux sur le rachis ou la hanche – avec tous ceux que je viens d'énumérer, plus le rachis, le sacrum, les hanches, les épaules et même les côtes, ce qui n'est pas forcément typique d'une douleur fibro... J'ai la chance d'être plutôt épargnée au niveau des genoux, mais mes pieds trinquent. Chacun sa particularité. Je connais régulièrement des problèmes de sciatique : la menace se fait toujours sentir et se transforme en crises aiguës de temps à autre.

Les abdominaux en sont un parfait exemple. Les douleurs qui y apparaissent seraient liées à une contracture au niveau du rachis. Elle est ancrée là depuis si longtemps que les médecins semblent impuissants : on m'a tour à tour conseillé de rester couchée une semaine et de bouger le moins possible pour m'endormir, et au contraire on a fait travailler les muscles à grand renfort de séances de kinésithérapie. La première option est restée sans effet ; la seconde a aggravé le mal. Dans les deux cas, les difficultés à respirer ont malheureusement survécu aux manœuvres pour les anéantir.

En ce qui concerne les os eux-mêmes, les douleurs apparaissent, aiguës, ciblées. En termes de sensations, cela ressemble plus à des coups de poignard qu'à des coups de poing, sur des points précis. C'est comme un rhumatisme sournois qui attend et surgit à l'improviste.

Sur le plan musculaire, cela s'exprime dans tout le corps mais se focalise également de manière extrême sur certains points. Le ressenti est de nature différente : la douleur s'apparente à celle d'une crampe permanente, d'une brûlure intense, d'une piqûre sévère. Cela peut être insoutenable.

Des scientifiques ont donc déterminé ou décrété qu'il existait dix-huit points douloureux. Ils les ont listés. Mais les pieds, les épaules et les mains n'y sont pas répertoriés. Et pourtant… Concrètement, je n'ai aujourd'hui pas de force dans mes mains. Je ne suis évidemment pas capable de porter des poids lourds.

Je ne pourrais pas être serveuse dans un restaurant, par exemple : porter un plateau avec mes mains, physiquement, cela ne m'est pas possible. Je le ferais tomber à coup sûr. Je n'écris même pas avec des stylos « normaux » parce que je ne peux pas appuyer sur le papier avec mes mains. Je dois choisir des stylos avec des pointes fines, comme les Pilot®. Et si je passe un long moment en ligne, téléphone en main, je sais que j'en paierai les conséquences immédiatement. Douleurs à la joue, au bras, à la main, aux doigts…

Un jour, je me suis rendue aux urgences à cause d'une douleur aiguë dans les doigts. Je n'avais rien fait de particulier et j'étais inquiète. J'avais mal. Traduit en version fibro, cela signifie « j'avais très mal ; très, très mal ». Si mal que, comme j'étais sous Lyrica®, qui aurait dû atténuer la souffrance, les médecins ont immédiatement pensé que j'étais victime d'une fracture. C'était également ce que je pensais car, avec le basket, j'avais déjà testé les douleurs aiguës des doigts cassés. Radiographie. Bilan : rien. Il n'y avait rien. Un peu comme s'il s'agissait d'une douleur fantôme… Invisible, mais qui me lançait atrocement.

J'ai vécu ce genre de mésaventure également chez le dentiste. J'avais si mal que je ne parvenais même pas à savoir si la douleur provenait d'une dent ou de la gencive. Après vérification, aucune carie. Circulez, il n'y a rien à voir. Juste la fibro.

La fibromyalgie, c'est aussi, dans mon cas, abandonner les tongs ou les espadrilles pour privilégier les « bonnes » chaussures équipées des semelles orthopédiques adéquates. C'est également conduire sa voiture avec la crainte de voir surgir une redoutable crampe dans son dos, comme cela m'est arrivé par le passé, il y a un ou deux ans. Peut-être m'étais-je penchée sur le côté, peut-être avais-je fait un simple faux mouvement. Je l'ignore. Je sais en revanche avec certitude que je n'étais pas sereine sur le coup, et que je redoute au fond de moi qu'une telle expérience se renouvelle.

C'est encore, plus tôt dans mon existence, se donner une élongation rien qu'en se relevant de la position accroupie, à l'école. Développer une tendinite au niveau du pouce en écrivant pendant un cours à la fac… J'ai toujours souffert de micro-contractures, de douleurs, d'inflammations consécutives à des activités somme toute banales. Tout ce qui provoque un choc ou toutes les attitudes provoquant le plus léger déséquilibre de mon corps sont sources de complications. Je peux marcher, mais pas jouer au tennis, où une moitié du corps entre en action différemment de l'autre…

CHAPITRE 6

FROID, EFFROI

Le froid se révèle un phénomène aggravant, en ce qui me concerne. Certaines personnes atteintes de fibromyalgie détestent la chaleur, mais je ne suis pas dans ce cas. Certains trouvent un soulagement dans le froid intense. Parmi mes multiples tentatives pour améliorer mon sort, j'ai essayé la cryothérapie, et cela n'était pas une bonne idée du tout... Moi, concrètement, il faudrait que je vive sous vingt-cinq degrés toute l'année... À vingt degrés, la situation est encore gérable, même si elle réclame de nombreuses adaptations : je reste par exemple très couverte. Il est impensable que je porte un décolleté ou ce genre de vêtement, sinon je vais avoir très mal au thorax. Je suis adepte de la laine mérinos, des tenues chaudes...

Ma véritable limite se situe à quinze degrés. En deçà, ma situation devient très compliquée. Et à sept degrés, c'est difficilement vivable : pour moi, passer un hiver en France tient de l'hibernation. Je suis fière d'avoir passé le cap du dernier hiver en France. Je m'habille énormément, je dors même avec un bonnet, car j'ai peur : je sais que si je ressens le froid, je vais avoir l'une de ces migraines insupportables et les douleurs vont être ingérables.

Ce froid est synonyme de tortures, de pertes d'énergie. Moi qui ne suis pas vraiment une couche-tard, je me couche encore plus tôt. Lorsque le froid s'installe, il me saisit entièrement. Je me contracte sans même m'en apercevoir. J'ai l'impression de sentir toutes les parties de mon corps meurtries, la sensation d'avoir été frappée dans tous les sens, d'avoir été rouée de coups. Je ne suis plus que l'ombre de moi-même. Le son s'éteint, la lumière aussi.

J'ai dû migrer, changer de vie. Je suis normande, j'aime ma région, ma terre natale, j'y suis attachée : c'est chez moi, c'est vert, mais – il faut bien le reconnaître – c'est très humide. Et très honnêtement, je ne peux pas y vivre en hiver. Et plus globalement, même si je suis très attachée à la France, je pense qu'à terme j'irai passer mes hivers à l'étranger. C'est vers cela que je vais tendre dans l'avenir. Ou bien exercer un métier en télétravail, à distance, qui me permette de gérer mon emploi du temps plus facilement. C'est peut-être ça : travailleur indépendant, très indépendant.

Pour l'heure, j'habite désormais à Marseille, au climat plus clément. J'aime la vie à la campagne, et je vis pourtant en ville. Ce n'est pas un choix du cœur, c'est une nécessité. C'est fatigant, pesant. On prend les transports en commun, il y a toujours du monde, et pour quelqu'un souffrant de fibromyalgie, c'est loin d'être l'idéal… J'avoue que je ne me sens vraiment bien nulle part : la campagne, j'adore, mais je reconnais que je m'y ennuie un peu du fait de mon besoin de bouger en permanence. Mais en ville, c'est trop… Difficile de trouver l'équilibre ! Quoi qu'il en soit, le travail est souvent là, en ville, plus qu'à la campagne. Et j'ai dû construire ma vie sur ces « concessions » à ma nature profonde, sur ces adaptations indispensables.

Je ne saurais l'expliquer, car je crains assez l'humidité, mais j'ai besoin de la mer pour me sentir bien. Cela me rassure.

Peut-être est-ce le bruit des vagues, peut-être est-ce le bleu du ciel et de l'eau, peut-être ces couchers de soleil aux couleurs de feu… Je ne sais pas, mais j'ai toujours adoré la mer, et elle me fait du bien. Je la trouve apaisante. Peut-être est-ce l'eau, tout simplement : il me semble que j'ai besoin d'eau pour vivre. J'aime me baigner. Enfin quand l'eau est suffisamment chaude : sinon, à peine ai-je trempé mes pieds que les crampes arrivent. Que ce soit la Manche en Normandie ou la Méditerranée à Marseille, c'est tout de même assez limite en termes de chaleur.

Vivre en ville, clairement, et pas seulement pour moi, c'est fatigant. Il y a un bruit constant, une agitation permanente. Je ressens tout cela : je suis quelqu'un qu'on peut qualifier d'hypersensible. Généralement, d'ailleurs, les gens atteints par la fibromyalgie sont à la fois hypersensibles et hyperactifs. Personnellement, je ne suis pas hyperactive au sens pathologique du terme, mais je suis néanmoins très active. À moins que je ne sois une vraie hyperactive que la maladie a transformée en femme simplement active. J'ai besoin de ça, d'activité : femme d'intérieur, qui reste enfermée chez elle, ce n'est pas moi. Je ne me sens bien qu'en mouvement. Et malheureusement, il n'existe pas de métier où l'on soit constamment en mouvement et qui ne réclame pas l'utilisation de ses capacités physiques. Enfin, peut-être que cela existe, mais je n'ai pas encore trouvé. L'action, le mouvement sont souvent réservés aux métiers de force.

Compte tenu de ma nature profonde, être assise sur une chaise devant un ordinateur tout au long d'une journée de travail, cela ne m'est pas possible. Ce serait extrême pour moi. Je ne suis pas faite pour ça : j'ai besoin de pouvoir me lever, d'être autonome, de prendre une pause quand c'est nécessaire… L'idéal serait de pouvoir travailler de cette manière et de pouvoir disposer d'une heure pour marcher, pour compenser le fait que j'ai été assise. Moi, dès que je m'arrête de bouger longtemps, je m'endors, tellement je suis fatiguée…

Je tends forcément à un travail saisonnier, six mois dans l'année, car après un semestre continu en fonction, je suis HS. Hors service. Mais j'arrive à travailler, ce qui est déjà bien par rapport à d'autres. Mon rythme quotidien est très sage lorsque je travaille : je me lève à 7 heures, et je me couche à 21 ou 22 heures au grand maximum. Je peux parfois faire plus : j'ai une vie sociale, je sors tout de même de temps en temps, mais beaucoup moins que ne le font généralement les gens de mon âge. Je sais pertinemment que si je sors, le lendemain ou surtout le surlendemain – c'est encore pire –, je vais ressentir une très grande fatigue. Je dois m'imposer un certain rythme, calme et régulier. Et encore ai-je la chance, pour quelqu'un atteint de cette maladie, d'être capable de bouger. Certains ne le sont pas. Ils souffrent trop, et de manière trop constante.

À certains moments, il m'est arrivé de me retrouver dans cette situation. J'ai connu des périodes de crises encore plus sévères que ce qui constituait mon quotidien, déjà souvent pénible. À l'âge de 25 ans, notamment. C'était très compliqué… Je ne pouvais plus rien faire, je passais mes journées allongée dans mon lit, les médicaments antidouleur qui m'étaient prescrits m'assommaient totalement. Je ne voyais pas le jour. J'attendais que le temps passe, que la douleur passe… En vain. C'était interminable. Je devais redoubler de patience, m'inventer un monde virtuel. Seul un brin de musique éclaircissait furtivement ma journée.

Dans ces moments-là, tu es seul contre ta douleur, seul face à toi-même. Tu luttes, tu es obligé de t'isoler, ou du moins tu te retrouves de manière obligatoire en situation d'isolement. C'est logique : tu ne peux pas sortir, tu vis chez tes parents, tu manges, tu restes allongé, tu attends… Pour illustrer cette situation, je dirais que, bien des années plus tard, je n'ai pas trop souffert du confinement dû à la pandémie de Covid-19. En comparaison à ce que j'avais vécu, c'était beaucoup plus simple à vivre : j'avais la chance et le plaisir de pouvoir me mouvoir, alors que, dix ans plus tôt, cela m'était impossible.

Mon état s'accompagnait de pertes de mémoire. Je dois toutefois concéder que les médicaments n'en étaient pas nécessairement l'unique cause. C'est aussi un problème récurrent, voire fréquent. Il m'arrive de parler d'un sujet et qu'à force d'en parler, j'oublie justement ce que j'évoquais. Bien d'autres gens qui ne sont pas atteints de fibromyalgie sont certes victimes de ce phénomène. Mais cela fait néanmoins partie des problèmes rencontrés par les fibromyalgiques. En fait, à l'époque, cela ne me dérangeait pas tant que cela, c'était presque anecdotique puisque je ne voyais pas grand-monde. Je n'avais pas trop à utiliser ma mémoire.

C'était catastrophique…

CHAPITRE 7

LA TÊTE N'EST PAS TOUT

J'ai dû apprendre à gérer ces périodes de crise comme les autres. Aujourd'hui, je suis en constante adaptation. J'ai compris que le mouvement stimulait la sécrétion des endorphines, et qu'il s'avère mieux de fabriquer ses propres endorphines naturelles que d'ingurgiter de la morphine, de la kétamine, de la prégabaline (Lyrica®), des antidépresseurs, des anxiolytiques, des psychotropes, des antidouleurs... Tous ces médicaments, ces substances artificielles, qu'on nous donne.

Ils ne sont pas efficaces et sont dangereux pour notre corps sur le long terme puisqu'on ne sait pas vraiment quelles sont les causes de ces douleurs. A priori, la fibromyalgie est un trouble d'hyperexcitabilité du système nerveux central. Sans plus de précisions. Aussi, les médecins des centres sont partis sur le raisonnement de diminuer cette hyperexcitabilité à la base du système nerveux central (donc le cerveau, la tête ont bien un rôle), mais ils n'ont pas vraiment cherché – ou pas réussi – à comprendre le pourquoi de cette hyperexcitabilité ni d'où elle provenait. Faute de trouver la racine du mal, ils tentent d'en couper le message nerveux.

Mais où se situent les douleurs engendrées par la fibromyalgie ? Dans la tête, comme cela a longtemps été imaginé ? Ou ailleurs ? Faute de réponse claire, on prescrit des médicaments, des substances qui n'agissent au mieux que sur les symptômes.

Alors c'est vrai qu'un antidouleur peut aider. Il peut permettre de passer une phase délicate, mais la fibromyalgie, elle, est permanente. C'est une maladie chronique. Et l'on ne peut pas durablement ingurgiter de telles substances, sous peine de prendre des risques. Personnellement, je connais quelques fibromyalgiques ayant perdu une grande partie de leurs capacités mentales, voire ayant dû subir une opération du fait de ces abus de médicaments sous forme de cocktails sans doute destructeurs.

J'ignore si la recherche médicale n'est pas suffisamment orientée dans ce domaine pour parvenir à trouver les origines de la fibromyalgie ou si les chercheurs n'y parviennent tout simplement pas – comme c'est le cas pour d'autres maladies –, mais en tout cas, on ne sait toujours pas d'où ça vient. À une époque, on disait que la fibromyalgie était très probablement une maladie neurologique. Aujourd'hui, on évoque plutôt une maladie du système immunitaire, ou peut-être un problème de microbiote, l'ensemble des micro-organismes – bactéries, virus, parasites, champignons non pathogènes – hébergés par le corps humain.

Ce sont des hypothèses, des axes de travail. Un peu plus que ça, même, puisque cela a été démontré sur un panel de patients. C'est encourageant, même si, pour l'heure, cela ne résout rien. Le processus est très long car, pour faire des études à plus grande échelle, il faut lever des fonds, et il faut du temps…

Il faut du temps pour prouver, pour démontrer, via une étude. Ensuite, il faut du temps pour confirmer les résultats obtenus sur un plus grand panel. Si l'étude a été conduite sur des rats, par exemple, il faut la renouveler, mais sur des humains. C'est le cas pour l'éventuelle démonstration qu'il s'agirait d'une maladie auto-immune. Et si tout fonctionne bien, cela ne suffit pas : il faut encore trouver un traitement, le tester à petite puis à grande échelle s'il est validé… Tout ce processus est très long, et très coûteux.

La recherche d'un biomarqueur est de nature un peu différente, mais cela permettrait de donner un diagnostic rapide et simple, et ce serait un point positif pour faire reconnaître notre maladie par la Sécurité sociale. Admettons que l'on trouve un marqueur sanguin : une prise de sang suffirait pour établir un diagnostic. On limiterait l'errance médicale. Cela ne signifie pas qu'un traitement serait associé, mais au moins ce serait une piste, et cela aiderait les patients à ne perdre ni espoir ni confiance. Aujourd'hui encore, l'errance, la douleur et la maltraitance médicales tuent des gens…

Quant à l'origine de ce mal, c'est la question qui, selon moi, est la plus importante : d'où vient ce mal ? Pourquoi je suis dans cet état ? Quel en a été l'élément déclencheur ? L'origine peut-elle être multifactorielle ? Mais où chercher ? Je ne suis pas chercheur, c'est un métier bien au-delà de mes compétences. Mais j'espère qu'un jour nous aurons ces réponses importantes à nos questions. D'autant plus importantes que nous devons en permanence nous justifier de notre handicap invisible, que nous ne sommes pour l'heure pas pris au sérieux. Cela ajoute de la fatigue à la fatigue déjà bien présente à cause de la maladie.

La perception du temps n'est évidemment pas la même pour celui qui souffre quotidiennement de douleurs insoutenables et pour le chercheur ou pour celui qui est en pleine santé.

L'attente, pour les malades, est pleine d'une immense frustration.

En attendant, certains sont soumis à des cocktails de molécules dans lesquels on trouve antidépresseurs, antidouleurs et plus encore. À terme, tout l'organisme s'en trouve dégradé tout en en étant devenu dépendant. Avec ce genre de mixture, on a le cerveau totalement lessivé, on ne voit plus le jour. Si encore c'était efficace…

J'ai vu, de mes propres yeux, la souffrance de malades atomisés par les médicaments. J'ai vu leurs regards vides et leurs expressions hagardes. La première fois que je me suis rendue au centre antidouleur de Flers, je suis tombée sur une femme qui tenait une canne dans une main et, dans l'autre, celle de son mari. Elle ne semblait même pas comprendre où elle était et faisait de si petits pas qu'il lui a bien fallu au moins trois minutes pour couvrir à peine vingt mètres. Ce fut un choc pour moi : je voyais un zombie. Je me suis dit en mon for intérieur : « Je ne veux pas finir comme cette dame ! » Et, sans aucun doute, cette rencontre est-elle intervenue dans ma décision de ne pas prendre trop de médicaments.

J'ai tenté le Lyrica®, mais j'avais clairement l'impression de servir de cobaye. Quand on arrive à 25 ans avec une fibromyalgie, qui touche généralement des patients d'une quarantaine d'années, on est un peu une exception. Le Lyrica® était le dernier médicament à la mode, mais, évidemment, on manquait de recul sur la substance comme on en manquait, à l'époque, sur la maladie elle-même. Surtout pour une patiente sortant de l'ordinaire :

— Vous allez prendre telle dose. Et si ça ne suffit pas, vous augmentez de 25 mg, puis à nouveau, et ainsi de suite jusqu'au dosage maximal selon votre poids…

Lorsque je suis arrivée au seuil maximal, le docteur m'a lancé :
— Cela ne vous fait rien, mais comme vous souffrez d'assez peu d'effets indésirables, augmentez la dose !

Peu d'effets, disait-il : j'étais tout de même devenue dépendante, je souffrais du manque, de maux d'estomac, et je ressentais la faim de manière importante…

J'ai pris conscience ce jour-là qu'il n'avait rien d'autre à me proposer. Que malgré l'inefficacité du médicament, il me poussait – impuissant à trouver une autre solution – à augmenter les doses. J'ai trouvé ça aberrant. Sa prescription, je l'ai jetée à la poubelle. En fait, pour être exacte, je ne suis pas allée chercher les médicaments. J'ai commencé à faire machine arrière et à me dire : « Bon, je pars faire le tour du monde, je pars loin de tout ça. » Tout cela me provoquait un certain écœurement.

J'ai arrêté les traitements. Pour dire la vérité, ma vérité – car le ressenti de la douleur est différent d'un individu à un autre –, je ne constatais d'ailleurs pas d'effets lorsque j'ingurgitais ces substances au pic de mes douleurs : j'avais toujours aussi mal. D'autres témoignages sont identiques au mien. Et quand bien même auraient-ils un quelconque effet, ces médicaments ont à long terme des effets indésirables plus néfastes qu'on ne l'imagine.

C'est vrai que j'ai encore plus mal quand je m'énerve, et que les antidépresseurs peuvent en théorie limiter, voire annihiler, le stress. La fibromyalgie, c'est aussi un cercle vicieux : plus on a mal, plus on déprime, moins on bouge… et on a donc encore plus mal. La maladie génère quasi-inévitablement une dépression. Personnellement, j'ai très peu pris d'antidépresseurs : je ne croyais pas à leurs « bienfaits ». Moi qui suis émotive de nature, j'ai préféré apprendre à mieux gérer mes émotions. Ce n'est jamais chose facile. Mais, par exemple, je ne me force plus pour faire plaisir : je fais désormais les choses car elles me plaisent et par envie. Et j'essaye de limiter les contraintes.

Mais les médecins ne prescrivent pas seulement ces antidépresseurs. Certains recommandent la kétamine, un psychotrope utilisé comme anesthésique général, également employé comme analgésique, sédatif, en traitement des douleurs chroniques et… en médecine vétérinaire. Personnellement, je n'ai jamais pris cette substance que je considère comme une drogue dure. Je ne suis pas la seule puisque – hors cadre médical – elle est classée comme stupéfiant depuis une vingtaine d'années. Consommée de manière illicite dans les discothèques comme dans les rave-parties sous forme de poudre blanche ou de liquide, elle est recherchée par des toxicomanes pour son puissant effet hallucinogène.

J'ai en revanche pris du Lyrica®, un antiépileptique : j'avoue que je ne comprenais pas bien pourquoi on me l'avait prescrit, mais j'ai fait confiance à la médecine. En fait, tu es prêt à tout pour aller mieux, tellement tu souffres. J'ai pris pas mal de tétrazépam, un composé organique prescrit en général pour son effet myorelaxant, utilisé pour traiter la contracture musculaire douloureuse en rhumatologie. Et qui a été retiré du marché européen en 2013 pour cause d'accidents cutanés… Les antidépresseurs (Laroxyl®) aussi, je connais, même si je me suis gardée de les avaler par manque de confiance à l'égard du médecin qui me les avait prescrits. Dans l'armoire à pharmacie des prescriptions, justement, on trouve aussi le tramadol, un antalgique de la famille des opiacés ; la codéïne, qui me rendait nerveuse et à fleur de peau ; la lidocaïne, un anesthésique local ; la Lamaline®, un antalgique composé de paracétamol, poudre d'opium et caféine ; et que sais-je encore… Aujourd'hui, je me contente de prendre parfois un antidouleur ou un décontractant musculaire si je n'ai vraiment pas le choix.

Le stress joue sur notre état de forme. Il faut le reconnaître. De même que garder un esprit positif aide. C'est semble-t-il le raisonnement qui conduit à prescrire ce type de traitement, mais il est très réducteur. Parce qu'il limite la maladie à une cause psychologique, ce qui est loin d'être le cas. En octobre 2020, un rapport de l'Inserm – Institut national de la santé et de la recherche médicale – préconisait d'ailleurs la pratique d'une activité physique adaptée plutôt que l'absorption de médicaments. Cela semble une grande avancée et la démonstration que, pendant des années, des patients ont avalé des médicaments pour pas grand-chose, voire pour rien.

Tout le monde sait bien que les événements ne nous affectent pas de la même manière selon que nous avons un moral plutôt positif ou plutôt négatif. Et cela qu'on souffre ou non de fibromyalgie. C'est donc un raisonnement de bon sens plus que scientifique.

Les personnes qui sont atteintes de fibromyalgie constatent que leur vie n'est plus « vivable », que les activités auxquelles elles s'adonnaient auparavant leur sont désormais impossibles à pratiquer. La maladie n'est pas seulement douloureuse, elle est également incapacitante. Pour chacun, c'est une remise en cause de son vécu, de ses choix de vie, de son passé comme de son présent : on ne peut plus vivre avec la maladie comme on vivait sans auparavant. Il n'existe qu'une option : vivre avec, accepter et tenter d'adapter son existence à ces nouvelles contraintes, extraordinairement pesantes.

Tout cela, je le sais aujourd'hui. Mon expérience me l'a appris, plus sûrement que la médecine ne m'en a informée. Mais, à l'époque de mes 14 ans, au sortir de cette séance d'entraînement où la première douleur fibro est apparue, évidemment, j'ignorais tout. Et surtout, je ne pouvais imaginer que ma vie subirait un tel bouleversement.

CHAPITRE 8

LE GRAND TOURNANT

En ce qui me concerne, la première véritable remise en cause de mes projets d'avenir intervint quelques semaines après l'apparition de cette « blessure » soudaine et inexplicable au cours de cette funeste séance d'entraînement. Devant la persistance des douleurs, le staff médical du club s'était penché sur mon cas. On avait évoqué, avant d'en écarter le diagnostic, une fracture de fatigue. Parce que je suis une battante, une ou deux fois, j'avais essayé de reprendre l'entraînement, mais il avait bien fallu se rendre à l'évidence : ce n'était tout simplement pas possible.

J'étais allée d'examen en examen, sans que rien de significatif ne soit trouvé. C'était tout aussi incompréhensible pour moi-même que pour les médecins que j'avais consultés. Mais en mon for intérieur, j'avais gardé confiance en l'avenir : je m'étais dit que le repos serait très probablement salvateur et que, un jour ou l'autre, cette douleur disparaîtrait, à l'usure. C'était résolument optimiste et un peu naïf, sans doute, mais je n'avais que 14 ans.

Les signes s'étaient pourtant révélés de plus en plus inquiétants. J'avais désormais mal aux deux pieds. L'évolution au cours des dernières semaines était allée dans le sens de l'aggravation plutôt que dans celui de la guérison. Mes appuis étaient désormais douloureux des deux côtés. J'avais la sensation qu'on m'administrait des brûlures, des coups de poignard, que quelqu'un s'obstinait à agresser mes pieds avec violence.

L'ostéopathe affilié au club s'était intéressé à moi. Il m'avait examiné avec soin, avait constaté comme un bon nombre de praticiens que mes pieds étaient creux, mais cela n'expliquait en rien mes souffrances. Il avait lui aussi pensé à une fracture de fatigue mais s'était vite ravisé après les radiographies qui ne montraient rien.

Souvent, les médecins rencontrés m'avaient proposé des infiltrations. Ce n'est pas rien pour une adolescente de 14 ans, et mes parents comme moi-même nous y étions opposés. L'un d'eux, faute de pouvoir établir un diagnostic, de pouvoir s'appuyer sur la science, m'avait même proposé un traitement, du moins une tentative de soulagement empirique : il s'agissait de piqûres d'eau de mer sous mes pieds. Je n'en avais pas vraiment saisi l'intérêt, mais j'étais prête à tenter l'expérience. Après tout, cela brillait comme une petite lueur d'espoir. Qui plus est, je n'avais pas a priori de raisons particulières de ne pas faire confiance à cet homme.

Mais à peine l'aiguille s'était-elle approchée à quelques centimètres de ma voûte plantaire que j'avais déjà un pressentiment. Je m'étais crispée, tendue. J'avais fermé les yeux pour tenter de me détendre, en vain.

L'aiguille avait traversé ma peau et instantanément provoqué une immense douleur et brûlure dans tout le pied. Comme si mon pied réagissait mal à ce corps étranger.

J'avais serré les dents. C'était trop ! Je crois bien que je n'avais jamais connu une telle douleur jusque-là.

Il m'avait semblé qu'un traitement me faisant tant souffrir n'avait pas la moindre chance de me soulager, et encore moins de me guérir. Cela avait suffi, une fois pour toutes. Exit, les injections d'eau de mer.

Témoin de ce calvaire, ma mère culpabilisait. Les parents s'en veulent souvent des problèmes de santé de leurs enfants, comme s'ils en étaient responsables, comme s'ils n'avaient pas bien « fait quelque chose » en donnant naissance à quelqu'un d'autre qu'un superman ou une superwoman. Évidemment, elle n'était responsable de rien. Ni de « défauts de conception » ni de risques quelconques qu'elle m'aurait fait courir pendant mon éducation. Cela ne l'empêchait pas de se demander ce qu'elle avait bien pu faire pour que sa fille rencontre de tels problèmes.

J'ai souvent tenté de la rassurer. Je n'y suis pas toujours parvenue.

Peut-être aussi, en adulte raisonnable, envisageait-elle déjà la suite. Enfant, adolescent, on ne se rend pas toujours compte que les événements ont des conséquences. Malgré mes semaines d'inactivité, je ne pouvais me résoudre à oublier mes rêves. Je me voyais, ou du moins je voulais me voir, riant à pleines dents le jour de mon entrée en section sports-études, lorsque l'orage serait passé, lorsque j'aurais, naturellement, retrouvé mes moyens. L'adolescence est un mélange de détermination et d'insouciance. Mon leitmotiv tenait en un mot : « Positive ! » Mon mental de championne me permettrait de surmonter les difficultés.

C'est l'époque où je me suis néanmoins totalement éloignée de mon club. Cela a été radical. En fait, quand tu peux à peine marcher et que tu dois faire une heure de route juste pour aller voir tes copines de basket, tu es peu motivée. Ce n'est pas ton principal objectif et, sur place, c'est terriblement frustrant. Donc, je me suis épargné cette torture en coupant radicalement : je ne suis pas revenue. Et les mois ont passé, et ma chance est passée. Même si, au fond, j'espérais toujours.

Chaque matin, je me réveillais avec l'espoir un peu fou que mes douleurs s'étaient envolées pendant la nuit. Le cérémonial était toujours le même : j'ouvrais les yeux, je me tournais sur le côté puis me redressais. Je posais, l'un après l'autre, doucement, mes pieds sur le sol… Et chaque matin, le constat était le même. Rien n'avait changé.

Forcément, il fallait que cela arrive. Les semaines ont passé, les rendez-vous médicaux se sont succédé, sans amélioration.

Et puis, il y a eu ce coup de fil. Ma mère a pris le téléphone. J'ai compris que cela me concernait : c'était mon entraîneur. Nous étions dans le salon.

Il a demandé comment j'allais. Les nouvelles étaient toujours les mêmes.

— Pas d'évolution.

Il a demandé à ma mère si je signais pour entrer en section sports-études.

Au regard de la situation, ma mère lui a répondu dans un soupir :

— Ce n'est pas possible, malheureusement.

Mon monde s'est effondré.

La conversation n'a pas duré bien longtemps. Le téléphone semblait brûler les mains de ma mère, qui n'a pas voulu s'appesantir. De toute façon, il n'y avait pas grand-chose à dire, rien à justifier. C'était d'une telle évidence.

C'en était fini de mes rêves.

CHAPITRE 9

COMPTES À DORMIR DEBOUT

Je ne pleure pas. Je ne m'énerve pas. Je ne m'effondre pas. C'est fini et je me sens comme anesthésiée. Cette vie-là est terminée. Je n'en veux pas à ma mère : elle a pris la décision qui s'imposait, à moins que ce ne soit les événements qui ne la lui aient imposée. Cela revient au même. Malgré mon jeune âge, j'ai traversé suffisamment d'épreuves pour en avoir tiré une certaine force mentale. Ma vie d'avant est terminée, mes rêves se sont envolés. Mon avenir semblait pourtant tellement logique, dans le haut niveau…

Lorsqu'ils évoquent leur retraite, les sportifs professionnels utilisent souvent les mots de « petite mort ». Mais une adolescente ne peut utiliser cette formulation. Il lui reste tant à vivre. Moi, il me faut reconstruire, et rapidement. Déjà, dans ma tête, je fais le constat de mes capacités. Qu'est-ce qui m'intéresse, à part le sport ? Dans quel domaine je m'épanouis, à part le sport ? Quelle activité me motive, à part le sport ? Je dois bien me rendre à l'évidence : pas grand-chose, et alors que mon existence va prendre une nouvelle tournure, il me faut repartir de zéro.

Mes réflexions, mon audit sur moi-même, m'amènent à reconnaître que je ne suis pas mauvaise en mathématiques, même si ce n'est pas exactement une discipline dans laquelle je prends un plaisir fou. J'obtiens de bonnes notes, je retiens plutôt bien. Peut-être que c'est la voie dans laquelle je dois me lancer. Il y aurait un petit pied de nez à faire à ma vie. En maths, j'apprécie la logique, et tout ce qui m'arrive est loin d'être logique. En maths, j'apprends que tout problème a une solution, alors que je viens de comprendre et d'admettre que le mien est, à l'inverse, sans solution. Une revanche sur les derniers mois de ma vie ?

Est-ce cela qui a pesé dans mon choix ? Je ne saurais le dire. Mais je me suis lancée dans la comptabilité, un métier de chiffres. On est loin du basket, même des numéros sur les maillots, mais quitte à refaire sa vie, autant se donner toutes les chances au regard de ses capacités. La comptabilité… Un choix de la raison, beaucoup plus que du cœur. Un choix par défaut, puisque ma préférence m'était interdite.

Dans cette corporation, il existe des gens passionnés, qui ont la vocation. Même si, en général, ils se lassent vite. Je comprends aisément que nombre d'experts-comptables ou de commissaires aux comptes cherchent à devenir DAF – directeurs administratifs financiers – dans des entreprises. En tout cas, pour moi, il s'agit plus de trouver quelque chose que je sais et peux faire plutôt que de répondre à un appel irrésistible des bilans et des comptes d'exploitation générale.

Quand on est jeune, on peut faire LE truc qui nous plaît le plus, vivre sa passion sur le plan professionnel. Mais il faut être honnête : dans notre société, très peu de gens sont passionnés par leur travail, très peu adorent aller bosser et très peu s'y épanouissent totalement. En tout cas, personnellement, j'en connais très peu. En revanche, je vois tellement de gens qui ne sont pas épanouis dans leur vie. Alors ça, la comptabilité, ou autre chose…

À un moment donné, j'avais envisagé d'essayer de devenir kiné, mais il fallait faire une prépa et je savais pertinemment que cela risquait d'être un rythme trop intense pendant quelques années. Et le coût des écoles de kiné ne me donnait pas envie de franchir le pas. J'avais songé aussi à une carrière de journaliste de sport pendant une période, mais je n'étais pas assez littéraire à mon sens pour faire ce métier…

Mes parents m'ont toujours répété : « Il te faut un diplôme. » À l'époque, le sport féminin n'était pas véritablement professionnel, pas vraiment rémunérateur. Je m'étais toujours pliée à leur consigne en ne négligeant jamais mes études. Ils me disaient ça, et donc, forcément, ils avaient raison. Lorsque l'idée de rejoindre le sports-études du lycée Victor-Hugo de Caen s'est effacée, j'ai donc persisté dans la voie de la raison. Ils m'ont alors beaucoup soutenue et ont cherché avec moi ce qui pourrait me convenir. En attendant, je me suis mis une pression énorme pour ce fameux bac que je voyais comme l'unique porte de sortie pour réussir ma vie.

J'ai passé un bac scientifique, et j'ai choisi une formation par dépit. Un DUT (diplôme universitaire de technologie) GEA – Gestion des entreprises et des administrations – parce que… Je ne sais même pas pourquoi, en fait ! Il n'y avait pas vraiment de raison. J'ai fait un stage en entreprise, ça m'a plutôt plu et j'ai opté pour ça. Puis j'ai choisi la comptabilité parce que ça me plaisait comme ci comme ça. Ce n'était pas du tout une vocation. Et en fait, quand je me suis retrouvée dedans, ça ne m'a pas vraiment plu. Je ne peux pas dire que je m'épanouissais, mais, je le répète, c'est le cas de beaucoup de gens qui travaillent, quel que soit leur métier.

C'est une profession peu enthousiasmante et qui réclame beaucoup d'efforts, même à côté du travail proprement dit. Les périodes fiscales, c'est dur… Même si l'on est passionné, le rythme de travail est tellement prenant que cela devient pesant. J'ai obtenu un master, mais honnêtement, je n'étais pas faite pour ça. La compta… J'ai vraiment été interloquée lorsque j'ai été recrutée par KPMG, qui est l'un des cabinets leaders de l'audit, du conseil et de l'expertise comptable, et le commissaire aux comptes de très grandes entreprises françaises. C'est un gros cabinet d'audit, très respecté et très désiré. Les postes y sont convoités. Moi, j'avais eu l'opportunité d'y faire un stage qui s'était bien passé, à Vire, en Normandie, et ensuite, j'avais décidé de postuler au Mans, où j'avais obtenu mon master. Ma candidature avait été retenue.

C'était tout, sauf ce que j'imaginais. Les études de process, l'audit pur, quand on allait chez le client pour essayer de vérifier, d'optimiser, d'améliorer les choses, ça me plaisait parce qu'il y avait un côté imaginatif et créatif. C'était hyper intéressant. Comprendre pourquoi ça n'allait pas, essayer de l'expliquer et de trouver des solutions, c'était la seule chose qui me plaisait réellement. Mais sur la totalité du travail, ça ne représentait que quelques heures dans l'année. J'étais avec des patrons qui considéraient que « le travail, c'est la vie »… Quand je partais à 18 heures, on me disait : « Bon après-midi ! » J'ai entendu ça de la part d'un autre salarié.

Je voulais faire ça deux, trois ans ; je n'y suis restée que deux. Non pas que j'aie eu un problème particulier à m'être assise sur mes rêves et à avoir dû changer d'orientation. Cela ne relevait pas d'un souci d'ordre psychologique. Le rythme était trop intense. Travailler douze heures par jour, ce n'est fait pour personne. Et a fortiori pas pour les gens fragiles. Et moi, fragile, je l'étais, c'est une certitude. Je suis plus fragile, plus sensible, plus émotive que d'autres.

En fait, je ne conçois pas une vie uniquement fondée sur le travail. Le travail est un moyen d'atteindre ses rêves, mais ce n'est pas la vie. Il y a le travail ET la vie à côté. Je me souviens d'avoir tenté d'expliquer cela à ma manager, mais elle n'a pas pu me suivre. Elle m'a juste dit :

— Je ne comprends pas.

Je pense que c'est la grosse différence et ma grosse prise de conscience.

Ma manager a d'ailleurs vite remarqué que j'étais plus motivée pour faire du sport – du volley-ball – avec eux que de la compta. À un moment donné, en « team building » – en français, renforcement d'équipe –, je me suis fait un peu descendre :

— Je t'ai vue au volley, tu mets tellement d'énergie ! Pourquoi tu ne mets pas autant d'énergie en compta ?

Chassez le naturel, il revient au galop. Cela se ressentait même là où j'étais. Étais-je heureuse ? Non. En fait, la question d'être heureux ou non est une question qu'on ne se pose pas, du moins que je ne me posais pas. C'est bien plus tard, en Birmanie, autour d'un temple, qu'un moine m'en a fait prendre conscience. Mais quoi qu'il en soit, ça ne me plaisait pas. Je côtoyais des gens qui pensaient que la vie, c'est le travail. J'étais un peu dans un monde parallèle par rapport à eux. Et je n'ai pas duré longtemps. Et de toute façon, physiquement, je n'ai pas tenu le choc, et la maladie s'est vraiment déclenchée à ce moment-là.

J'ai bénéficié d'un arrêt de travail. Puis d'un deuxième, un troisième. J'ai été hospitalisée de jour à la clinique du dos au Mans.

Le premier médecin n'a pas voulu croire à ma maladie. Il pensait sans doute que je simulais et, évidemment, il ne voulait pas me mettre en arrêt de travail. Cela a conduit à une situation complexe. Lorsque j'arrivais au travail, ma chef était surprise.

— Mais qu'est-ce que tu fais là ? Ça ne va pas, cela se voit. Va voir ton médecin.

— Oui, je sais bien. Mais je n'arrive pas à obtenir un arrêt de travail…

Je suis allée voir un deuxième médecin, qui ne comprenait pas ce que j'avais. Mais qui s'est néanmoins montré plus ouvert :

— Écoutez, je vous mets en arrêt de travail, car je vois bien que c'est indispensable. Je pense que vous avez peut-être un problème de musculation du dos, que vous avez sans doute un problème d'équilibrage entre les abdominaux et les dorsaux. Je vous propose que l'on vous inclue dans le programme de la clinique du dos, au Mans.

Et me voilà engagée dans ce programme. Sauf qu'au bout de trois semaines, je dois bien leur avouer :

— Vous me demandez de faire du rameur, et moi, je ne peux pas, là. J'ai une crise de sciatique, je ne peux pas m'asseoir.

Ils me donnaient des traitements, ça ne servait pas à grand-chose. Je pense que le chef médecin du centre avait sa petite idée sur le fait que je souffrais de fibromyalgie mais qu'il n'avait pas trop envie de me le dire.

Dans les faits, la maladie n'est pas véritablement reconnue par la Sécurité sociale. Elle peut donc difficilement justifier un arrêt de travail. Les médecins compatissants inscrivent parfois « dépression » ou autre sur les arrêts maladie qu'ils jugent indispensables.

À un moment, il a bien fallu se décider à quitter ce métier pour lequel je n'étais pas faite, et que je ne pouvais pas assumer physiquement non plus. Alors même qu'on me l'imposait, faute de prise en compte officielle de ma maladie. Je n'ai pas de regrets : je pense aujourd'hui avoir une vie beaucoup plus agréable que celle que j'aurais eue si j'étais restée dans un cabinet d'expertise comptable et si j'étais devenue DAF.

Être diagnostiquée très tôt, ou du moins avoir ressenti les effets de la maladie aussi tôt, m'a aidée. Si tout cela s'était déclaré à 40 ou 50 ans, avec trois enfants à charge et une famille à gérer, alors que j'aurais été installée dans la vie et dans un travail, c'est sûr que cela n'aurait pas été la même chose.

Il faut être très honnête : changer de vie est autrement plus compliqué quand on est installé, avec des « obligations » impératives ou presque.

CHAPITRE 10

LES MOTS ET LES MAUX

Initialement, j'éprouve un profond respect pour les médecins. On met notre vie entre leurs mains, et c'est bien une preuve de confiance absolue. On est « demandeur » face à eux. Et lorsque les réponses n'apparaissent pas à la hauteur de notre attente, on est d'autant plus déçu, meurtri, blessé et pire encore. Je dois avouer que, sur ce plan, mon parcours médical m'a rarement satisfaite. La fibromyalgie est peu et mal connue, ce qui rend le diagnostic compliqué. Sur quoi s'appuyer pour reconnaître ce handicap « invisible », que les analyses et les radios ne détectent pas ? Il n'existe pas plus de « marqueur » qu'on pourrait retrouver dans le sang ou ailleurs. Il faut écarter une à une de nombreuses pistes avant de pouvoir déterminer de quelle maladie il s'agit. J'ai subi quantité de prises de sang, de radiographies, et même une biopsie. Tout cela prend un temps infini.

Quant à son traitement pur et simple ou quant à sa guérison par un quelconque traitement, dans l'état actuel des choses, il n'existe pas. Ou plutôt, mais cela revient au même, s'il existe bien quelques traitements, ils sont inefficaces. Ce flou-là n'a rien d'artistique.

Et en ce qui me concerne, j'ai très tôt et longtemps été justement demandeuse. Après cette fameuse séance d'entraînement au cours de laquelle mes premières douleurs sont apparues, j'ai commencé à en consulter de nombreux, et de toutes sortes. Cela ne m'a pas été d'une très grande aide. On m'a proposé des examens, des radiographies qui ont vite permis d'écarter les soupçons de fracture de fatigue. Alors, on m'a proposé des infiltrations, ce qui est tout de même assez limite pour une ado de 14 ans. Il s'agissait de soulager mes douleurs, je le comprenais bien, mais je n'étais absolument pas convaincue car le nombre d'infiltrations sur une vie est limité. Et mes parents ne l'étaient pas non plus. Cela ne risquait pas de résoudre quoi que ce soit. Cela aurait été une tentative par défaut, faute de mieux. L'essai des piqûres d'eau de mer m'avait suffi. J'ai refusé catégoriquement.

Au suivant.

Tous me recevaient avec motivation et détermination, convaincus qu'ils allaient trouver une solution, comme toujours ou comme très souvent. Ils m'accueillaient avec le sourire lorsque j'entrais dans leur cabinet. Celui-ci s'évanouissait au fil de la consultation et virait à la grimace lorsque j'en sortais. Ils n'avaient pas trouvé la solution, pas relevé le défi, pas pu mettre leur compétence à mon service.

J'ai même vu un magnétiseur, parce qu'arrivée à un certain stade, j'étais prête à presque tout essayer. Et puis, je n'ai pas d'a priori : les rebouteux, les coupeurs de feu, les magnétiseurs, ça existe et certains patients semblent ne pas s'en plaindre. Quand tu as mal et que tu as essuyé beaucoup d'échecs, tu te dis « On ne sait jamais, je vais essayer. Au pire, ça ne me fera pas de mal », et tu tentes l'expérience. Il m'a dit que je n'avais pas « de bonnes énergies », et surtout, il m'a vendu illico une paire de « semelles magnétiques » censées devoir me soulager. Elles m'ont effectivement soulagée d'une centaine d'euros mais, sans grande surprise, n'ont été d'aucune utilité pour ma guérison.

Finalement, après avoir rencontré pas mal de médecins, nous nous sommes orientés vers un spécialiste du pied, à la Pitié-Salpêtrière à Paris. Sans jeu de mots, ce médecin du pied était une pointure. Une référence. J'attendais beaucoup de ce rendez-vous. Il y en a eu deux, en fait.

À l'issue du premier, il m'a envoyé passer une scintigraphie, le seul type d'examen que je n'avais pas encore subi jusque-là. C'est une méthode d'imagerie médicale de médecine nucléaire, pas si courante, un peu particulière, mais je m'y étais pliée. Ce spécialiste me l'avait demandé et avait fait naître un certain espoir.

Déjà, j'avais commencé à entendre la petite musique lancinante et ô combien désagréable qui allait m'accompagner tout au long de mon errance médicale :

« C'est dans votre tête. »

Beaucoup me l'avaient déjà affirmé : puisque les examens ne montraient rien, c'est qu'il n'y avait rien. Et puisqu'il n'y avait rien, c'est donc que je me faisais des films.

Je songeais qu'ils étaient peut-être passés à côté d'un petit truc et qu'enfin ils me diraient : « Bon, on sait ce que vous avez, mademoiselle. On a trouvé quelque chose. »

J'espérais vraiment qu'il y ait quelque chose qui se verrait. Même si, au fond, ne rien avoir aurait dû finalement s'avérer une bonne nouvelle : j'étais en parfaite santé, sur le papier. Même si j'avais alors énormément de mal à marcher.

Lui, ce spécialiste du pied, ce chirurgien, fut l'un des seuls à tenir un langage de vérité. Honnête, sincère :

— Les examens ne dévoilent rien. Je ne vais pas vous opérer pour vous opérer, ça ne sert à rien. Vous n'avez rien. Ou du moins, très honnêtement, je ne sais pas ce que vous avez. Je n'ai pas de solution, je suis désolé.

Franchement, c'est l'une des rares fois – si ce n'est la seule – qu'un médecin m'a dit : « Je ne sais pas. »

Même si ce n'était pas du tout encourageant, même si le verdict final était négatif – il n'avait pas esquissé la moindre solution –, le simple fait qu'il m'avoue son ignorance était un soulagement.

— Je ne peux rien, vos muscles sont trop courts, je ne sais pas ce que vous avez.

Au moins, lui ne prétendait pas que c'était dans ma tête, au moins reconnaissait-il tout à la fois mes douleurs et son incapacité à les expliquer.

Il était mon dernier espoir, ma dernière chance, et j'ai bien dû alors me faire une raison. Si même lui n'y pouvait rien, j'allais devoir accepter ces douleurs chroniques sous les pieds. C'est la vie, c'est ainsi. On n'y peut rien.

Plus tard, lors de ma grosse crise chez KPMG, aux pics extrêmes des douleurs, j'en ai parfois eu tellement marre que j'ai cédé à une sorte de désespoir. « Comment vais-je faire pour vivre comme ça ? Je ne vais jamais y arriver. Je n'ai que 25 ans… » J'en étais venue à me dire que je devrais peut-être me casser un bras. Cela se verrait, on m'écouterait enfin…

Initialement, j'éprouve un profond respect pour les médecins, oui. Mais à force d'entendre certains d'entre eux refuser d'admettre leur impuissance face à mes symptômes, affirmer que mon cas est « psy » et remettre mes douleurs en cause en sous-entendant que je les inventais, j'ai commencé à douter. Aujourd'hui, j'ai arrêté de croire en la médecine, même si je reste résolument optimiste. À tel point que je ne vais plus chez le médecin qu'en de très rares occasions, pour des problèmes très ponctuels et limités.

Désormais, je ne m'attarde pas sur ma maladie. Je l'annonce sans attente de réponse, comme un fait établi. Cela n'empêche pas qu'on me fasse beaucoup de commentaires, sur le diagnostic en fait. C'est fatigant, usant.

J'entends des avis définitifs tels que « Ah, la fibromyalgie, je n'y crois pas, c'est une maladie inventée », « C'est psy », « C'est psychosomatique ». Les fibrosceptiques sont nombreux.

La remplaçante d'un médecin qu'on m'a conseillé l'année dernière, en dernière année de médecine, m'a même dit, dans la même phrase :

— Je ne connais pas la maladie, mais il me semble que c'est psychosomatique…

Merci pour cet avis éclairé sur une maladie qu'elle-même avouait ne pas connaître. Elle m'a tuée.

À l'annonce de ma maladie, il n'est pas rare qu'on me propose des médicaments de manière très insistante. On me propose tout ce que je veux (ou pourrais vouloir) très facilement, et sans que j'en fasse la demande. « Antidouleur, antidépresseur, pas de soucis. Dites-moi ce qui vous intéresse ! »

Il y a pire : comme celui qui, à l'énoncé de ma maladie, m'a fait comprendre clairement que, bon, les fibromyalgiques, il en a « déjà vu », qu'on est « insupportables », qu'il « en a marre », parce qu'on se « plaint de nos douleurs » mais qu'on ne fait « aucun effort pour se bouger »… J'ai eu envie de lui rappeler que quand on va chez le médecin, a priori, ce n'est pas pour dire que tout va bien, et que je ne comprends même pas ce genre de commentaires, mais à quoi bon ?

En fait, j'ai progressivement perdu confiance en la médecine, envers les médecins. Ce type de jugements et d'avis bien tranchés sur le mot « fibromyalgie » n'est pas normal. Face à quelqu'un qui souffre d'un cancer, on ne lui dit pas : « Tu m'emmerdes avec ton cancer… » Comme il n'y a pas de solution à la fibromyalgie, on a tendance à nous mépriser.

J'ai donc peu d'affinités avec les médecins. J'ai honoré tellement de rendez-vous à l'issue desquels il ne s'est rien passé que je suis arrivée à saturation. J'y vais lorsque cela me paraît vraiment judicieux et indispensable, mais je n'ai pas envie d'y aller. Je ne veux plus passer tout ce temps dans les cabinets ou à subir des examens pour entendre le même refrain : « C'est psy, c'est dans votre tête… »

Je n'ai plus de temps à perdre, enfermée dans les cabinets. C'était même un double enfermement que je vivais puisque j'étais bloquée dans mon lit, les douleurs étant trop importantes. Je suis quelqu'un qui aime regarder par la fenêtre. Alors oui, j'ai cherché la liberté par la suite.

On remet mon diagnostic en cause très, très souvent, dans les trois quarts des cas. C'est hyper pesant, surtout quand, au fond, ce sont les maîtres de la science qui refusent de me croire… Remet-on en cause le diagnostic d'une personne atteinte d'un cancer ? D'une sclérose en plaques ? NON.

Les médecins n'ont pas, ou pas assez, conscience qu'ils représentent nos seuls espoirs. Ou peut-être en sont-ils à ce point conscients qu'ils le vivent difficilement. Par définition, on attend d'un médecin qu'il nous soigne, nous livre un diagnostic et nous délivre un traitement efficace. Alors, face à ces douleurs qu'ils ne savent ni expliquer ni soigner, la tentation est grande pour eux de considérer le « psychologique », pour ne pas dire le « psychiatrique », comme une planche de salut.

Maintenant, d'ailleurs, lorsque j'entends un médecin prononcer ces mots, je traduis. Je comprends ça comme un « Je ne sais pas ». Ils ne sont pas conscients qu'en évoquant ces facteurs « psy », ils perdent des points à l'égard de leur patient. Cantonner la douleur à cela est tout de même assez réducteur de la part de gens qui ont des connaissances dans le domaine du mécanisme de la douleur chez l'humain. Le corps humain est hyper complexe, et reconnaître qu'on ne comprend pas est une forme de sagesse. En outre, l'admettre et le dire à ses patients me paraît la moindre des choses. Le patient est là pour entendre la vérité.

Sans doute considèrent-ils que toute vérité n'est pas bonne à entendre et qu'expliquer qu'à l'heure actuelle il n'y a pas de traitement peut être néfaste pour le patient. Il n'empêche : on peut expliquer qu'il va falloir vivre avec la douleur et trouver des solutions pour mieux la gérer, qu'on peut jouer sur le mental, sur la remise en mouvement progressive, sur l'adaptation à son milieu… Personnellement, c'est un discours que je n'ai jamais entendu. Mais, avec les nouvelles recherches et les nouvelles découvertes, j'espère que les anciens réflexes vont tendre à disparaître : il y a une mission de formation énorme à remplir auprès des futurs médecins. Pour l'heure, une chose est sûre : le « psy » a bon dos.

En ce qui me concerne, si un médecin commence à me faire la morale en me disant que c'est psy, je claque la porte. J'ai trop subi ce genre de commentaire. C'est certes plus simple pour eux, mais beaucoup plus blessant pour le malade. Blessant de sentir que l'on souffre et que le corps médical n'entend pas cette souffrance. Logiquement, il devrait être en première ligne pour entendre.

Les mots ont autant d'importance que les maux. L'apprentissage du « Je ne sais pas » devrait être au programme des études de médecine. Il n'y a rien d'humiliant à le reconnaître : personne ne peut tout savoir. Et puis le corps humain est tellement complexe qu'on ne peut en vouloir à personne de ne pas tout connaître. Les progrès sans fin de la médecine, les découvertes régulières nous prouvent bien qu'il existait des zones d'ombre, des domaines dans lesquels on ne savait pas tout.

Même si c'est un constat d'échec, il est plus acceptable pour le malade de l'entendre que de se sentir rejeté par les hommes de science vers une quelconque responsabilité, voire une culpabilité. « C'est dans votre tête » : au mieux, cela signifie que c'est votre cerveau qui provoque vos douleurs. Au pire, que vous les inventez… Je n'hésite pas à utiliser le terme de maltraitance à l'égard de nombre de personnes atteintes de fibromyalgie.

Quand tu as 14 ans et qu'on te dit « Tu n'as rien, c'est dans ta tête », tu reçois ça comme une gifle, et pire encore. Tu sais bien que ce n'est pas dans ta tête, que c'est mécanique. Tu sais bien que tu souffres et que tu n'inventes pas. Que tu n'es pas hypocondriaque, mais plutôt en grande souffrance. On ne s'invente pas des douleurs qui remettent notre existence en cause et font s'évaporer nos rêves ! Et très logiquement, on préfère entendre « Je ne sais pas », même si cela ne fait pas naître d'espoir, plutôt qu'une réponse en forme de remise en cause pure et simple de son état.

Pendant la plus sévère de mes crises, alors que j'étais à la clinique du Mans, j'ai vu un psy. Les programmes incluent systématiquement de telles consultations. Au regard des douleurs et de tout ce que cela engendre, cela se comprend. Alors, j'y suis allée, et j'ai parlé, parlé…

Au cours de la première séance, je lui ai raconté ma vie. Dès la deuxième, il était fixé :

— Eh bien, pour dire vrai, je crois que ça ne sert à rien que l'on se revoie. Je pense que vous avez passé le cap et, sincèrement, je ne peux rien vous apporter.

— Ah oui ? D'accord. Merci de m'avoir reçue.

Je ne voyais pas l'intérêt de venir le consulter, et lui ne voyait pas davantage l'intérêt de me recevoir. On s'est quittés en bons termes…

En quoi est-ce « psy » ? À l'époque où j'avais envie de jouer au basket, je n'avais pas envie qu'on me dise ça car je savais déjà pertinemment que mes douleurs n'étaient pas dans ma tête. Elles étaient bien réelles, et physiques.

Je m'autorise une petite parenthèse.

Cette maladie touche de deux à trois millions de personnes en France, essentiellement des femmes, à 80 %. Je me demande toujours : si la maladie touchait à 80 % des hommes, serait-elle appréhendée de la même manière ? Je ne le pense pas. Il existe sans doute chez certains un a priori sexiste. Je ne peux pas être affirmative ni accusatrice, mais j'ai tout de même le sentiment que, parfois, comme c'est une « maladie de femme », on s'en fout, on n'écoute pas. Les femmes ont mal ? Elles y sont habituées, c'est normal. Elles nous emmerdent, ces femmes, à toujours se plaindre…

Malheureusement, cela reflète un peu la mentalité de certains médecins.

Je ferme la parenthèse.

CHAPITRE 11

LA DÉCISION

Le pic de ma plus forte crise, alors que je travaillais encore chez KPMG, est une illustration à peu près parfaite de ce que peut endurer le malade atteint de fibromyalgie. Le premier médecin consulté n'a pas compris grand-chose à mes douleurs. Il ne m'a pas donné d'arrêt de travail. Il m'a juste dit que c'était psy et m'a donc prescrit des antidépresseurs et des antidouleurs. Le cas typique du médecin qui pense que la douleur, c'est psy.

Le second, lui, a pointé un problème de déséquilibre entre muscles antagonistes, abdominaux-dorsaux. Il m'a mise en arrêt de travail et m'a trouvé une place à l'École du dos, au Mans. C'était une hospitalisation de jour, j'y allais trois matinées par semaine.

Mais ce centre de rééducation n'était pas particulièrement adapté à mon état. J'ai testé l'ergothérapie, la kiné, la balnéothérapie, mais lorsqu'il s'est agi de faire du sport proprement dit, ça a coincé. Faire du rameur est sans doute profitable à certains. Mais comment s'asseoir sur l'appareil quand justement on vient là – entre autres – parce qu'on ne peut même pas s'asseoir ?

D'où mes tentatives pour trouver par moi-même un diagnostic, et ma visite chez ce médecin spécialiste à Paris. Celui qui pour la première fois a su donner un nom à ma maladie… Le médecin du centre m'a alors placée en arrêt de travail complet car j'étais bien incapable de suivre les cours de sport. Il m'a mise de surcroît sous Lyrica®, avec les effets induits. Cette véritable errance médicale a été un cauchemar.

Mais presque rien à côté de la suite : j'étais en arrêt de travail total et la Sécurité sociale m'envoie une convocation pour un rendez-vous chez l'un de ses médecins-conseils afin de vérifier la véracité de cet arrêt… Avec une certaine naïveté, sans doute, je pensais que c'était un contrôle basique. Je lui ai montré ma feuille du spécialiste attestant de son diagnostic. J'étais toute contente de pouvoir lui montrer ce papier.

Je lui explique que j'ai une fibromyalgie, je suis souriante, je lui montre la feuille, je sens qu'elle est contente. Elle a un rictus. Elle regarde le papier, elle m'ausculte deux minutes, histoire de…

Et puis, lorsque nous revenons à son bureau, elle me dit :

— Eh bien, il va falloir vous remettre à travailler !

À cet instant-là, j'ai été tellement scotchée que je n'arrivais pas à parler. Je ne m'attendais tellement pas à cela : aucun mot ne pouvait sortir de ma bouche. Peut-être ai-je esquissé un « OK » ou un « Oui, oui » ; je ne m'en souviens pas. Car dans ma tête, j'ai compris immédiatement qu'elle venait de me faire perdre mon travail. À la minute même où elle a prononcé ces mots. Je savais pertinemment que je ne réussirais jamais à reprendre le travail dans cet état. J'étais vraiment écœurée, estomaquée, dégoûtée, je me suis sentie incomprise. Je n'avais jamais jusque-là été en arrêt de travail de ma vie ; j'ai toujours cotisé ; j'ai toujours bien payé mes impôts ; je suis une « bosseuse ».

Je suis sortie de là groggy. J'ai fait bonne figure, je n'ai pas pleuré devant cette femme médecin, mais lorsque j'ai appelé mes parents, j'ai littéralement fondu en larmes. C'étaient des larmes d'incompréhension, d'énervement. Pourquoi m'a-t-elle dit cela ? Pourquoi n'a-t-elle pas pris mon état en compte ? Et moi, pourquoi ai-je souri ? J'aurais dû jouer la mourante... Je lui ai dit que je voulais retravailler, bien sûr, mais que mon état n'était pas compatible avec mon travail.

Je ne savais pas encore alors que la fibromyalgie n'est pas une maladie reconnue par la Sécurité sociale, qu'elle est souvent remise en cause. Mais j'en subissais les conséquences, de plein fouet.

Comme j'étais en arrêt, j'ai dû passer voir le médecin du travail. Par chance, elle connaissait ma maladie. Et elle-même souffrait d'une maladie chronique. C'est elle qui m'a expliqué qu'en effet la maladie n'est pas reconnue. (Et je le découvre sur Internet par des témoignages.) Il n'empêche : elle ne comprenait pas la décision du médecin-conseil de la Sécu, qui voulait que je reprenne le travail à plein temps, dans mon état, sous l'effet des traitements qui m'étaient administrés ! Vraiment, elle n'en revenait pas.

Le médecin du travail a sauvé ce qu'elle pouvait : elle m'a placée en mi-temps thérapeutique. Moi, je savais déjà que je ne pourrais pas être opérationnelle, qu'il me fallait du repos, que ma santé était prioritaire et que c'en était fini de KPMG.

Encore une fois – j'insiste –, la fibromyalgie n'est pas prise en compte par la Sécurité sociale. Pourtant, elle est reconnue par l'OMS comme maladie depuis 1992, et il y a bien une définition sur ameli.fr, le site Internet de la Sécurité sociale. Mais non, elle n'est pas reconnue au titre de l'ALD (affection longue durée) – c'est un vrai frein à notre prise en charge – et, pire, elle n'entre dans aucune case.

Et certains médecins m'ont d'ailleurs affirmé, à tort, que la fibromyalgie est parfaitement reconnue... Il y a une réelle méconnaissance de la maladie. Et cela condamne ses victimes à ce genre d'aberration : perdre un travail juste parce que la fibromyalgie n'est pas considérée comme une « vraie » maladie. On ne prend pas vos douleurs en compte, des douleurs que je ne souhaite vraiment à personne. Votre parole, vos douleurs, votre diagnostic, votre arrêt de travail, votre traitement n'ont finalement aucune valeur. C'est terrible.

Aberration poussant d'ailleurs les médecins généralistes qui sont au courant de la situation à écrire pour motif sur les arrêts de travail : dépression. On marche sur la tête...

Pour le médecin-conseil, peu lui importe : elle aura réussi son job, elle aura remis une personne à travailler. Un bon point dans ses statistiques...

J'ai fait appel de cette décision. J'ai revu un autre médecin. Il m'a expliqué qu'à partir du moment où vous pouvez travailler cinq minutes, vous êtes déclaré apte à travailler.

— Je vais dans le sens de ma collègue..., a-t-il décrété.

Qu'importe si je ne suis pas réellement apte à travailler. Il me fallait reprendre au plus vite, avec en prime la suspicion d'avoir simulé mes souffrances... Encore dois-je avouer que j'ai bénéficié d'atouts pour limiter les effets de cette aberration. Mes parents m'aident, mes employeurs me soutenaient également. D'autres n'ont pas cette chance : outre le coup bas violent d'être assimilés à des fainéants – profitant d'arrêts de travail prétendument indus, alors qu'ils ont toujours bossé jusque-là –, nombre de fibros sont poussés vers une précarité et une détresse importantes. Comme si devoir faire face à leurs douleurs qui ne s'arrêtent jamais ne suffisait pas... Oui, il faut que ça change !

Pendant un mois, j'ai essayé. Je bénéficiais donc d'un mi-temps thérapeutique. Mais même ça, c'était trop. Je ne pouvais pas supporter ce rythme, et mes chefs le savaient bien. Il fallait envisager un licenciement pour inaptitude, seule issue possible. Chez KPMG, on voulait me garder, me laisser quelques mois, mais j'ai décidé avec leur accord de mettre fin au calvaire.

Je peinais pour tout, je restais allongée autant que je le pouvais, j'avais besoin de repos, j'avais trop forcé pour être capable de supporter. Mes parents sont venus me chercher et j'ai consulté le centre antidouleur de Flers. On a continué à me prescrire le fameux Lyrica®, médicament des douleurs neuropathiques, de l'épilepsie et du trouble anxieux généralisé. J'ai revu mon kiné habituel, qui me connaissait bien. Mais qui ne me reconnaissait plus trop, vu mon état. Il me l'a avoué bien plus tard :

— La première fois que tu es arrivée à mon cabinet, il était impossible de te toucher, j'étais choqué tellement tu souffrais. Pas question de massage, juste de te passer sous une lampe chaude.

Initialement, j'éprouve un profond respect pour les médecins, oui, je le redis encore. Mais si j'évite aujourd'hui le plus possible d'aller en consulter un, ce n'est pas pour cacher quoi que ce soit ni pour jouer les héroïnes. Si je rechigne à leur parler de mes douleurs, c'est plus prosaïquement parce que je sais pertinemment qu'ils ne peuvent rien pour moi.

Face à une maladie qu'ils ne connaissent pas, invisible sur tous les examens, les médecins n'ont pas beaucoup de solutions, et toutes sont désagréables pour le patient. Les pires se moquent de vous et vous accusent de simuler. D'autres pensent que tout est dans votre tête et vous parlent de symptômes « psy » qu'ils pensent soigner à grand renfort de substances douteuses. D'autres encore ne comprennent pas ou ne cherchent pas à comprendre, n'ont pas trop d'avis, mais faute de mieux, appliquent des schémas dépassés et vous infligent des antidouleurs destructeurs en s'attaquant aux symptômes plutôt qu'à leur cause. Les derniers, enfin, les plus honnêtes, admettent qu'ils ne savent pas. Ils sont rares, très rares.

Aujourd'hui, heureusement, il existe de plus de plus de praticiens qui laissent de côté le côté psy et parlent d'activité physique adaptée, de programme pluridisciplinaire et/ou de thérapie non médicamenteuse. Ils sont bienveillants et à l'écoute. La recherche a évolué. Cela me semble personnellement plus adapté, plus cohérent. Mais j'avoue que, à 25 ans, j'ai fait un break total concernant tout le côté médical. Je me suis créé ma propre solution. Je ne les ai pas attendus, j'ai compris qu'ils ne pouvaient rien pour moi.

J'ai très vite compris qu'il fallait que je vive avec cette maladie et que je trouve seule mon équilibre personnel. Je suis la seule capable d'appréhender ma douleur et de l'apprivoiser. J'ai vite compris que je devais accepter cette situation, cette maladie inclassable qui n'entre dans aucune case. Accepter ce challenge, pour avancer pas à pas.

Admettre un tel précepte de base, franchir ce cap, est essentiel pour chaque fibromyalgique, chaque malade. Je n'affirme pas que c'est simple. Cela ne se fait pas en un claquement de doigts. C'est un travail à plein temps. Il y a des chutes, des avancées, des rechutes… Nombreux sont ceux qui ne peuvent pas faire ce pas en avant qui revient à trouver la force et les moyens de s'en sortir, de surmonter son état au-delà de la douleur.

Mon licenciement pour inaptitude à exercer mon travail et mes déboires avec la Sécurité sociale ont été douloureux mais se sont révélés finalement un mal pour un bien : j'ai dû, j'ai pu, changer de vie, j'y ai été contrainte. Si je ne l'avais pas été, je ne sais pas ce que je serais devenue.

C'est à cause de, mais aussi grâce à, la maladie que j'ai pu changer de vie et comprendre très tôt ce que voulait dire « avoir la santé ». « Bonne santé » a pris un autre sens. « Comment ça va ? » également. J'ai vite appris que tout peut s'arrêter du jour au lendemain, qu'on ne sait pas de quoi sera fait demain, et que, oui, il faut profiter. Maintenant, tout de suite. Je sais que je ne suis pas à l'abri d'une énorme crise ni de perdre ma liberté de me mouvoir. J'ai redéfini mes priorités et je me suis dit : « Quitte à vivre ainsi, autant réaliser mes rêves les plus fous et partir loin, partir faire un tour du monde. »

Physiquement, je n'en pouvais plus, mais c'est tout de même ce départ de KPMG qui a fait que je me suis arrêtée et que je me suis permis d'avoir une autre vie. J'étais écœurée de la situation, en saturation, alors autant aller voir ailleurs, loin. L'appel du voyage devenait trop fort.

CHAPITRE 12

LE TOUR DE MOI

Je suis partie… Nous sommes le 8 mai 2012, et me voilà en route vers la grande aventure. Direction Saint-Pétersbourg. La date a été choisie un peu par hasard, au gré des tarifs des compagnies aériennes. Il s'agissait de trouver le vol le moins cher. Je dis « nous », car nous étions trois, avec Céline et Thomas, rencontrés via une annonce sur un forum de voyage. Nous cherchions tous trois des compagnons pour faire un tour du monde et nous nous étions retrouvés ensuite à échanger autour d'un verre. Nous avions décidé de nous lancer ensemble dans l'aventure de notre vie…

Étant donné mon état de santé et mon appréhension de voyager seule, il m'avait semblé indispensable de partir avec d'autres voyageurs. Dans les faits, j'allais me retrouver seule au bout de trois mois : Thomas et moi n'avions pas les mêmes envies, et Céline tombera malade en Chine et décidera de rentrer, me laissant seule à Pékin.

Il m'a fallu deux ans pour penser que cela allait mieux. Pour le constater aussi. Outre les douleurs, j'ai ressenti mon isolement. Du moins, cette incompréhension face à la maladie qui conduit à l'isolement. La musique a souvent été mon réconfort. J'ai découvert à quel point elle pouvait avoir un effet relaxant, calmant… Sur moi – je ne prétends pas que la musicothérapie soit efficace sur tout le monde –, les sons, les mélodies atténuaient le stress, libéraient les tensions. Certes, ce n'était pas suffisant pour me faire tout oublier et me guérir, mais cela m'a été utile.

Pour le reste, compliqué d'avoir une vie sociale, recluse dans un lit. D'avoir une vie de couple aussi. D'avoir une vie tout court. Mais j'avais compris qu'il me fallait être patiente et j'ai tenu bon. Peu à peu, trop lentement à mon goût, j'ai pu entamer l'amorce d'une vie sociale. Oh, pas grand-chose ! Mais trois fois par semaine, les lundis, mercredis et vendredis, c'était ma grande sortie en voiture : j'allais chez le kiné. Cela a constitué ma première fenêtre ouverte sur le monde.

Pas la seule. Professionnellement, j'ai obtenu la reconnaissance de la qualité de travailleur handicapé (RQTH) – qui peut vous permettre d'obtenir un emploi adapté à votre handicap – et, en lieu et place de Pôle emploi, c'est Cap emploi qui s'est « chargé » de moi : c'est un organisme ayant pour mission d'accompagner vers et dans l'emploi les personnes handicapées et leurs employeurs. Je me suis retrouvée au milieu de gens immobilisés en fauteuil roulant, d'aveugles… Malgré la sévérité de mes symptômes et la réalité de mon handicap – invisible –, je me suis parfois demandé si j'étais bien légitime à cette place.

Lors de la réunion de bienvenue globale à Cap emploi avec toutes ces personnes handicapées, il a suffi de trois minutes pour que l'intervenant nous explique que si nous avions un gros diplôme et des troubles musculo-squelettiques, cela allait être difficile de nous aider et de nous retrouver un travail… Que d'optimisme ! Mais au moins, j'étais fixée. Et une fois cette réunion passée, mon conseiller n'a pas su quoi me dire à l'annonce de ma maladie et de mes contraintes : je ne peux pas rester trop longtemps assise ni trop longtemps debout… Il était dépité et j'ai même dû le rassurer. Le monde à l'envers. Il semblait que je cochais toutes les cases de la catégorie des personnes inclassables, irrécupérables… À 25 ans, je ne me voyais pas d'avenir en France… Ma seule échappatoire, c'était de partir loin.

J'ai tout de même participé à des entretiens pour des postes de prof de compta ou d'inspecteur des impôts, pas dégradants du tout et même hyper ambitieux. Mais dont je me demandais s'ils étaient vraiment compatibles avec ma maladie, compte tenu de mon expérience précédente.

Je me suis trouvée face à un choix de vie. Rentrer dans le rang ou voyager. Car durant toute cette période, ma véritable fenêtre sur la vie s'était ouverte vers le monde. Le monde entier, dans sa globalité. Les voyages rythmaient toutes mes lectures, j'allais consulter les sites des blogueurs, j'assouvissais ma passion depuis chez moi. Je faisais le tour du monde en même temps que le tour de moi. Je ne comprenais pas précisément tout de mon état de santé, mais, à coup sûr, je ne voyais pas mon avenir en France. J'en voulais à la France, j'éprouvais une certaine rancœur après tout ce que j'avais dû subir. Pas au point de fuir le pays, mais suffisamment pour avoir envie d'ailleurs. Je ne suis pas quelqu'un de négatif. Je suis optimiste par nature. Et il s'agissait plus de me créer une nouvelle vie, adaptée à moi, que de fuir l'ancienne qui ne l'était pas. Et quitte à rêver d'ailleurs, autant ne pas se limiter.

J'avais toujours eu envie de voyager, de parcourir le monde. C'est quelque chose qui a toujours été en moi. Mais je n'étais jamais passée à l'acte parce que les circonstances ne s'étaient jamais présentées. Je ressentais également toujours quelques réticences autour de moi, de la part de mon milieu familial, de mes amis. Parmi mes proches, il n'y a pas de voyageurs, de gens ayant ce tempérament. Ni mes amis ni mes parents n'ont beaucoup voyagé.

Le seul à se montrer enthousiasmé par l'idée lorsque j'en ai parlé a été mon kiné. À l'époque, en dehors de ma famille et de quelques amis, il constituait mon seul lien social. Son avis était important et son soutien encourageant :

— C'est une super idée ! Mais je te préviens, tu devras m'envoyer une carte postale de chaque pays quand tu seras sur la route !

Il était très positif, très optimiste, concernant mon envie de grande migration. Et cela me rassurait car il savait, par sa fonction, exactement où j'en étais physiquement. Les kinés ont un rôle essentiel auprès des personnes atteintes de fibromyalgie : certains m'ont même confié que c'est leur kiné qui leur a parlé pour la première fois de cette maladie et les ont orientés vers ce diagnostic. Peut-être mon kiné ne savait-il pas encore aujourd'hui à quel point il m'a aidée à tenter le grand saut. Voilà, c'est fait désormais.

Je me dois d'ouvrir une parenthèse avant de débuter le récit de mes voyages. Mes parents, je le sentais, étaient inquiets. Ils tentaient de ne rien laisser transparaître, mais ils avaient peur de me voir partir ainsi : ils avaient parfaitement conscience de l'état dans lequel je pouvais retomber. Ils m'avaient vue au plus fort de ma crise pendant des semaines et des mois, et ils redoutaient que cela se reproduise, surtout loin de chez moi, loin de chez eux. Mes amis, eux, n'avaient pas semblé craindre que ma santé ne se dégrade. Dans l'ensemble, l'accueil de la nouvelle de mon départ pour l'aventure avait été plutôt positif : tout le monde rêve de faire le tour du monde, et ils savaient que j'avais besoin de partir. Ils étaient contents pour moi.

Quant à moi, la fibromyalgie ne constituait pas ma préoccupation majeure. De toute façon, que pouvait-il m'arriver ? Si ça n'allait pas, je rentrais. Point final. Et puis mon tempérament me pousse à ne pas me mettre de barrières. Je me réalise dans l'action, pas dans le questionnement stérile. Je reconnais avoir eu une certaine appréhension au sujet de la Russie : lorsqu'on dit « Moscou », on imagine immédiatement le froid. Et le froid n'est pas bon, vraiment pas bon pour moi. C'était oublier un peu vite que le climat continental se traduit par des hivers très froids, certes, mais aussi par des étés très chauds. Mais on ne se refait pas : on s'imagine plutôt porter une chapka qu'un maillot de bain à Moscou.

Je ne vais pas, tout au long de mes récits, raconter mes douleurs, mes souffrances, les freins mis à mes aventures par la fibromyalgie. Au lieu de me lamenter sur le fait que j'ai loupé une chevauchée exaltante parce que je ne peux pas monter à cheval tel jour à tel endroit, je parlerai de l'agréable balade à pied que je me suis offerte ce jour-là sans spécifier qu'il s'agissait là d'un « plan B ». Je me connais, et je m'adapte. Clairement, c'est le maître mot : adaptation. Je n'ai rien forcé, j'y suis allée progressivement, petit à petit. Je me suis adaptée aux circonstances, aux nécessités, à mes capacités tout au long de mon périple. Les douleurs n'ont pas disparu par magie, je n'ai pas guéri subitement. Mais en voyage, je ne pense pas à la douleur, même si elle est encore là, et bien là. Je ne l'évoquerai donc pas, ou très peu, dans les pages qui suivent.

Il est temps de fermer la parenthèse et de revenir à Saint-Pétersbourg, à Moscou, et de partir ailleurs. Partout ailleurs.

CHAPITRE 13

LE TOUR DU MONDE

J'ai donc eu le déclic. J'ai franchi le pas. J'ai osé. Me voilà à Saint-Pétersbourg, mon sac sur le dos, accompagnée de deux nouveaux amis. Je ne sais pas trop à quoi m'attendre. En France, quand on parle de la Russie, c'est pour sa place dans les relations internationales ou pour les déclarations de son président. Mais on évoque peu la vie quotidienne des habitants, la réalité de la vie sur place. Pour nous, la ville n'est d'ailleurs qu'un point de départ : notre but est de rejoindre le lac Baïkal par le Transsibérien, ce célèbre train qui traverse le pays d'ouest en est.

Nous ne restons que quelques jours à Saint-Pétersbourg, le temps de nous acclimater, de nous imprégner de la ville. Je suis impressionnée par le musée de l'Ermitage au bord de la Neva et par toutes ces églises aux toits d'or. La température n'est pas aussi fraîche que je l'avais craint, et c'est un vrai soulagement. Nous nous dirigeons rapidement vers Moscou.

Contre toute attente, le pays va nous surprendre par sa beauté. Il va nous enthousiasmer pour les rencontres que nous y ferons, la gentillesse et l'hospitalité de ses habitants. À commencer par nos hôtes moscovites.

Ils composent un couple issu de la classe moyenne. À peine sommes-nous arrivés qu'ils s'impatientent de nous faire visiter la ville. On sent bien qu'ils en sont fiers. Ils argumentent. Mon anglais est alors assez approximatif, celui de mes deux amis tout aussi balbutiant, mais je comprends qu'il est question de « strike » au détour d'une phrase. Évidemment, il ne s'agit pas de bowling, et j'hésite entre le verbe (frapper) et le nom (grève). Aucun des deux ne me semble véritablement attirant pour une première balade.

Nos hôtes russes nous conseillent alors de prendre nos appareils photo. Si nous le souhaitons bien évidemment, ce n'est pas une obligation. Encore qu'ils insistent tellement… Dans ma tête, « strike » s'est mué en « manifestation » ou quelque chose d'approchant. Or, je connais le faible enthousiasme du gouvernement local pour les mouvements de ce genre. En mai 2012, nous sommes dans une période post-électorale : Vladimir Poutine vient de reprendre la présidence du pays, et être prise pour une journaliste engagée, appareil photo en bandoulière, ne me semble pas une très bonne idée. Il restera bien rangé.

Nous partons donc faire une petite balade dans la ville et parvenons à un parc où un groupe de personnes sont réunies, discutent, chantent. Notre ami moscovite nous explique qu'ils se réunissent ainsi pour protester pacifiquement contre le gouvernement nouvellement désigné. Lui-même partage leur mécontentement. Manifester ainsi n'est pas strictement interdit mais, en cas de trouble à l'ordre public, passible de peines de prison. De lourdes amendes, ce serait trop gentil. Cela ne suffirait pas… Reste à définir à partir de quel moment le trouble existe…

Ces gens « manifestent » ainsi contre la manière dont les élections se sont déroulées. Selon eux, selon lui, il y a eu des tricheries, des bourrages d'urnes et les résultats annoncés n'ont pas représenté de manière honnête le sentiment des Russes.

Leur voix a été étouffée. Les fondateurs de ce mouvement pacifiste ont d'ailleurs étrangement disparu depuis quelque temps...

Au fil de la conversation, je lui pose une question essentielle :

— Tu te sens libre dans ton pays ?

La réponse fuse, froide et concise :

— Non !

Il m'explique alors qu'il ne voit pas son avenir se dessiner en Russie, qu'il ne veut pas voir ses enfants grandir dans son pays...

Cet homme a le même âge que moi, et il ne se sent pas libre... Je me rends compte alors de l'énorme chance que j'ai d'être née en France... Je peux m'exprimer, exprimer mes opinions politiques, manifester, sans pour autant risquer ma vie.

Je me dis que ces hommes sont courageux, et je réalise que notre hôte lui-même a pris des risques pour nous montrer ce parc. Moscou m'ouvrira les yeux sur la réalité politique du pays. Quelques jours plus tard, j'en aurai confirmation lorsque j'apprendrai que le gouvernement songe à interdire au peuple de se regrouper dans des lieux publics...

L'autre vision, touristique, est plus contrastée. Moscou, sa grandeur, sa démesure, sa richesse, ses églises aux toits d'or... Moscou, son impressionnante collection de Porsche roulant dans le centre-ville, à peine à quelques kilomètres de ces mamies qui vendent quelques foulards, quelques légumes, pour tenter de survivre. Moscou et ses superbes hôtels de luxe face aux immeubles soviétiques d'après-guerre tombant en ruine. Moscou et son métro tout en marbre, imposant, majestueux, et ses escalators interminables, une véritable œuvre d'art souterraine.

Je quitte néanmoins Moscou avec une réelle idée de la vie d'un Moscovite, qui – je dois bien l'avouer – ne me fait absolument pas rêver !

L'aventure transsibérienne commence alors ! Que d'émotions ! Quand on fait plus de trente heures de train, entouré de locaux, et quand on connaît la gentillesse et l'hospitalité du peuple russe, on sait qu'on finira forcément en trinquant, un verre de vodka à la main. Et que tous les voisins se feront un plaisir de vous offrir à manger.

Rencontre improbable avec ce militaire russe qui nous explique qu'il va traverser toute la Russie pour retourner travailler dans un sous-marin ! Il ne compte plus, et depuis longtemps, ses jours de train ! Impossible de l'oublier : après cinq minutes à peine de discussion, il est si content de nous avoir pour voisins qu'il sort sa bouteille de vodka. Et attention : la vodka, en Russie, ce n'est pas tout à fait le même degré d'alcool qu'en France ! Lui, visiblement, est bien entraîné et veut nous faire tester, voire nous tester nous-mêmes. Alors, on ne s'est pas fait prier : et allez, un petit shot de vodka pure et un cornichon ! Oui, un cornichon ! Nos voisines de couchette nous ont dévoilé la technique locale pour diminuer l'effet de l'alcool. Après un shot de vodka, il faut manger un cornichon. J'avoue être plutôt impressionnée par le résultat. Après de multiples verres, je ne sens pas les effets de l'alcool, je suis fraîche comme une fleur ! Mais bon, attention, l'alcool est tout de même arrivé dans le sang !

En guise d'accompagnement, nous avons également droit aux célèbres poissons séchés russes, sortes de sardines entières séchées à déguster comme apéritif… Et bien sûr, impossible de refuser : les Russes sont tellement heureux de t'offrir à manger qu'il n'est même pas envisageable de leur opposer un refus, même poli. Quelle gentillesse !

Je souris et remercie notre voisin, mais, comment dire… L'aspect de ce poisson, son odeur très particulière et son œil qui me fixe me repoussent terriblement… Il me faut donc redoubler d'imagination pour éviter d'avoir à l'ingurgiter :

— Désolée, je viens de me laver les dents… Je le mangerai plus tard…

Crédible ? Allez savoir…

Durant ce trajet dans le Transsibérien, nous faisons une petite pause à Tomsk et Omsk pour voir les célèbres maisons traditionnelles en bois, et une autre à Ekaterinbourg pour célébrer notre entrée en Asie.

Notre folle aventure ferroviaire se termine à Irkoutsk, d'où nous partons pour le lac Baïkal, sur l'île d'Olkhon. Ce lac est connu pour être la plus grande réserve d'eau douce au monde et pour être totalement gelé en hiver. Cet endroit, cette île, ce bout du monde, ce lac de nuages (« lake of clouds »), comme j'ai l'habitude de le surnommer, est un endroit magique, où le temps s'arrête. Un véritable havre de paix. Nul besoin de télévision : le spectacle est grandiose. Le paysage, les montagnes, la lumière et ces nuages qui se reflètent sur le lac, véritable miroir d'eau douce… Les couleurs changent, dansent, se mélangent en permanence. Nous apercevons à peine l'horizon.

Je le regarde, nous le contemplons à en oublier le temps, et nous avons véritablement l'impression de nous trouver dans un autre monde, sur une autre planète, d'avoir découvert un endroit unique, magique. Quel régal pour nos yeux !

Nous sommes happés, hypnotisés par l'endroit, et, je dois bien l'avouer, nous avons du mal à le quitter… Il sera notre véritable coup de cœur de Russie, notre petit paradis.

CHAPITRE 14

TRÉSORS MONGOLS

La Mongolie s'étend entre Russie et Chine sur une surface d'environ deux fois et demie la France mais ne compte qu'un peu plus de trois millions d'habitants, soit vingt fois moins… Ce n'est donc pas une surprise si le pays me marque d'emblée par son immensité et ses paysages infinis. Dans lesquels, d'ailleurs, son peuple est assez généreusement nomade.

Nous nous plions en quelque sorte aux habitudes locales puisque notre programme comprend un road trip dans le Nord, près des lacs, et un second dans le Sud, aux portes du désert de Gobi.

Au nord, j'éprouve vite la sensation d'être perdue en pleine nature. Ici, il n'y a pas Internet, pas de GPS et pas de route non plus. Un peu surprise, je demande à notre chauffeur :

— Comment fais-tu pour te repérer ?

Il me répond tout simplement :

— Je connais !

Le véhicule de notre expédition est un van militaire russe avec lequel nous pouvons gravir les collines, franchir les rivières, les montagnes. Cela me surprend : il est vraiment tout-terrain. Certes, il lui arrive d'avoir ses états d'âme, ses accès de colère, comme le jour où notre chauffeur commence à gravir un pic : son moteur gronde, éructe, à la limite de la surchauffe. Le chauffeur reste impassible : il maîtrise parfaitement la conduite de son van, il est sûr de lui. Plus que nous, c'est certain. Arrivé au sommet, il s'arrête et nous déclare calmement :

— Allez, on fait une pause ! Je dois vérifier les freins avant de redescendre.

Ah oui, effectivement, c'est une bonne idée ! Vu la pente, c'est tout de même mieux si les freins fonctionnent…

Nous continuons notre route en découvrant parfois au loin deux ou trois yourtes disséminées ici ou là. Il s'agit certainement d'une famille qui s'est installée là pour quelque temps. Ou pour longtemps, allez savoir… Pour nous, Européens, il est assez extraordinaire de voir cet immense terrain de jeu, ce territoire infini, sans barrières, sans clôtures, sans villes. On éprouve la sensation d'être seul au monde, libre, dans ces paysages sublimes à perte de vue. On peine à s'imaginer pouvoir planter sa yourte où on le souhaite au beau milieu de nulle part, sans rien devoir à personne, sans contrainte, sans payer un loyer.

Où sommes-nous ? Je n'en ai pas la moindre idée. Mais quelle importance ? C'est si beau, si plaisant de se sentir perdue, loin de la pollution, des hommes, des villes. Si beau de contempler cette nature, ce ciel aux mille étoiles. C'est incontestablement l'un des plus beaux ciels étoilés que j'ai pu observer dans ma petite vie de voyageuse.

Nous partons à la rencontre de ce peuple, de ces familles nomades, dont le mode de vie est incroyable. Elles vivent au milieu des steppes, isolées, sans électricité. Elles s'occupent de leurs troupeaux, migrent au rythme des saisons, s'adaptent à la nature et la respectent.

Les Mongols parlent peu. Ils sont timides, voient peu de monde, et leur univers se fonde sur leur famille et leurs animaux. Ils vivent en totale harmonie avec la nature, une nécessité que nous-mêmes avons tendance à oublier dans nos vies, nos villes, notre monde… Nous vivons sur la même planète, mais dans deux mondes différents.

Au-delà de leur style de vie, je suis fascinée par l'amour inconditionnel qu'ils éprouvent pour leurs animaux, comme ces hommes qui passent des heures et des heures à s'occuper de leurs chevaux, à les choyer, les observer, les soigner, les surveiller, leur parler… Il y a là tant d'amour, tant de passion, que c'en est terriblement touchant.

Une nuit, nous dormons dans la yourte familiale, avec les parents et leurs enfants. Les anciens, les grands-parents, avaient leur propre yourte. Nous nous retrouvons par terre sur un magnifique tapis aux motifs mongols, entre le poêle à bois et la nourriture. Comprenez de la viande, du lait, des boyaux… C'est un moment mémorable même si – je dois bien l'avouer – je ne dors pas beaucoup. J'ai mal partout. Mais néanmoins quelle chance de vivre cette expérience, quel bonheur !

La nuit est courte : ici, on vit au rythme du soleil. Lever à 5 heures. Notre hôte a lui-même commencé, de bon matin, à tailler du bois à la hache et à allumer le poêle une demi-heure plus tôt. C'est la chaleur du poêle qui nous réveille.

Nous apprenons au petit déjeuner la raison du bruit entendu pendant la nuit : le grand-père est venu taper à la porte pour prendre son fusil et partir à la chasse aux loups ! Non, ce n'est pas une blague ! Ses chevaux avaient pris peur et s'étaient enfuis car des loups les poursuivaient… Le vieil homme avait réussi à les retrouver et à les sauver. Je n'en crois pas mes oreilles d'entendre un tel récit au réveil, en 2012. Les préoccupations, les problèmes de ces Mongols sont bien éloignés des nôtres…

Plus tard, nous avons l'honneur d'entamer la dégustation d'une chèvre… En mon for intérieur, je me demande : « Mais pourquoi nous ? Pourquoi cet honneur ? » J'essaye de faire bonne figure, de garder le sourire. La gamelle contient des morceaux de chèvre grossièrement coupés. Sur ses pattes, je distingue nettement du poil. Je tourne la tête et vois ses amies gentiment gambader autour de moi. Ils l'ont tuée en notre honneur. Ils me donnent leur couteau en souriant :

— Vas-y, mange !

Grand moment de solitude. Assez logiquement, tu n'as soudain plus très faim, mais bon, tu fais un petit effort. Le moment est touchant.

La première fois que l'on m'a offert un thé, j'étais heureuse de partager un moment en famille. Mais je n'avais pas imaginé une seule seconde que, dans ce thé, ils avaient ajouté du lait ! La première gorgée est surprenante et, d'emblée, mon estomac n'est pas au mieux. J'ai déjà beaucoup de mal à digérer le lait en France, mais vu son conditionnement en Mongolie, j'éprouve une certaine crainte. Les réfrigérateurs n'existent pas dans les yourtes : le seau trône au milieu de la pièce, à l'air libre. Et je ne veux surtout pas savoir depuis combien de temps il est là…

Mais finalement, je ne tomberai pas malade. Je m'étonnerai même, plus tard, à tenter le yaourt !

Au rayon des expériences culinaires diverses et variées, je teste également ce fameux mets mystérieux que nous donne le grand-père… Il l'appelle « cheese », comme fromage, mais sincèrement, je suis bien incapable d'en identifier le goût. Je me demande même s'il faut le manger, le croquer, le sucer… En résumé poli, nous avons l'impression de sucer un caillou… Cela n'a aucun goût et nous pouvons le laisser des heures dans notre bouche sans qu'il change d'aspect. Impossible de croquer, au risque de se casser une dent.

Plus tard, à y repenser, je me demanderai si ce n'était pas tout simplement une blague... Mais le vieil homme semblait si sérieux et tellement heureux de nous offrir ce « cheese » que nous ne pouvions pas refuser. Et puis, lui-même s'en était servi et le partageait avec nous si régulièrement... Cet étrange « cheese », cet objet fromageux non identifié, n'a en tout cas pas plus que le reste provoqué un coup de cœur en moi pour la gastronomie mongole.

La fille de notre hôte est si jolie. Elle est d'abord intriguée par mon appareil photo, elle n'en a jamais vu de sa vie, n'a jamais été prise en photo. Quand elle voit sa tête sur l'écran de l'appareil, elle arbore un énorme sourire, s'empresse d'aller le dire à sa mère et, non contente sans doute de son allure, se change, se fait toute belle et commence un défilé de mode.

Elle est si heureuse d'être prise en photo, de se voir, de jouer le modèle. Même au milieu des steppes de Mongolie, on est « girly », on se fait belle pour les photos ! Son regard, sa réaction, sa spontanéité et son sourire sont magnifiques à voir.

Ici, les enfants montent à cheval dès leur plus jeune âge, à cru, sans selle. Pour eux, c'est comme apprendre à marcher ou à pédaler sur un vélo. Ils sont quasiment nés sur des chevaux, ont un grand sens de l'équilibre et sont très débrouillards. Aussi, lorsqu'il faut leur expliquer que je ne peux pas monter à cheval, du moins pas trop longtemps, que j'ai des problèmes de dos et de hanches – c'est plus simple pour expliquer la maladie en anglais –, ils me regardent avec de grands yeux incrédules.

— Allez, remonte sur ton cheval !

Ils ne comprennent pas : c'est inconcevable, impossible...

Le cheval fait partie de la famille. Nous le comprenons en observant nos hôtes et lorsque nous avons l'honneur d'être conviés à un mini Naadam, une fête traditionnelle très populaire en Mongolie. Au programme, une course de chevaux pour les enfants et de la lutte mongole pour les hommes. Tout le monde a revêtu ses vêtements du dimanche, ses plus beaux habits traditionnels. Le spectacle est sublime.

La course, elle, est très spectaculaire. Le stress est palpable, mais les enfants courent sur leurs chevaux comme des professionnels. Chaque famille supporte son champion. Nous avons nous-mêmes notre favori, le fils de notre hôte. La compétition est très sérieuse et attire les voisins – des voisins éloignés – au milieu de nulle part. C'est un peu la fête du village, sans village. Les vainqueurs de la course et des combats deviennent les fiertés de la région. Notre champion, malheureusement, ne gagnera pas. Sa déception est visible, mais il a tout donné. Je suis impressionnée par la vitesse et l'équilibre avec lesquels il court. Il a l'aisance d'un grand cavalier.

Nous abandonnons les steppes mongoles du nord, pour nous diriger vers le sud de la Mongolie et voir le désert de Gobi. Ici, les troupeaux de chèvres et de yacks sont remplacés par des groupes de chameaux. Les chevaux, eux, sont toujours présents, et bien présents. Nous sommes hébergés aux portes du désert.

Ici aussi, il est difficile de faire comprendre que je ne peux pas continuer la balade à dos de chameau qui m'est proposée. Cela ne serait vraiment pas une bonne idée pour mes douleurs… Je finis par faire admettre que je dois descendre de ma monture et je me retrouve à marcher derrière la horde. À ma gauche, les steppes, où se trouvent des chevaux et des bœufs ; à ma droite, le désert de Gobi, ce désert aux sublimes courbes infinies. Je pourrais rester des heures à contempler l'endroit. Je suis seule, libre, au cœur de cette nature. Le vent fait changer les courbes du désert, le soleil et les nuages modifient sans cesse ses couleurs. Quelques herbes ici et là ajoutent un peu de vert à cette magnifique palette. Quel incroyable tableau ! Quelle sensation de liberté ! C'est magique.

Pour notre dernière nuit dans les steppes mongoles, notre guide pense nous faire plaisir en nous faisant dormir dans une maison pour retrouver du confort : dormir dans un vrai lit, prendre une bonne douche dans une petite ville, à quelques kilomètres d'Oulan-Bator, la capitale du pays. Mais nous préférons dormir en pleine nature. Nous changeons alors de cap. La destination nous est inconnue, c'est une surprise !

Sans nous en avertir, notre guide nous emmène voir sa famille… au milieu des steppes, bien sûr ! Dire où, je ne saurais pas. Sa famille vient de migrer et construit son nouveau campement. Nous avons donc l'honneur d'y participer. De monter notre propre yourte en Mongolie ! Incroyable. Mais il faut bien admettre que nous ne maîtrisons pas la technique ! Cela paraît simple : il y a peu de pièces à monter. Mais on ne s'improvise pas expert du jour au lendemain. Les Mongols, eux, connaissent le geste parfait et millimétré, ils ont une totale maîtrise du montage de leur habitat et, nous voyant clairement en difficulté, ils finissent par nous aider. C'est un travail d'équipe, un très beau moment de partage. Nous le prolongeons en jouant avec les enfants. Il est temps de profiter une dernière fois du grand air, des étoiles, du silence. Cette merveilleuse soirée résume parfaitement cette aventure de vie de nomade.

CHAPITRE 15

CHINOISERIES

Ma première aventure chinoise fut d'obtenir mon visa. À vrai dire, je n'avais d'ailleurs pas véritablement envie d'aller dans ce pays qui ne m'attirait pas spécialement. J'étais juste curieuse. À Oulan-Bator, nous avions réuni tous les papiers nécessaires pour une demande de visa, que nous devions remettre à une « charmante » Chinoise de l'ambassade. Et nous avions bien compris que rien n'était vraiment simple. Elle avait crié sur tout le monde avant nous de sa voix très aiguë et, une fois notre tour arrivé, forcément, nous n'allions pas y échapper. Nous allions être recalées.

— Invitation! You need an invitation!

Je lui ai demandé :

— Why?

Elle s'est énervée :

— You need a Chinese invitation!

— But I don't know any Chinese, I just want to visit your country!

Elle s'est obstinée : il me fallait une invitation. J'ai gardé mon calme, mais, sincèrement, j'avais très envie de m'énerver : elle était si désagréable.

Nous apprenons alors que les règles viennent tout juste de changer. Pourquoi ? Pas vraiment d'explication. Nous apprenons également que le Tibet vient d'être totalement interdit aux étrangers. Ses frontières viennent de fermer… Manifestement, le gouvernement n'a pas vraiment envie de nous voir dans son pays…

Le visa chinois était déjà l'un des plus contraignants à obtenir. Vous deviez étaler tout votre pedigree : votre compte bancaire, un billet d'avion justifiant l'entrée et la sortie du territoire, votre pièce d'identité. Cela refroidissait nombre de voyageurs potentiels. Et nouvelle règle, il fallait désormais présenter une invitation d'un Chinois, écrite en mandarin, signée de sa main. Hôte qui devait également donner tout son pedigree…

Après quelques conseils ici et là, nous retournons à l'agence qui nous avait fourni – gratuitement – de faux billets d'avion. Oui, oui, des faux ! La pratique est courante pour obtenir un visa chinois. Tout cela était ridicule car nous rentrerons en bus dans le pays et je sortirai du territoire en avion à un tout autre endroit que celui qui était indiqué sur le billet de sortie initial. L'agence ne peut tout de même pas nous fournir une invitation mais nous conseille :

— Allez peut-être voir au restaurant chinois ; on ne sait jamais.

Trente minutes plus tard, nous sommes devant le restaurant chinois. Le service est malheureusement terminé et les patrons absents. Nous ressortons un peu désemparés, et je commence à faire l'impasse sur la Chine dans ma tête lorsque trois hommes sortent. Je me lance :

— Sorry, we are French, we travel and we would love to visit your country, but there is a new law now to obtain this visa, we need an invitation from a chinese people. Can you help us? Please.

Les trois Chinois sont un peu dubitatifs. Le plus jeune de la bande me répond :

— Really? I don't know this, but I will help you!

En deux minutes, cet homme me donne son accord avec le sourire. Il est prêt à nous fournir toutes les pièces nécessaires pour entrer dans son pays. Grand merci à lui. Il nous les enverra et nous retournerons voir notre grande amie de l'accueil de l'ambassade, toutes fières d'avoir notre fameuse invitation ! Je n'en reviens pas. Tout paraît d'un coup si simple. Finalement, la Chine est à notre portée.

CHAPITRE 16

ONLY IN CHINA

J'arrive à Pékin de nuit, vers 3 heures du matin, très fatiguée par un long voyage : Oulan-Bator-Pékin, c'est mille deux cents kilomètres à vol d'oiseau, mais bien plus en bus cahotant ! Au bas mot, quinze heures de route. Nous nous affalons dans la première auberge de jeunesse croisée. Il est temps de dormir.

Le passage à la frontière s'est avéré assez tranquille, même si, forcément, il nous manquait un papier. Il fallait montrer son carnet de vaccination et, comme les trois quarts des passagers, nous ne l'avions pas sur nous. Petites amendes de bienvenue, très modérément appréciées ! Tout le monde s'était bien gardé de nous le dire. Quant à la simple idée d'aller les chercher dans nos sacs, elle n'est même pas envisageable. C'est comme ça : il faut payer !

Le lendemain de notre arrivée, je suis super excitée de découvrir Pékin, de jour, enfin. Nous sommes basés en plein cœur de la capitale, non loin du mausolée de Mao Zedong. Je me sens bien, très heureuse : la ville ressemble à la Chine telle que je me l'étais imaginée, à la fois authentique et démesurée. Mon coup de cœur pour les parcs en Chine prend naissance : les gens s'y réunissent et jouent. Les Chinois sont très joueurs :

ils jouent aux cartes, dansent, jonglent, font du tai-chi, de la musculation, du badminton… Les parcs sont des lieux de vie et de partage où tous les âges se côtoient. Des terrains de jeux à ciel ouvert où j'adore flâner.

Durant une semaine, je ne verrai pas le soleil. J'aime tellement le soleil… Le ciel est gris, il reste figé, un voile permanent le couvre. Cette grisaille n'est pas due à la présence de nuages, comme c'est le cas dans ma Normandie natale… C'est un nuage de pollution, une énorme pollution…

Mon amie Céline n'est pas en grande forme. Elle craint d'avoir contracté une bactérie lors de notre séjour dans les steppes de Mongolie. Nous jugeons plus raisonnable de nous rendre à l'hôpital où des hôtesses nous accueillent, des infirmières nous reçoivent. On ne risque pas de les louper. Leur tenue est assez particulière, avec ce petit chapeau blanc orné d'une croix rouge, cette blouse blanche près du corps et assez courte. Sexy, les infirmières ! Je n'ai pas vraiment l'impression d'être à l'hôpital… Ne sommes-nous pas plutôt dans une soirée déguisée ? Est-ce une blague ? Leur accoutrement évoque celui des infirmières des films interdits aux moins de 18 ans, il fait semble-t-il fantasmer beaucoup d'hommes… J'en rigole. Je regrette de ne pas avoir mon appareil photo ! C'est le genre de choses qu'on ne pourrait absolument pas voir en France mais que l'on ne peut voir qu'en Chine ! Forcément, je ne peux pas m'empêcher de me dire : « Ils sont fous, ces Chinois ! » Renseignement pris, il s'agit apparemment d'une campagne pour redorer l'image des hôpitaux et des infirmières.

Welcome to China ! Only in China ! Made in China !

Mon amie est prise en charge très rapidement. Certainement un petit privilège réservé aux Européens. Voir un Occidental à l'hôpital n'est pas si courant et jamais bon signe ! Elle passe un bon nombre d'examens : prise de sang, échographie… Elle obtient même le résultat de sa prise de sang en quinze minutes sur une borne électronique ! Oui, c'est rapide et high tech, ici !

Nous sommes guidées vers une autre partie du bâtiment. Une infirmière nous y attend. Malheureusement, elle ne parle pas anglais. Pas aisé de se comprendre. Elle nous présente une coupelle. Nous restons un peu dubitatives. Je me tourne vers mon amie :

— Tu comprends, toi ?

— Bah, non !

— Peut-être que tu dois cracher dans cette coupelle ?

— Je ne sais pas !

L'infirmière commence à faire des grimaces, à se crisper, à nous désigner la coupelle… Nous essayons de décoder, mais nous ne sommes pas très au point… Je n'ai jamais été douée au jeu des devinettes… Elle tente de nous expliquer quelque chose mais n'y parvient pas. Elle finit par employer les grands moyens, par imiter la posture que nous prenons lorsque nous sommes assises aux toilettes… Ah, d'accord ! Fou rire général des deux Européennes et de la Chinoise. Les mimes sont bien un langage universel !

En fin de compte, après deux heures passées à l'hôpital, mon amie se retrouve avec une belle liste de médicaments. Nous sommes rassurées.

Compte tenu de son état de santé qui ne s'arrange pas, nous décidons d'aller jusqu'à la Grande Muraille de Chine comme les locaux, par le train et au plus près de notre base. C'est la manière la plus simple, la plus rapide, la moins fatigante, mais également la plus touristique. Très sincèrement, nous ne pensions pas voir autant de monde.

Car « touristique », en Chine, ne signifie pas une petite centaine de visiteurs, mais plutôt des milliers de personnes.

Ici, on parle de petite ville quand on y compte un million de personnes. Dans le pays, ils sont un milliard quatre cents millions d'habitants : forcément, quand les Chinois commencent à voyager, cela fait beaucoup de monde. On a vite l'impression d'être à Disneyland. Donc, nous ne sommes pas seules sur la Muraille. Mais nous sommes presque les seuls étrangers. Nous allons même bientôt devenir l'attraction principale. Nous n'arrêtons pas de prendre la pose. Le « pic's style », avec les deux doigts en l'air !

Malgré tout ce monde et le cocasse de la situation, cet endroit, cette Muraille infinie, vestige de l'histoire chinoise, œuvre de l'Empire Qin, est impressionnante. Difficile d'imaginer comment cette merveille a pu être construite par les mains de l'homme, sur des milliers de kilomètres, pendant des mois, des années, pierre après pierre… Une folie.

Des rampes nous aident à marcher car le mur épouse la montagne. Le chemin est escarpé, très rarement droit, parfois à pic, glissant et en constante rénovation.

Le site est immense, comme l'est cette autre œuvre de l'Empire Qin à Xian : le mausolée de l'empereur ! Il regroupe 1 868 soldats parfaitement alignés, chaque statue étant parfaitement identique aux autres. En soi, les statues n'ont rien de vraiment exceptionnel. Mais leur nombre en fait une œuvre extraordinaire, démesurée. Impériale, tout simplement.

Partout, cela grouille de monde et je comprends un peu mieux pourquoi les Chinois se battent pour faire la queue, pour prendre un train ou encore parlent fort pour se faire entendre. Leur culture et leurs coutumes sont différentes des nôtres. Leur comportement aussi. Par exemple, ils ne savent pas dire non. En vertu de leur éducation, c'est un mot qu'ils ne prononcent quasiment jamais.

Ils sont curieux, timides, ne parlent pas ou peu l'anglais mais, pour avoir demandé ma route un bon nombre de fois, ils sont heureux de vous aider, et même étonnés, voire flattés, que nous le fassions. Et s'ils ne vous conduisent pas où vous l'auriez souhaité, c'est juste qu'ils n'ont pas bien compris. Ils se trompent de bonne foi, à cause de la barrière de la langue.

J'avais certainement quelques a priori sur les Chinois, mais tous m'ont aidée et tous m'ont souri… Et puis, non, tous les Chinois ne mangent pas du chien. Leur nourriture est même excellente. J'ai redécouvert le tofu là-bas. Et je me suis régalée.

Les jeunes générations tentent de changer, de voyager, de s'ouvrir au monde. Au Népal, j'ai rencontré des Chinois qui cherchaient à comprendre ce qui se passait au Tibet ; ils étaient tout heureux d'avoir pu trouver un livre écrit par le dalaï-lama. Bien conscients que ce bouquin était totalement interdit dans leur pays, ils voulaient comprendre pourquoi existait une telle censure. Ils étaient surpris d'apprendre que nous étions interdits de territoire au Tibet… À l'époque, seuls les Chinois pouvaient entrer au Tibet. Ils commençaient à se poser des questions sur leur gouvernement…

Je ne pensais pas dire cela un jour, mais j'ai adoré la Chine et ses habitants, et la visite de ce pays me laisse un goût d'inachevé.

Certes, je ne suis pas fan des villes ; elles sont trop grandes, il y a trop de monde, elles sont trop high tech pour moi. Mais toutes les campagnes que nous avons traversées sans pouvoir nous y arrêter, faute de temps, sont sublimes. La Chine est un territoire inexploré. J'ai eu l'impression de le survoler. Il est assez difficile d'accès, très contrôlé, mais ce pays regorge d'une nature oubliée, secrète, d'ethnies, de frontières, de métissages, de campagnes où les sourires et la simplicité sont de mise. C'est le pays de tous les contrastes, entre les villes très high tech avec des gros buildings et les campagnes très rurales avec des petites maisons traditionnelles et des ethnies authentiques.

Je me souviens de cette femme dans le bus. Nous traversions le Sichuan. Elle n'avait certainement pas trop vu d'étrangers, et elle était tellement contente de nous rencontrer. Souriante, si belle, sa coiffe, son chapeau noir, signe d'appartenance à son ethnie, ses habits traditionnels, ses rides, son visage marqué, ses yeux malicieux et ses baskets blanches à scratchs aux pieds, nous offrant par simple sympathie tous les bonbons qu'elle avait… Comment pourrais-je un jour l'oublier ?

Il y a des rencontres, des sourires qui vous donnent le smile, la banane. Celle-là en fait partie. Le pouvoir d'un sourire, d'un petit geste… Une « vraie » rencontre, authentique. Cette femme n'attendait rien, ne parlait pas anglais, bien sûr, mais son message est passé : belle, émouvante, charmante.

J'aimerais un jour retourner dans cet arrière-pays.

CHAPITRE 17

MARCHE AU NÉPAL

Le Népal, pour moi, est le pays du trek par excellence. J'avais rencontré en Mongolie un voyageur, Romain, avec qui nous avions fait un trip dans le désert de Gobi. Lorsque j'apprends qu'il est lui aussi au Népal, je le contacte et nous décidons de nous engager ensemble pour un trek d'une semaine : l'Annapurna Base Camp (ABC).

L'idée est de partir pour l'ascension sans guide – à l'époque, c'était autorisé – mais munis d'une carte, en sens inverse du trajet préconisé, pour éviter la horde des touristes. J'ajoute que comme nous sommes alors en saison des pluies, hors saison touristique, donc, nous allons être assez tranquilles sur ce chemin.

Le premier jour, nous arrivons assez tard à l'endroit du départ. Nous prenons nos marques, nous allons à notre rythme. Je reconnais que c'est plutôt moi qui suis le rythme de mon ami que l'inverse… Il mène la cadence, mais je ne suis pas ridicule : je tiens bon.

La première journée est longue. Le temps de se régler et de s'acclimater, nous avons mal géré notre temps de marche. Nous avons beaucoup trop marché et pas assez mangé…

J'ai mal au crâne et je commence à espérer que ça ne soit pas tous les jours ainsi !

Sur le chemin, il y a, bien sûr, des auberges de jeunesse et des restaurants, et le trajet est assez bien balisé : il serait vraiment difficile de se perdre. Je me souviens d'être arrivée un midi jusqu'à une auberge et d'avoir demandé au propriétaire en train de faire des réparations sur sa maison si nous pouvions manger.

— No problem!

Évidemment. On ne s'attendait pas à autre chose. En revanche, nous n'imaginions pas le temps nécessaire à cet homme pour nous faire à manger…

Nous avions commandé des momos, une spécialité népalaise, des raviolis de pommes de terre. Notre hôte était parti tout sourire en nous lançant :

— Je reviens.

Mais où allait-il ? Avait-il vraiment compris notre commande ? Les minutes défilaient. Il ne revenait pas…. Il n'est finalement arrivé qu'une trentaine de minutes plus tard avec des patates pleines de terre dans ses mains. Il était tout simplement parti déterrer des patates dans son jardin rien que pour nous ! Nous venions de faire cinq heures de marche, cinq heures à grimper, nous avions la dalle ! L'attente a été très longue… Oui, dans les Annapurna, il faut savoir prendre son mal en patience ! Au total, nos momos ne sont arrivés dans nos assiettes qu'une heure et demie après.

Ils s'étaient tant fait désirer que nous étions impatients de pouvoir nous goinfrer. L'assiette arriva ! Mais elle était bien vide. Six maigres petits momos y trônaient. Avec mon ami, nous nous sommes regardés, dépités. Cela avait l'air super appétissant, mais, dans une heure, nous allions avoir faim de nouveau. C'était un peu léger… En même temps, en recommander signifiait attendre encore plus d'une heure… Alors nous les avons dégustés un par un, doucement, délicatement. Nous les avons savourés, appréciés en nous disant qu'il allait bien falloir s'en contenter.

L'aubergiste était aux anges. Il était fier de ses momos, il les avait préparés avec amour.

— J'ai fait du rab, ça vous intéresse ?

— Euh oui !

Nous n'en croyions pas nos oreilles. Nous allions bénéficier de deux momos supplémentaires chacun !

C'était excellent, pour le coup très frais et 100 % bio ! Nous pouvons dire que nous avons testé les momos dans les Annapurna. Ils sont très bons. Il faut juste avoir la patience nécessaire pour les mériter !

Je dois vous avouer que dans les Annapurna, je n'ai jamais autant aimé les Twix, Mars ou autres barres chocolatées. Et pourtant, elles avaient fondu et refondu, mais elles restaient parfaites pour les petites fringales… Nous pouvions en acheter partout sur le trajet et vraiment, c'était le bonheur, ça me redonnait un peu d'énergie…

Pour la première fois de mon existence, j'ai trouvé les slogans publicitaires comme « Twix, deux doigts coupe-faim » ou « Mars, et ça repart » plutôt pertinents. À défaut d'un bon steak-frites ou d'un plat de pâtes, je me contentais de ces barres énergétiques…

Je voudrais rendre hommage aux sherpas. Je suis fascinée par leur force, leur détermination… Ces guides népalais d'ethnie tibétaine portent jusqu'à cinquante kilos à l'aide de leur tête. Ils transportent de la nourriture, du bois, des sacs de touristes, en fait un peu tout ce qui est nécessaire à leur quotidien, à l'aide d'un panier tissé attaché à une anse en tissu qu'ils placent sur leur front tel un bandeau. Ils sont donc un peu courbés et portent tout le poids de leur panier placé dans le dos grâce à la fermeté de leur front, de leur tête. Et tout cela en avançant pieds nus, en bottes ou en tongs… Ils sont tout petits mais sacrément costauds : ils portent l'équivalent de leur poids sur leur tête ! En descente, à vide, ils sont aussi rapides et parfois se laissent même aller à courir…

Les Annapurna, c'est un nombre incalculable de marches… On monte et on descend des marches en permanence… Aussi, voir ces hommes le faire avec un tel poids attaché à la tête sans se plaindre, à plus de 3 000 mètres d'altitude, est simplement stupéfiant. C'est une véritable prouesse… Ces petits hommes sont des « warriors », des hommes de l'ombre payés quelques roupies pour ce travail de porteur qui forcent le respect.

Nous discutons avec l'un deux :

— Combien tu portes, toi, aujourd'hui ?

— Environ cinquante kilos…

— Waouh ! Mais ce n'est pas trop lourd ?

— Si, bien sûr, mais je n'ai pas le choix. Évidemment, je préfère quand c'est trente ou quarante kilos. Mais bon, on m'a donné le panier, je n'ai pas eu le choix.

— Que portes-tu ?

— Les sacs des touristes…

J'étais navrée pour cet homme. Moi qui étais avec mon petit sac de vingt-cinq litres sur le dos ! J'étais contente d'avoir laissé mon gros sac à Pokhara dans une auberge de jeunesse et de ne pas avoir infligé cinquante kilos à ce pauvre porteur. Il nous avoua qu'il souffrait et pensait arrêter ce métier. Était-ce voulu par son patron pour faire l'économie d'un porteur ? Y avait-il une pénurie de porteurs ? Un porteur avait-il été décommandé pour que les touristes payent moins cher ?

Je ne comprenais pas vraiment l'intérêt de ce gros sac à dos pour l'ascension… Je pense d'ailleurs que tous ces touristes se servaient à peine du quart de ce que le porteur transportait… Certes, cet homme gagnait quelques roupies, mais à quel prix ?

Les sherpas sont vraiment incroyables !

La route des Annapurna est sublime. Nous passons de forêts primaires très vertes à un paysage de plus en plus rocailleux, montagneux, parfois même de la glace. Puis nous traversons des vallées et des rizières, des villages tout en pierre ; nous admirons des points de vue incroyables, des ponts de singe, des drapeaux de prières colorés nous portant chance et égayant tout le parcours. C'est très varié.

Sur ce chemin, peu de touristes, parfois quelques écoliers, quelques porteurs, quelques buffles et poules, quelques fleurs et papillons, quelques agriculteurs ici et là… Et sur le trajet du retour, en guise de récompense, une source d'eau chaude. Le bonheur ! Un merveilleux parcours.

Nous avons cependant souffert de la pluie… Vers 15 heures, chaque jour, nous nous arrêtions de marcher car la pluie tombait très fort… Le dernier jour, nous avons même dû écourter notre trajet, notre épopée : la pluie était tombée dès le matin et le sol était trop glissant… Descendre des marches quand il pleut, avec la fatigue, cela devenait dangereux.

Et qui dit pluie dit sangsues… Elles sont collantes, ces petites bêtes, attachantes, mais pas dans le bon sens du terme. Elles parviennent à se faufiler dans les chaussures, mais, à ce petit jeu, elles préféraient mon ami. Il s'est retrouvé les pieds en sang sans pourtant avoir vraiment senti leurs morsures. De mon côté, c'en était un peu devenu maladif : toutes les dix minutes, je scrutais mes pieds et mes jambes pour vérifier si une sangsue ne s'était pas faufilée ou accrochée à mes chaussures ou à mes mollets… Le chemin est miné par ces petits vampires, ces suceuses de sang… Ce n'est pas le genre de petites bêtes à te faire aimer la nature… Tu te demandes même pourquoi cela existe ! À quoi ça sert ? Quel est leur intérêt dans la chaîne alimentaire ?

Le trajet est impressionnant ! Les marches, si nombreuses, sont toutes de tailles différentes, elles sont très irrégulières. Elles sont parfois difficiles à enjamber, et pourtant je peux être considérée comme grande, voire même comme géante, au Népal… Elles ont dû être taillées à la main, montées pierre après pierre jusqu'à 4 000 mètres d'altitude… C'est assez fou ! Ces Népalais sont vraiment impressionnants !

Tout ou presque est fait main, ici… Je me souviens de ce pont qui nous faisait si peur : le « Scary Bridge », le pont de la peur. C'est une œuvre d'art de bois, faite de rondins et de cordes, étroite, sans rambarde, version système D, certainement très solide ! Et il vaut mieux. Aucune accroche possible. Sous ce pont s'énervent les eaux d'un torrent. Je n'étais pas rassurée à l'idée de devoir le traverser ! Je redoutais vraiment qu'il ne se brise sous l'effet de l'humidité. Sa traversée nécessitait une parfaite concentration en même temps qu'une certaine rapidité. Pas question que je m'y attarde. Il ne me fallait pas douter une seconde, pas réfléchir, surtout connaissant mes talents d'équilibriste qui n'ont jamais été primés et, pour tout dire, qui sont proches du néant absolu. Mais je l'avais fait. Nous l'avions fait.

C'est seulement sur le retour que j'ai avoué ma peur de ce pont à mon ami. Il a souri et m'a avoué à son tour :

— Moi aussi, il m'a fait trop peur !

Finalement, nous avions tous deux évité de montrer notre peur, d'en parler, pour ne pas nous stresser mutuellement…

De 3 800 à 4 130 mètres d'altitude, je sentais que ma respiration se faisait plus délicate et que mon rythme de marche diminuait. L'ascension jusqu'à ce fameux sommet m'a paru interminable. Une fois arrivés, nous avons été un peu déçus : les montagnes, les pics se cachaient derrière les nuages. Nous pouvions les deviner, pas vraiment les contempler. Nous faisions face à un ballet de nuages. Nous avons alors pris le temps d'attendre que la danse se termine et que la vue se dégage. Cette attente fut magique : les pics se cachaient, se découvraient légèrement, se jouaient de nous… Spectacle grandiose…

Nous avons été récompensés par la magie des sommets dégagés, un à un. La vue, sublime, justifiait tous nos efforts. Nous étions émus, heureux. Nous étions comme des enfants, les yeux grands ouverts sur la beauté du paysage, de la nature ! Tout petits face à ces montagnes ! Quelle belle nature !

Namasté, Népal.

CHAPITRE 18

L'INDE, QU'ON AIME OU QU'ON DÉTESTE

Avant d'arriver en Inde, je m'étais préparée mentalement, psychologiquement, à sa pauvreté, à sa misère. Je m'étais dit : « Vio, il faut que tu sois forte, tu vas voir de la pauvreté, tu vas être choquée. » Car oui, je suis de nature sensible, émotive, voire même hypersensible. « Il faudra que tu sois forte, que tu retiennes tes larmes face à certaines situations. »

J'ai en effet été choquée, mais je m'y attendais, je m'y étais préparée et j'avais déjà vu au Népal, dans les rues de Katmandou, des enfants sniffant de la colle, de jeunes orphelins, parfois même très jeunes, qui mendiaient, vivaient – ou plutôt survivaient – à cette vie de rue. Ils étaient chassés par les locaux. Ce fut la première image choquante de mon voyage.

Mais ce à quoi je m'attendais moins, c'est ce rapport constant, opressant, à l'argent.

Après quatre mois de voyage, j'ai compris que mon statut de touriste allait me coller à la peau, que se fondre dans la masse allait être compliqué et que mon faciès sonnait, pour les Indiens : « Richesse, money-money, argent. » J'ai compris qu'un service rendu était synonyme d'argent en retour, quel que soit le service.

J'ai compris que l'argent était le moteur principal des personnes que je rencontrais, et qu'il allait être difficile de faire de « vraies » rencontres, celles que vous n'attendez pas, qui vous font changer votre route, vous touchent, celles dont vous apprenez tant. Car mon voyage se veut fondé sur les rencontres. Certes, voir de beaux paysages, c'est merveilleux. Mais échanger, apprendre, partager, donner, recevoir sont les raisons de mon périple. Je conçois le voyage comme une source d'apprentissage infinie, comme la plus belle école de vie.

J'ai été surprise du système de castes qui, je dois bien l'avouer, m'a semblé dépassé.

Un jour, j'ai rencontré cet enfant près d'Agra, cet Indien d'une douzaine d'années. Il est venu vers nous, nous a parlé en anglais. Il souhaitait pratiquer son anglais. Pour une fois, il ne voulait pas d'argent, il voulait seulement discuter. Je lui ai posé cette question qui me semblait anodine :

— Quel est ton rêve ?

Sa réponse fut assez terrifiante et d'une vérité déconcertante :

— Je n'en ai pas. Je ne peux pas en avoir, je suis pauvre et je le resterai toute ma vie.

Quelle froide maturité chez cet enfant et quel sentiment de fatalité dans cette réponse…

Bien sûr, à ce moment, j'ai réalisé toute l'incongruité de ma question ! J'ai eu la chance, le privilège, de naître en France, de pouvoir avoir des rêves, et même la possibilité de les réaliser. La réponse m'a remise à ma place. Lui était un enfant qui n'avait pas de rêve, qui ne pouvait pas en avoir.

J'espérais, j'osais espérer, que tous les enfants du monde, même pauvres, avaient des rêves. J'ai été déconcertée, abasourdie, et ce qui m'a le plus déroutée, c'est avec quelle lucidité il m'a répondu. C'est normal, je suis pauvre, c'est ma condition, je resterai pauvre toute ma vie…

Les castes instaurent un statu quo, l'impossibilité d'une quelconque évolution. Et les membres des castes pauvres n'ont aucun esprit de révolution ou de rébellion pour que ce système change. C'est comme ça, c'est écrit. Pour moi, pour nous, Français, cela semble inconcevable, nous qui râlons, qui nous révoltons souvent… De génération en génération, ils sont et resteront pauvres.

Ce système n'autorise pas non plus de se marier avec qui l'on souhaite. Les mariages ne se font qu'entre membres de castes de même niveau social. Autrement dit, on ne peut aimer que les personnes de sa caste. Dans la presse écrite, il est courant, dans la rubrique « faits divers », de lire des récits de meurtres entre familles car les parents ne souhaitent pas marier leur fils ou leur fille avec son amour issu d'une caste différente. Comment peut-on en arriver là ? Comment peut-on tuer ses propres enfants pour une question de hiérarchie sociale ?

Il faut savoir que, lors d'un mariage, une femme doit payer une dot à son promis. Cette dot coûte cher et il est donc préférable pour les familles de ne pas avoir de filles, et elles sont parfois tuées à la naissance… Marier sa fille étant compliqué et coûteux, mettre une fille au monde est un fardeau. Les Indiennes des castes pauvres sont très peu considérées : elles doivent avoir l'accord de leur mari pour faire des activités, pour parler. On est très, très loin de l'égalité homme-femme.

Ces femmes travaillent énormément et durement. Quand on me dit que j'ai de la chance de voyager, je réponds : « J'ai surtout de la chance d'être née au bon endroit, en France. Naître en Inde dans une caste pauvre ne permet pas de rêver. »

En tant qu'étrangère, mon statut est un peu spécial en Inde. Je suis une femme, donc on ne m'écoute pas, ou peu. Mais je suis un objet de désir. Au départ, je pensais que c'était le côté « différent », exotique, ma couleur de peau et l'argent qui attiraient les Indiens : ils voient peu de touristes. Certes, je ne passe pas inaperçue, mais j'apprendrai plus tard que les seules ou les premières femmes blanches que les Indiens voient dans leur vie sont les actrices de films X.

Ces films servant de cours d'éducation sexuelle, les Indiens pensent donc que nous sommes dociles, que nous réagissons comme ces actrices, que nous adoptons les mêmes comportements. J'ai dû décevoir nombre d'Indiens ! C'est plus complexe, l'amour…

J'en ris, mais j'ai eu quelques situations compliquées à gérer avec eux. J'ai surtout été profondément énervée, dégoûtée, touchée, quand je suis tombée malade. Car, oui, comme tout le monde, je suis tombée malade. C'est ma faute : j'ai voulu manger de la viande, changer un peu… J'ai été servie.

Je n'ai pris que trois bouchées, mais cela a suffi. Non seulement le goût était immonde, mais il s'est surtout ensuivi une « tourista ». J'avais très mal aux muscles, de la fièvre, mal au crâne. Il me semblait qu'il allait exploser. J'avais très chaud, puis très froid, j'étais HS. Je pense que je n'ai jamais été aussi malade de ma vie…

Malheureusement, nous devions prendre le train, et être malade dans les transports en commun n'est pas exactement un « must ».

En voyant ma mine, une famille indienne m'a laissé toute sa banquette pour m'allonger. Ils étaient vraiment adorables. J'avais pris une bonne dose de médicaments, mais j'allais néanmoins régulièrement aux toilettes. Je n'avais pas beaucoup d'énergie : je faisais le trajet toilettes-banquette fréquemment, à bout de forces, et, malgré cela, sur ce parcours, je sentais un certain nombre de mains baladeuses qui visaient parfaitement ma poitrine et mes fesses à chaque passage.

Ils profitaient de mon état de santé pitoyable pour me toucher. Cela me rendait folle, mais j'étais tellement faible que je n'avais même pas la force de m'énerver, de crier, de leur dire leurs quatre vérités, à quel point c'était répugnant… En même temps, je n'avais pas envie d'ameuter tout le train. Je prenais sur moi, mais cela me mettait hors de moi. Je comprenais alors pourquoi certains trains en Inde ont des wagons uniquement réversés aux femmes. Je m'estime heureuse et chanceuse de n'avoir eu que des mains baladeuses, qu'il ne me soit rien arrivé lors de mon séjour, car les récits de brûlures à l'acide et de viols sont assez courants dans ce pays.

Voyant que les médicaments français ne faisaient aucun effet, je suis allée à la première pharmacie locale. Je ne sais pas ce que le pharmacien m'a donné, mais là où les médicaments français avaient échoué, les médicaments indiens ont rétabli ma santé en deux heures chrono.

En Inde, j'ai également été choquée par ce que l'homme peut faire pour l'argent. J'ai évoqué le sort réservé à certaines femmes, mais il y a aussi ces mutilations d'hommes et de femmes pour les mettre à mendier, jouer sur votre affectif, sur votre sensibilité pour que vous donniez de l'argent à ces personnes « handicapées ». Le célèbre film *Slumdog Millionaire* n'est pas seulement une fiction…

Connaissez-vous les « enfants pots de fleurs » ? Dès leur plus jeune âge, ils sont placés dans des pots de fleurs où leurs muscles et leurs jambes, atrophiés, ne se développent pas. Ces gamins martyrs finissent dans les rues à mendier, en marchant comme ils le peuvent.

Alors forcément, on a envie de donner, on est choqué. Ne rien donner, c'est laisser mourir ces personnes. Mais donner, c'est inciter ces horreurs à perdurer… Que faire ?

Violette Duval

Je n'ai eu que très peu de rapports humains avec les Indiens. Nous n'étions pas sur la même longueur d'onde. Je souhaitais partager, échanger, mais c'était compliqué. J'étais dans un conflit permanent, dans un rapport de forces et d'agressivité perpétuel pour me faire respecter et me faire entendre. Et j'étais considérée comme un billet vert en permanence. Cela me fatiguait beaucoup, cela allait contre ma nature, me rendait parfois folle. Moi qui aime tant discuter, j'étais frustrée de cette situation.

L'Inde est donc un pays particulier. Mais je ne dis pas de ne pas y aller. Chaque expérience est différente, chaque voyageur est différent des autres. Mais si vous êtes une femme, je vous conseille d'être accompagnée, et si vous êtes blonde aux yeux bleus, sachez que vous aurez énormément de succès...

Aujourd'hui, quand je rencontre des voyageurs qui s'y sont rendus, c'est le pays sur lequel nous allons le plus débattre. C'est une réelle expérience humaine. Et le voyage, c'est aussi cela. Ce pays m'a fait grandir, ouvrir les yeux sur ce monde, sur cette partie du monde. Il m'a permis de me faire ma propre opinion, bien loin de l'image hippie que j'avais en tête, a réveillé mon côté féministe et m'a remise à ma place. J'ai beaucoup appris grâce à l'Inde.

Varanasi reste un moment unique, une atmosphère extraordinaire, le Gange est mytique, mystique, incroyable. La culture, les croyances indiennes sont passionnantes, les couleurs sublimes. En tant que passionnée de photographie, je me suis régalée. Les scènes de vie, les temples, ce bordel organisé, ce bruit, ces odeurs, le thali – un plat traditionnel indien – font le charme de l'Inde.

Le village Hampi, avec ses temples et ses rochers, ou le Taj Mahal, l'œuvre d'un homme fou amoureux de sa femme, sont splendides. Les îles Andaman sont un véritable paradis.

J'aurais voulu écrire que ce monde, ce pays, est tout beau, tout rose, que j'ai adoré l'Inde, mais je ne peux pas. L'ai-je détestée ? Non, je ne crois pas non plus, car l'Inde m'a ouvert les yeux sur le tourisme, sur la nature de certains hommes prêts à tout pour l'argent, sur l'importance de l'éducation, sur les problèmes culturels…

J'ai beaucoup appris grâce à ce voyage.

CHAPITRE 19

RETOUR AU CALME EN THAÏLANDE

Je débarque en Thaïlande juste après mon voyage en Inde et sa prolongation au Sri Lanka, qui m'ont laissé des impressions similaires. À Bangkok, c'est un retour à la civilisation. Je ne suis pourtant pas quelqu'un qui aime les grandes villes. Mais quel bonheur de pouvoir s'habiller en short, de sortir, faire la fête, ne plus être dans un rapport de forces avec les hommes, revoir des amis de voyage, car tous les chemins – c'est bien connu – mènent à Bangkok (BKK). Il est très facile d'organiser un trip, d'obtenir un visa, des papiers ici. La nourriture est excellente, j'aime manger dans les rues, le célèbre pad thai ou fried rice. Les nuits sont folles. Tout le monde se retrouve à la Khao San Road. Je souffle un peu en Thaïlande, je me refais une santé à BKK.

J'y visite quelques temples, le Chinatown. Je m'offre la promenade que j'adore, la balade en bateau sur les canaux de BKK, les klongs. En explorant ces canaux, on découvre un Bangkok différent, plus authentique. Le vrai BKK, où les locaux vivent sur l'eau, dans leurs maisons bâties sur pilotis et où l'on assiste à de véritables scènes de vie.

Après quelques jours passés dans cette agitation chronique, je pars dans les îles du Sud. Je suis quelque peu déconcertée par l'ampleur du tourisme ici. J'avais envie de voir la mer, les îles, le sable blanc et ses palmiers, d'avoir les pieds dans l'eau. Mais, très vite, je comprends que je ne vais pas être seule sur une île déserte et qu'en effet la Thaïlande est un pays touristique.

Nous sommes si nombreux à prendre le bus qu'une personne colle des gommettes de couleur sur nos T-shirts pour nous repérer et savoir où nous allons. J'ai l'impression d'être un mouton suivant son troupeau. Beaucoup de touristes partent pour faire la fête, boire, consommer… Le côté sexe, drogue et rock'n'roll est de mise. Certains affichent même cette mentalité déconcertante et répugnante : « On est en Thaïlande, on peut tout se payer, notre pouvoir d'achat est grand, à nous les fiestas et les petites Thaïlandaises ! C'est top ici, les prostituées, ça coûte pas cher et en plus elles sont jeunes, très dociles, disponibles et on en fait ce qu'on veut… » Un horrible manque de respect à l'égard de ces femmes, ces familles, ce peuple, ce pays… Je fuis vite ces lieux hautement touristiques.

L'île que je convoite est Koh Tarutao, une réserve naturelle, un parc national protégé, où il n'y a pas (encore) de « resort » sur place, seulement des tentes ou des cabanons, un « minishop », un restaurant. Un endroit calme, sans grosse infrastructure, aucune voiture, à peine quinze touristes sur l'île. Elle n'ouvre que quelques mois dans l'année, seulement pour la saison, et personne n'y vit de façon permanente. Le rêve ! Nous y cohabitons avec des singes qui marchent sur la plage tranquillement et viennent parfois nous voler notre nourriture. La nature est reine, ici. Nous pouvons voir des cascades, faire de belles balades. Nous avons même la chance de tomber nez à nez avec un énorme boa jaune qui traverse la route…

Le seul problème est le nombre de déchets, qui viennent des îles et des plages avoisinantes, triste empreinte de l'homme sur ce paradis.

J'irai sur de nombreuses autres îles. Elles sont belles, mais souvent très ou trop peuplées, et n'ont pas le charme de Koh Tarutao.

Après un tour des îles, je décide de me diriger vers le nord. Cela me désole de constater que les attractions phares de la Thaïlande sont de se faire prendre en photo dans les bras d'un tigre ou de monter à dos d'éléphant. Le nord de la Thaïlande est beaucoup moins touristique, plus traditionnel.

Je participe à un trek où l'un de nos guides est un véritable MacGyver en puissance : il pêche des crevettes à mains nues, fait des bulles avec des feuilles d'arbres, sculpte le bambou, chasse les souris, les rats... Il nous montre une photo de sa tarentule, sa meilleure amie, trouvée dans la forêt et qu'il avait apprivoisée, avec une certaine émotion : il l'a égarée, perdue de vue. Avec un rien, cet homme est capable de tout faire – un feu ou une cabane –, et, dans n'importe quelle forêt, il sait trouver de quoi manger et se débrouiller en autonomie. Un vrai personnage.

Malgré son côté moins authentique que les pays traversés auparavant, les souvenirs de la folie de BKK, de cette île inhabitée, d'être rejointe par ma sœur pour Noël, de recroiser des voyageurs et d'en rencontrer de nouveaux m'ont fait apprécier la Thaïlande.

Le pays est un hub touristique, quelque peu européanisé, très organisé, presque familier. Pas vraiment ce que j'étais venue chercher, mais qui, à ce moment du voyage, me fait vraiment un grand bien.

CHAPITRE 20

LEÇON DE VIE EN BIRMANIE

Il est des voyages que tu ne peux pas oublier… La Birmanie en fait partie.

En 2012, le pays vient de s'ouvrir au monde, et obtenir un visa est plutôt simple. Mais le véritable casse-tête est que la devise du pays était le dollar US et qu'il n'existe aucun distributeur de billets dans le pays. Il faut donc apporter ses dollars, mais pas n'importe lesquels : les billets ne doivent comporter aucune marque, aucun pli, ils ne doivent être ni froissés ni écornés. En clair, il faut avoir des billets parfaits, des billets neufs, faute de quoi ils sont refusés.

D'ailleurs, au moment de passer à la caisse, chacun sort son cahier : eh oui, le meilleur moyen de ne pas froisser ses dollars est de les stocker dans un livre ou un cahier ! Heureusement, je suis parvenue à m'en procurer en Thaïlande, d'où j'arrive.

Dans l'avion, je me retrouve assise à côté d'un Allemand. Il tient son guide de voyage dans les mains et nous commençons à discuter, à sympathiser, à échanger à propos de notre plan de route. Nous nous mettons d'accord pour partager le taxi à l'arrivée.

À peine avons-nous atterri que l'aventure commence. Un autre voyageur nous demande si nous voulons partager un taxi avec lui aussi. Nous voilà déjà trois, et bientôt quatre avec une voyageuse espagnole prête à nous suivre. Nous avons tous la même envie de découvrir le pays. Je n'ai jamais trouvé aussi rapidement des compagnons de route. Le voyage s'annonce bien. L'un d'eux en est à son énième séjour en Birmanie, il vient pour une semaine de méditation. Il est amoureux de ce pays. Mon voisin de cabine et l'Espagnole, eux, n'ont pas vraiment de plan. Moi, je souhaite faire un trek entre le lac Inle et Kalaw, voir les temples de Bagan et me laisser aller au hasard des rencontres.

Je reste quelques jours à Rangoun, où j'adore prendre le thé dans les rues avec mes compagnons. Ces bars à thé sont légion. J'aime les tabourets et les tables en plastique coloré, j'ai l'impression de retourner en enfance, de jouer à la dînette. Nous partageons le thé avec les Birmans curieux et heureux d'échanger avec nous.

Nous partons visiter la pagode Shwedagon. Une fête religieuse s'y tient et il y a beaucoup de monde. Certains Birmans sont agenouillés et prient face aux temples. Lorsque la nuit tombe, la pagode est mise en lumière par des projecteurs telle une star de cinéma. Les lumières font briller ses multiples dorures et ressortir toute sa beauté.

Curieux de nous trouver ici, dans cette foule de fidèles, un moine se dirige vers nous. Après le bonjour de rigueur, il nous pose trois questions :

— What is your name? How old are you? Are you happy?

Nous sommes très étonnés par cette troisième question. En France, en Europe, elle aurait très certainement été « Quel est ton travail ? » mais en aucun cas « Es-tu heureux ? »… Je m'aperçois que nous ne posons jamais cette question. Quand nous demandons machinalement à quelqu'un comment il va, la personne répond souvent, sans trop réfléchir, instinctivement, que tout va bien. Nous écoutons d'ailleurs à peine sa réponse, pressés par le temps.

Cette question du moine birman nous fait tous les quatre réfléchir, réaliser à quel point nous avons tendance à oublier cette priorité, à quel point tout simplement nous ne nous posons pas cette question. Sommes-nous heureux ? Le travail semble avoir, dans notre société, plus d'importance que le fait d'être heureux.

C'est une leçon de vie que nous recevons, qui provoque une véritable prise de conscience au travers de cette question.

Après quelques jours à Rangoun, je décide de continuer mon aventure seule vers le lac Inle pour un trek. J'ai réservé ma place de bus pour m'y rendre, mais la station de bus est à quarante-cinq minutes du centre-ville et je trouve un taxi en calculant large, une heure avant.

La voiture roule doucement. Il nous reste une demi-heure pour rejoindre la station de bus et nous sommes toujours dans la pampa. Je commence à trouver cela étrange et j'interroge le chauffeur :

— C'est encore loin ? Je dois être dans trente minutes à la station !

— Quoi ? Dans trente minutes, ce n'est pas possible, on ne sera jamais à l'heure !

— Hein, quoi ? L'hôtel m'a affirmé qu'une heure suffisait largement pour rejoindre la station.

— Ils vous ont mal informée, ils n'ont aucune idée. Je vais faire tout mon possible, mais je crains que nous ne soyons en retard.

Je suis énervée, je n'ai pas vérifié l'information et je suis maintenant dépendante de mon super taxi driver. Il accélère comme il peut, mais sa voiture n'est pas une Porsche et les routes ne sont pas des autoroutes. Il y a beaucoup de trafic. Il se sent visiblement investi d'une mission : me faire monter dans le bus coûte que coûte. Mais j'avoue que je commence à élaborer, malgré tous ses efforts et son dévouement, un plan B. Une fois que nous sommes arrivés aux abords de la station, mon chauffeur m'explique qu'il y a beaucoup de checkpoints à passer pour l'atteindre. Des policiers armés arrêtent tous les véhicules. Une petite signature, un petit billet discret, et nous pouvons passer. Nous avons déjà quinze minutes de retard. Mon chauffeur gare la voiture et me dit :

— Suis-moi, prends ton sac. Il y a trop de checkpoints, nous n'arriverons jamais à la station à temps. Mais ton bus va passer ici, à ce premier checkpoint. Et tu vas le prendre ici.

Je le suis. Il discute avec les policiers et me lance :

— C'est ta seule chance ! Les policiers sont d'accord, tu prends le bus ici. J'attends avec toi.

Je sens qu'il n'est pas à l'aise face aux policiers et qu'il préfère ne pas me laisser seule avec eux. Il faut dire que la police birmane n'a pas très bonne réputation.

Scène un peu folle : me voilà encadrée par deux policiers pas très souriants et armés jusqu'aux dents. Quand on connait la situation politique du pays, la réputation de la junte militaire, ce n'est pas rassurant. Moi qui ne voulais pas me faire remarquer, c'est un peu raté. Mais quelques minutes plus tard, le bus est là. Un des policiers me fait signe de monter. Je remercie mon super chauffeur : la mission est une réussite !

À mon arrivée dans le bus, tout le monde se demande ce qui m'est arrivé. Un Belge, précédemment rencontré à Rangoun, m'interpelle :

— Mais pourquoi tu es là ? Pourquoi tu es escortée par les policiers ? Qu'est-ce qui s'est passé ? Ça va bien ?

— Ah, si tu savais ! Tout va bien, il ne s'est rien passé du tout ; j'étais juste en retard !

Dans le bus, je sympathise avec un groupe de voyageurs et nous échangeons sur nos plans à venir :

— Qu'allez-vous faire ?

— Le trek Kalaw jusqu'au lac Inle.

— Ah cool ! Vous le faites à partir de Kalaw ?

— Oui.

— OK, moi, je pensais le faire dans l'autre sens.

J'ai acheté un billet pour aller jusqu'au lac Inle, mais au fil des discussions avec tous ces baroudeurs – deux Israéliennes, une Philippine, deux Américains, un Belge – qui insistent – « Allez ! Viens avec nous ! » –, je cède sans trop me faire prier. Je fais partie de ceux qui pensent qu'il n'y a pas de hasard et que les rencontres font la beauté du voyage. Je décide de suivre ces voyageurs. Nous sommes sur la même longueur d'onde : nous sommes là pour la même chose, rencontrer les Birmans. Nous nous retrouvons alors à sept.

Au début du trek, la météo est mauvaise. Nous marchons sous la pluie, donc dans la boue. Mais nous devons rencontrer un chaman et nous sommes tous motivés et enthousiastes. Nous en rêvons et, malgré le climat, nous continuons à avancer. Après quelques heures de marche, nous arrivons à destination.

Le vieil homme nous attendait. Il est posté à côté de sa fenêtre et les rayons du soleil illuminent son visage. Il est coiffé d'un turban orange, sa chemise laisse entrevoir les tatouages tribaux sur ses bras, son visage respire la sérénité. Il semble imperturbable, impassible, calme. Il ne laisse percevoir aucune réelle émotion, comme figé. Il fume son cigare tel un comédien, et sa prestance, le charisme qu'il dégage, sont vraiment impressionnants. Tous autour de lui, nous ne bougeons pas, nous le regardons comme des enfants, avec un profond respect, hypnotisés. Notre guide discute avec lui. Il nous traduit ses paroles. Le vieil homme est le guérisseur du village, le sage. Les gens viennent de loin pour bénéficier de ses talents. Il connaît toutes les plantes et leur utilité pour guérir telle ou telle maladie :

— Tu vois ça, c'est pour le mal à l'estomac. Ceci pour la malaria…

Nous buvons ses paroles. C'est une vraie encyclopédie sur pieds et, à l'heure d'Internet, cela nous fascine. Le personnage nous laisse sans voix. Il nous surnomme très vite les « Lucky 7 » car nous sommes sept voyageurs. Et sept est justement le chiffre de la chance, le chiffre porte-bonheur dans la culture birmane. Il n'a pas tort : nous sommes tous chanceux de vivre ce moment unique. Nous, si bavards d'ordinaire, nous restons silencieux. Intimidés par la force que dégage cet homme.

Le chaman possède aussi des talents de voyance. Il nous demande nos dates de naissance, les note sur un cahier, fait quelques calculs savants, puis nous dévoile notre avenir. Les prévisions me concernant sont plutôt comiques. Il me dit :

— Toi, tes couleurs fétiches sont le rouge et le noir !

Au moment où il m'affirme cela, je suis justement habillée d'une polaire rouge et noir ! Cela ne s'invente pas. Cela fait beaucoup rire toute l'équipe. Il a le sens de l'humour, ce chaman, bien évidemment, et cette farce est tombée sur moi. Enfin, il reprend son sérieux.

Il me dit que le froid n'est pas une bonne chose pour moi. Il n'a pas tort et, cela, il ne pouvait le voir ni sur mon visage ni sur mes vêtements. Côté cœur, il m'annonce que je vais rencontrer un homme et que l'argent ne sera pas un problème. Un homme visiblement riche, quelle bonne nouvelle ! Cela dit, cela n'arrivera pas, je n'ai pas dû ouvrir assez grand mes yeux depuis et j'ai dû manquer l'occasion de finir sédentaire, riche et la bague au doigt. Quel dommage… Je manie l'ironie, là.

Mais quelle rencontre du bout du monde ! Et quel moment inoubliable !

Durant ce trek, nous traversons des paysages et des villages hauts en couleur.

Nous croisons les fermiers avec leurs charrettes et leurs bœufs, transportant leur récolte ou labourant leurs champs. Les fermières ramassent les légumes. Ces femmes sont maquillées de tanaka, une sorte de crème solaire jaunâtre appliquée sur leur visage, sur leur front et leurs pommettes. Cela donne un charme fou à ces dames coiffées d'un turban ou d'une écharpe de couleur vive, souvent rouge ou orange. Elles revêtent parfois leurs tenues traditionnelles.

Les champs sont en fleurs, quelques enfants nous saluent, les Birmans sont toujours très souriants. Ce trek est vraiment sublime. Nous avons l'impression d'être perdus au bout du monde, de faire un voyage hors du temps, d'être revenus dans les années trente.

Après avoir traversé monts et merveilles, nous arrivons enfin au fameux lac Inle. Il est très connu pour ses pêcheurs, qui utilisent une technique unique : ils pêchent avec des casiers de forme conique. Cette technique ayant fait la couverture de certains magazines et guides de voyage, ils sont devenus de véritables stars que tout le monde souhaite photographier. Les imposteurs sont nombreux : ils ne pêchent pas, ils sont prêts à bondir vers les bateaux, prêts à tenir la pose, arborant un sourire tellement forcé, tellement mauvais acteur, que cela en devient gênant. Bien sûr, tous ces modèles parfaits demandent une rémunération pour le shooting réalisé.

Les « vrais » pêcheurs, d'ailleurs, trop occupés à pêcher, à scruter le lac, ne vous voient pas. À l'avant de leur pirogue, ils rament en s'aidant d'une de leurs jambes pour avoir les mains libres de manier de longs filets et leurs casiers si photogéniques.

Le lac Inle est donc devenu un endroit touristique. Avec ce que cela implique de dérives. À cet endroit comme à Bagan, il est donc possible de voir des femmes girafes, auparavant chassées, rejetées, tuées car différentes. Elles sont à présent exploitées : elles rapportent de l'argent grâce aux touristes soucieux d'obtenir la photo, le parfait selfie souvenir, avec elles.

Certes, les personnes qui les exploitent sont peut-être respectueuses de ces femmes, comme il existe sans doute des touristes qui le sont tout autant. Mais, pour elles, passer du statut de rebut de la population à celui de stars photographiées sans relâche dans leur intimité par des étrangers est assez dur à vivre. Personne n'est préparé à un tel succès, à une telle célébrité, et peu le supporteraient... On nous propose d'aller voir ces femmes comme des bêtes de foire, mais nous refusons.

Pour le déjeuner au lac Inle, notre guide nous dépose devant un restaurant, en nous disant :

— Voici le restaurant, vous pouvez manger là.

Mais l'endroit n'a rien de bien local, et les prix sont très élevés pour les plats proposés. Nous ne sommes pas pressés et nous décidons d'aller faire un tour. Je déteste me sentir obligée, j'aime choisir : là, mon choix est imposé. Le voyage m'a inculqué que, souvent, quelques mètres plus loin, le prix et les sourires sont bien plus sincères et bien plus généreux qu'à l'endroit vivement recommandé ou imposé.

Nous trouvons effectivement un petit restaurant local qui nous concocte un très bon repas. Petite cerise sur le gâteau, heureux de nous avoir comme clients, nos hôtes nous font repartir avec la célèbre crème solaire locale. Nous sommes décorés de tanaka. Quel véritable échange avec les locaux, encore un souvenir inoubliable avec cette équipe des « Lucky 7 ». Tout nous sourit.

Les Birmans sont extraordinaires de simplicité, de gentillesse, toujours prêts à offrir le thé, à échanger. Je suis touchée par ce peuple qui a toujours le sourire malgré tout ce qu'il a subi et subit encore. Le gouvernement s'arrange pour contrôler les rébellions, la population, et également pour contrôler les touristes. En effet, il nous est arrivé de rencontrer des Birmans ayant de l'embonpoint, parlant parfaitement anglais, portant de belles montres et très curieux de connaître notre parcours dans les moindres détails. Pas la peine de faire un dessin. J'ai donc adoré ce peuple, mais beaucoup moins le fait d'être observée, surveillée et que le pays soit ainsi quadrillé.

Officiellement, il est ainsi « recommandé » de ne pas se rendre au nord. En réalité, j'ai rencontré des voyageurs qui ont voulu explorer cette région et qui ont dû rebrousser chemin car la police leur en a strictement interdit l'accès. Il y a apparemment de nombreux trafics : humains, pierres précieuses, drogues, armes… Évidemment, il vaut mieux éviter de montrer cela aux touristes.

Le Sud, lui, est difficilement accessible : peu de transports permettent de s'y rendre. Quant à l'Ouest, il est clairement interdit aux touristes. Il y a déjà des conflits entre bouddhistes et musulmans, et les Rohingyas sont déjà opprimés.

Enfin, à l'est, officiellement, il n'y a plus de problème avec la communauté shan. Mais il vaut mieux éviter d'aller trop près de la frontière. Dans les faits, s'y déroulent des conflits armés, les Shans luttant contre la junte militaire.

Je suis partie faire un trek dans cette région et, de bon matin, nous prenions le thé, dans notre salon, avec un combattant armé !

C'est encore un magnifique trek, avec de très belles rencontres et de très beaux paysages. Mais à une différence près : ce réveil particulier en présence d'un soldat armé au petit déjeuner chez nos hôtes. Je reste stupéfaite. Que fait-il ici, grenade à la ceinture et arme de guerre dans les mains ? En pleine campagne ? Je me dis : « Encore un homme de la junte qui vient nous espionner, nous surveiller, qui ne veut pas nous voir ici. » Nous ne pouvons comprendre la discussion. Mais ce jeune homme parle tranquillement avec nos hôtes et notre guide. Je prends discrètement quelques clichés de ce moment.

Lorsque nous reprenons le trek, notre guide nous explique que cet homme n'est finalement pas un homme de la junte, mais un soldat shan, combattant l'armée, la junte militaire birmane, pour l'indépendance de l'État Shan. Il nous demande alors, si nous avons pris des photos, de les effacer. Il y a trop de risques, nous dit-il. Si la police tombe sur ces photos, ces personnes risquent leur vie. C'est la première fois que des photos que j'ai prises risquent de condamner des individus. Je les efface donc toutes, mais, un peu bornée, j'en garde une – le militaire de dos, nos deux hôtes face à nous – pour ne pas oublier cette scène et l'atmosphère particulière qui règne ici. C'est aussi la réalité de ce pays.

Même si j'ai gardé cette photo, elle fait partie de celles que je ne souhaite pas montrer. Il y a très peu de chances que la junte tombe un jour sur mes aventures, le risque est infime aujourd'hui, mais je ne souhaite en aucun cas que ma photo desserve ce peuple et serve au contraire un jour à la junte militaire.

J'ai aimé ce pays, son peuple, son authenticité, mais beaucoup moins son gouvernement et la politique qu'il menait.

CHAPITRE 21

LAOS, PAYS DU SOURIRE

Je suis repartie du Laos avec un pincement au cœur tant j'ai aimé ce pays. Oh, cela n'a pas été immédiat. Les débuts ont même été laborieux, avec ce trek décevant dans le nord-ouest du pays. Je crois que c'était le trek de trop dans la « jungle » asiatique. J'ai tout de même essayé de m'intéresser, notre guide était touchant de gentillesse et de fragilité, mais cela m'a semblé identique à ce que j'avais déjà vu en Thaïlande. La forêt, encore et toujours la forêt ; j'avais atteint mes limites. Trop de trek tue le trek.

Mais, bientôt, j'ai été prise d'affection pour tous ces enfants souriants croisés au bord des routes, nous lançant des grands « Coucou, Hello ! » enthousiastes. Cette « happiness culture » est vraiment extraordinaire. Un réel bonheur. J'ai été époustouflée par ces pics immenses, ces montagnes calcaires à Muang Sing, et par cette rivière – la Nam Ou – où les locaux se baignent, pêchent, et où les enfants jouent. Les locaux ne vivent jamais très loin de cette rivière, c'est un très bel endroit.

J'ai été séduite par Vang Vieng, où nous avons fait un tour à vélo dans ses campagnes ; par ses grottes cachant parfois des piscines naturelles, où nous avons pu nous rafraîchir ; par cette rivière que nous avons traversée sur une bouée, une célèbre attraction ici appelée « Tubing ».

Sur les berges de la rivière, tout un parcours a été aménagé avec des cordes, des jeux, des ponts et des bars, mais le site est surtout devenu célèbre pour son nombre important d'accidents graves et mortels, liés très souvent à une forte consommation d'alcool et de drogue. Lors de notre passage, toutes ces attractions étaient complètement fermées. L'endroit est devenu beaucoup moins touristique, beaucoup plus tranquille. Il est calme, paisible. Je l'ai beaucoup apprécié.

J'ai apprécié Luang Prabang, cette belle ville occidentalisée, touristique, mais très sympathique. J'y ai remangé un sandwich avec du « vrai » pain, du beurre et du jambon fumé, et dégusté en dessert une tarte aux poires ! OMG ! Un délice ! Cela faisait tellement longtemps ! D'ordinaire, en voyage, je mange local, je teste les spécialités du pays, mais après avoir ingurgité du tronc de bananier lors du trek, c'est tellement bon de manger du pain de qualité et une petite gourmandise. C'est tellement difficile à trouver que je ne n'ai pas pu résister. Je me suis aussi délectée des chutes d'eau aux abords de cette ville. Elles sont sublimes, d'un bleu turquoise, presque vert, tellement transparentes ! Une merveille, la nature est incroyable.

À Luang Prabang, au petit jour, il est possible de voir une farandole de moines faisant l'aumône. Ils sont si beaux, si élégants avec leur tenue orange, presque fluorescente. Un véritable spectacle que tout le monde veut admirer. Les touristes se « battent » même pour prendre *the* photo : qui fera le plus beau cliché ? J'observe la scène de loin, bien loin d'adhérer à la folie de certains, devenus quelques minutes de véritables paparazzi prêts à tout pour un cliché.

J'ai été intriguée par Phonsavan et son étrange vestige, la plaine des Jarres. Deux cent cinquante jarres sont déposées ici dans les champs. Quelle est leur histoire ? Pourquoi sont-elles ici ? Comment sont-elles arrivées là ? D'où viennent-elles ? Personne ne le sait, aucune réelle explication n'a été trouvée. Cela laisse libre cours à l'imagination.

Et j'ai été touchée que la région reste aussi sévèrement marquée par les séquelles de la guerre du Vietnam. Des tonnes de bombes, de mines, parsemaient encore les champs. Lâchées par les Américains dans cette zone proche de la frontière, elles seraient encore quatre-vingts millions non explosées à joncher le sol laotien…

J'ai été enchantée de ma visite à Konglor pour voir les plus grandes grottes du Laos. Pour rejoindre le site, le chemin est long, très long. Mais quand les heures de transport sont nombreuses, il y a moins de touristes et souvent de belles surprises.

Et en effet, quel sublime endroit que ce village perdu au milieu des cultures, sur fond de montagnes. Il donne au visiteur l'impression d'être un privilégié. Une seule route ici, et la rivière à deux pas. De la grotte, je ne garde pas grand souvenir. Je revois en revanche les moments partagés avec les enfants du village. Vivants, souriants, si contents qu'on joue avec eux près de la rivière, qu'on les prenne en photo. Ou l'inverse. Nous avons inversé les rôles – une idée de mon amie québécoise Marie-Michèle – et ils se sont très bien débrouillés. Il a fallu encore un peu d'entraînement pour le cadrage, mais, en quelques minutes, ils ont bien retenu les quelques boutons et réglages nécessaires pour prendre des photos. Nous leur avons à peine montré, mais ils ont un grand sens de l'observation. Ce très beau moment d'échange est inoubliable.

J'ai enfin adoré ce paradis, ce havre de paix que sont les quatre mille îles. Je ne sais pas bien pourquoi, en fait. Peut-être le fait d'avoir un cabanon face à la rivière, de pouvoir manger, écrire, lire. Peut-être d'avoir vu ces pêcheurs et ces enfants qui jouent du lever jusqu'au coucher du soleil dans une lumière orange. Peut-être de se déplacer à pied, à vélo, de laisser filer le temps, de perdre sa montre, de cette impression de bout du monde, de ce calme, d'être en paix. Et peut-être, tout simplement, de finir en beauté ce voyage au Laos.

CHAPITRE 22

LE CAMBODGE CONVALESCENT

Encore sous le charme du Laos, je suis un peu déçue du Cambodge à mon arrivée. Le Nord-Est est très aride, il y a peu de choses à voir. Les Cambodgiens pratiquent la culture sur brûlis et beaucoup de champs brûlent à longueur de journée. Je suis déconcertée de voir de magnifiques arbres, la nature, partir en fumée. Pire : en discutant avec les fermiers cambodgiens, je suis abasourdie d'apprendre que les cultures de riz prévues dans ces champs sont destinées aux Vietnamiens. Je ne comprends pas bien que nourrir sa propre population ne soit pas la priorité des priorités.

Lorsque j'avais franchi la frontière entre Thaïlande et Cambodge, à Poipet, pour rester quelques mois de plus en Thaïlande, j'avais été choquée par ces porteurs faisant des allers-retours avec des remorques surchargées qu'ils poussaient à la seule force de leurs bras ! Des « warriors »… Or, cette tâche était exclusivement réservée aux Cambodgiens. Le contraste est flagrant entre la richesse des Thaïlandais et la pauvreté des Cambodgiens.

Il y a néanmoins de quoi s'émerveiller au Cambodge. Comme le temple d'Angkor Vat, une pure merveille ! Certainement l'un des plus beaux temples que j'ai pu observer dans ma petite vie de voyageuse. Ce qui rend ce chef-d'œuvre si beau, si particulier, si précieux, ce sont ces arbres qui se mêlent aux temples. Cette parfaite union entre les pierres sculptées et les arbres si majestueux, si imposants, si anciens… Ils font la caractéristique unique de ce lieu.

Je me désole de la nécessité de devoir les couper pour préserver les temples, les constructions, qui s'écroulent sous les racines gigantesques de ces arbres. La nature reprend peu à peu ses droits.

Angkor Vat est l'incroyable trésor de ce pays !

Forcément, qui dit merveille dit touristes, et donc business. Un nombre incroyable de petits vendeurs de cartes postales et souvenirs divers s'agitent ici. Ils sont hauts comme trois pommes, récitent des phrases apprises par cœur, chantent une adorable petite chanson en anglais parfaitement mémorisée pour nous inciter à succomber à leur charme et à leur acheter un petit souvenir.

Encore une fois, une multitude de questions – universelles – m'assaillent : dois-je donner, acheter à ces enfants ? Est-ce la place d'un enfant ? Les enfants ne devraient-ils pas être à l'école ? Mais ont-ils le choix ?

Que vont-ils retenir des touristes ? Un touriste donne : le mot « touriste » sonne alors comme « argent », « dollars », et le visiteur est assimilé à un billet vert sur pattes.

Habituer dès le plus jeune âge un enfant à l'argent est-il une bonne chose ?

À cet âge, on apprend vite, mais a-t-on conscience ? Où sont les limites ?

Certains touristes sont malintentionnés. Qu'est-on prêt à faire pour gagner plus ?

Pour les enfants qui ne rapportent rien, n'est-ce pas une punition ?

De nombreuses ONG essaient d'aider le pays, mais la guerre, le génocide orchestré par Pol Pot et les Khmers rouges ont laissé de lourdes cicatrices. À Phnom Penh, les Killing Fields, le S21, rappellent à quel point les hommes peuvent être fous, à quel point la folie d'un seul d'entre eux peut embarquer un pays dans des souffrances et des atrocités, à quel point ce régime a provoqué le chaos en même temps qu'il a été responsable de l'extermination de plus de 20 % de la population en quatre années.

La plupart des intellectuels ont été éliminés, tous les citadins envoyés aux travaux forcés, à travailler sans relâche dans les campagnes. Il y a forcément un déséquilibre aujourd'hui, un manque de têtes pensantes, un manque d'hommes. Les conséquences sont désastreuses. Les Khmers rouges ont plongé le pays dans une terrible pauvreté, dont les pays voisins profitent. Reconstruire le Cambodge prendra des années, des générations.

Il y a un problème de formation, de prostitution, de pillage de ressources par les pays voisins. Phnom Penh et Sihanoukville sont, par exemple, des villes connues pour le tourisme sexuel. En Thaïlande, je me souviens avoir rencontré des étrangers qui m'expliquaient qu'ils venaient maintenant au Cambodge pour « consommer » car c'était bien moins cher qu'en Thaïlande, que la police était bien moins sévère et que, de plus, il était facile d'obtenir un visa de six mois. Ils se font passer pour de bons samaritains en expliquant qu'ils aident une famille à s'en sortir… Cela m'exaspère, m'est insupportable qu'on puisse profiter de la misère et de la gentillesse d'un peuple sans l'ombre d'un remords, juste pour ses plaisirs personnels.

La tâche est énorme pour reconstruire le pays. Mais des ONG travaillent sur de très beaux projets et essaient d'aider les Cambodgiens à vivre, survivre, et à mettre en valeur leur pays et leur travail. Ainsi, à Battambang, nous assistons notamment à une représentation de cirque exécutée par de jeunes Cambodgiens. Le spectacle est assez épatant, de qualité, et permet de sortir ces jeunes de la pauvreté. En mettant en valeur les jeunes talents cambodgiens, le spectacle apporte un véritable message d'espoir.

Et comment oublier la couleur parfaite des plages de l'île de Koh Rong, l'une des plus belles îles d'Asie du Sud-Est ? Ce joyau a de quoi faire pâlir ses voisines thaïlandaises. Elle est d'ailleurs si belle que son rachat intéresse fortement les Chinois. Certainement pour faire un casino ou un « resort », comme c'est déjà le cas sur les îles voisines.

Au lac de Tonlé Sap, situé dans les terres, presque au milieu du Cambodge, nous sommes étonnées, mon amie québécoise Marie-Michèle et moi, par le nombre incroyable de sacs en plastique qui jonchent les abords du village flottant. Malgré cela, ce village reste charmant, coloré. La police à droite, le coiffeur plus loin, le marchand de blocs de glace en pleine action ici, le supermarché du village là, la station-service, l'église, les pêcheurs, les enfants jouant dans l'eau… Les locaux vivent sur l'eau, n'ont que le bateau pour seul moyen de transport. Ce mode de vie m'impressionne, moi qui aime marcher, explorer les grands espaces.

Le Cambodge scintille malgré tout de mille trésors et de sourires plus nombreux encore. L'histoire a fait beaucoup de mal au pays, mais, petit à petit, il se reconstruit. Et s'il y a un endroit où j'aimerais retourner un jour pour faire une mission humanitaire, c'est bien celui-là…

CHAPITRE 23

BAIN CHAUD AU VIETNAM

Les routes sont en construction, les chaussées ne sont qu'amas de cailloux, de rochers, et le bruit des marteaux-piqueurs retentit. Nous sommes dans le nord du Vietnam, sur le chemin si difficile à trouver du marché de Bac Ha. Il faut le mériter pour le visiter. Mais quelle impression, quelle claque, une fois sur place. Je n'en crois pas mes yeux. Je me sens projetée au début du siècle, dans une immense foire aux mille et une couleurs, dont l'ethnie principale est celle des Hmong Fleurs.

Leurs habits sont de véritables œuvres d'art et nous donnent l'impression d'assister à un bal costumé. Nous sommes finalement les seules à ne pas être endimanchées. Même les rizières et les montagnes en arrière-plan se sont faites belles. Nous sommes égarées au milieu de nulle part face à ce spectacle. Ici, dans cette foire, on peut tout acheter et faire de bonnes affaires : tissu, outils et produits agricoles, mais aussi des animaux de toutes sortes, comme des vaches, des chevaux, des chiens, et même des oiseaux. Car oui, chez les Vietnamiens, les hommes ont une passion inconditionnelle pour le chant mélodieux des oiseaux. Un vrai supermarché. Nous pouvons également manger. Quelle atmosphère !

Nous éprouvons la sensation d'être retournées dans le passé – à l'époque où nos centres commerciaux n'avaient pas encore fait disparaître nos foires d'antan –, que le temps s'est arrêté ou de nous être perdues quelque part dans un rêve.

À peine remises de ce moment magique, nous continuons notre route. Quelle beauté, ces montagnes entourées d'une légère brume, ces quelques villages et maisons rencontrés sur ce chemin très caillouteux. Notre guide soudain s'arrête net. Il nous montre la montagne qui nous fait face :

— Là, c'est la Chine !

Waouh, que c'est beau ! C'est infini, c'est le même paysage. Pourquoi-a-t-on créé cette frontière, cette barrière imaginaire artificielle entre ces frères ? Pourquoi ici plutôt que là ? À l'impression de bout du monde, de liberté absolue, s'oppose la réalité : nous ne pouvons aller plus loin… Quelle frustration !

Du nord au sud, le Vietnam est sublime. Sa variété de paysages et de couleurs est incroyable. Ses rizières, ses plages, ses marchés authentiques et colorés sont un régal pour les yeux. Ses ethnies d'une grande richesse culturelle. Et la nourriture est délicieuse. J'en prends véritablement conscience à Sapa, une ville touristique. Elle est réputée pour ses magnifiques rizières en terrasses et la présence aux alentours de différentes ethnies, principalement les Hmong et les Red Zhao. L'attraction principale ici est de réaliser un trek et de dormir chez l'habitant, dans une ethnie. En ville, la bataille fait rage et les propositions ne manquent pas. Les femmes redoublent d'imagination pour que nous les choisissions et essaient de nous amadouer en nous décorant de jolis bracelets. Je choisis finalement comme guide une femme Red Zhao, coiffée comme ses consœurs d'un turban rouge et d'une tunique noire, et portant de longues boucles d'oreilles.

Au fil des heures, je réalise que plus aucun touriste n'est à proximité. Nous traversons des paysages incroyables de sublimes rizières en terrasses à perte de vue. Nous longeons une rivière, apercevons des paysans avec leur buffle et leur charrue retournant la terre. Nous sommes seules au beau milieu de la campagne profonde, au bout du bout du monde. Quel bonheur ! En traversant un tout petit village, j'aime en revanche beaucoup moins voir deux hommes en train d'éventrer et de dépecer un chien. En plein rue, à même le sol…

Ma guide est heureuse de me conduire dans son village perdu et fière de se montrer avec moi devant ses voisins. Je suis l'attraction. On me regarde avec de grands yeux, sans parler, intimidé. La maison de ma guide reflète sa grande ambition : elle est en bois, immense, neuve, avec des fleurs marquetées sur la façade… Je décide dès lors de surnommer ma guide « la reine Zhao », en référence à son « palais ».

Elle met tout son cœur pour me préparer à manger. Elle cuisine par terre et ne veut aucune aide. Le feu est au centre de la pièce. On est loin de nos cuisines aménagées à l'occidentale… Le dîner est servi, il y a de nombreux plats, des légumes, de la viande. Ça sent bon. Je suis gâtée… Pendant le repas, la reine Zhao a laissé une grande marmite remplie d'eau sur le feu. Non pas pour y préparer des pâtes mais pour que je puisse me laver à l'eau chaude. Et quand je vois son mari revenir avec un demi-tonneau en bois, je comprends que je vais pouvoir prendre un bain dans cette « baignoire ». Le luxe, la classe !

Mon hôtesse ajoute dans l'eau des feuilles fraîchement coupées qu'elle laisse infuser. Apparemment, ces plantes sont bonnes pour les rhumatismes, les douleurs musculaires.

C'est une belle surprise. La pièce tient donc lieu de salle à manger, de cuisine et de salle de bain. Un morceau de bois et un bout de tissu rapportés font désormais office de rideau de douche. J'avoue que je ne suis pas vraiment à l'aise de me baigner dans cette pièce multifonctionnelle, mais un bain chaud ne se refuse pas. Chaud, oui, je le constate. En fait, il est brûlant, tellement brûlant que je n'arrive même pas à y mettre un orteil. Un comble pour moi qui me plains toujours du froid et aime tant la chaleur.

Malgré quelques minutes d'attente, l'eau est toujours aussi brûlante. Je m'éclabousse le visage, me jette un peu d'eau sur le corps pour essayer de m'acclimater à la température de ce bain, mais en vain. Je ne peux pas, c'est encore bien trop chaud, et je finis par me résigner. Au lieu d'un bain, ce sera une petite toilette… Quoi qu'il en soit, je peux dire que j'ai testé du bout des pieds, des doigts, le spa, les bains brûlants de Sapa, au fin fond de la pampa.

Malgré le côté touristique de Sapa, j'y passe un bon moment : l'endroit est d'une indéniable beauté. Dans le nord du Vietnam, le tourisme est une activité importante. La notion d'argent et l'impression d'être un dollar sur pattes se ressent. J'ai beau arborer mon plus beau sourire, les prix demandés sont « adaptés » et varient beaucoup. Trouver une station de bus locale et non réservée aux touristes est quasiment mission impossible. Un chauffeur essaie même de me faire descendre de son bus car je refuse de payer dix fois plus que le prix affiché à l'avant de son véhicule… Cela n'a rien de spécifique au Vietnam. Je n'en veux pas à cette population accueillante.

Jour de match avec la sélection du Calvados.

À 14 ans, je joue dans l'équipe de l'USO Mondeville Basket.

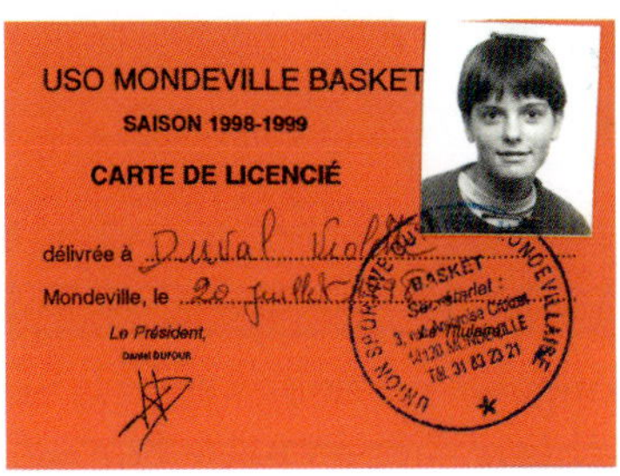

Ma licence 1998-1999
à l'USO Mondeville Basket.
Le basket est alors toute ma vie.

Les magnifiques steppes de Mongolie.

La charmante Chinoise qui nous a offert tous ses bonbons.

En Mongolie, on nous a servi la viande d'une chèvre tuée en notre honneur.

Au Népal, les sherpas sont à mes yeux des warriors.

Le fameux « Scary Bridge » – le pont de la peur – lors de notre trek au Népal.

L'arrivée du trek de l'Annapurna Base Camp.

Voici ma (triste) vision de l'Inde…

Rencontre avec un chaman lors du trek en Birmanie avec les « Lucky 7 ».

Jeunes fermières maquillées de tanaka, une crème solaire naturelle birmane. Des warriors.

Des petits moines au Laos.

Après-midi magique passé à jouer avec les enfants d'un village au Laos.

L'heure dorée, quand le soleil se couche sur les quatre mille îles, au Laos.

Les rizières du nord du Vietnam m'ont émerveillée.

La reine Zhao qui m'a hébergée dans son village, au Vietnam.

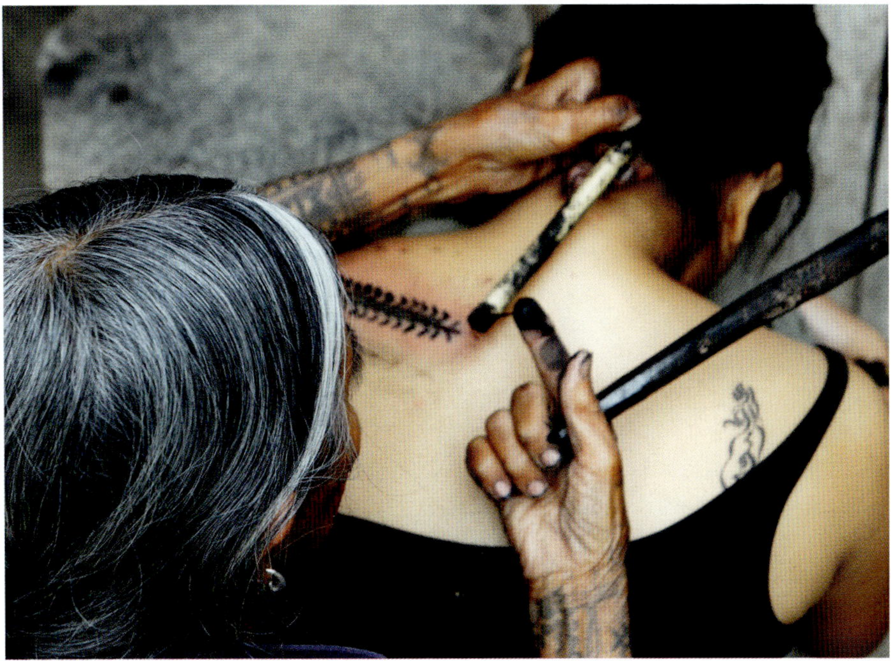

Angela, mon amie philippine, se fait tatouer par la plus vieille tatoueuse traditionnelle au monde.

Réflexion parfaite à Bohol, aux Philippines.

Souvenir impérissable partagé avec mes parents après une longue journée de marche : l'Ayers Rock s'embrase sous nos yeux en Australie.

Jeune chasseur de vers à bois à Vanuatu.

Ouvéa et ses panneaux détournés en Nouvelle-Calédonie.

Toutes les îles polynésiennes sont sublimes, mais Tikehau a quelque chose en plus à mes yeux.

Magnifiques paysage et couleurs, typiques de la Bolivie.

Au Salar d'Uyuni, en Bolivie, le ciel et la terre se confondent.

Peut-être ma rencontre la plus marquante en Amérique du Sud : celle d'un lama en Bolivie.

En vue de ma marche de 6 765 kilomètres pour sensibiliser à la fibromyalgie, je traverse Bricqueville-sur-Mer, parsemée de moutons, pendant mon entraînement.

Le parcours de ma marche.

Ci-dessus et en bas, à gauche : ma fidèle Huguette et moi partons du Mont-Saint-Michel.

L'objectif principal de la marche dans laquelle je me suis lancée reste de sensibiliser la population à la fibromyalgie, comme ici en Bretagne.

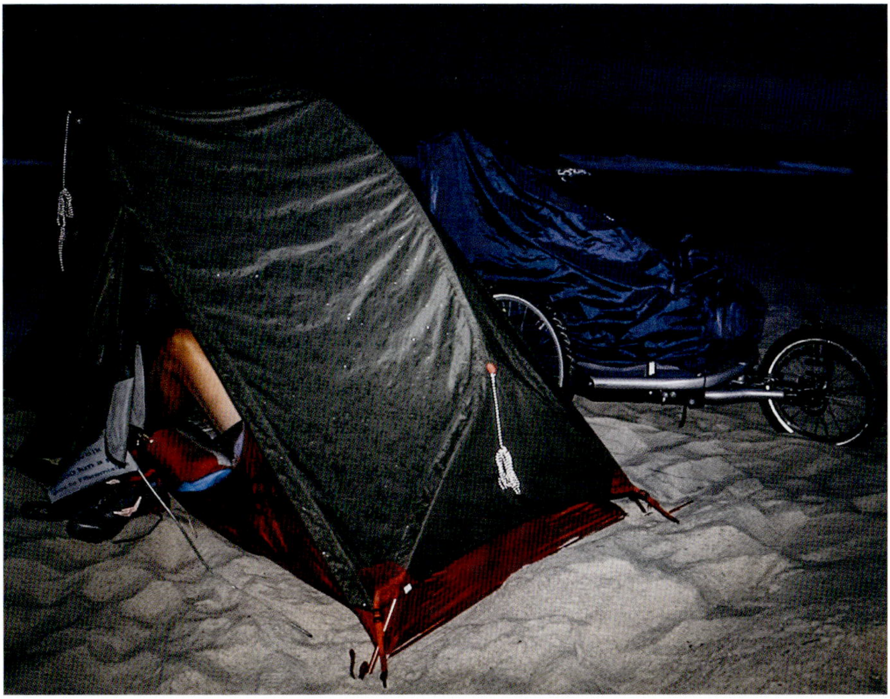

Campement sur une plage au Portugal. La météo est pour le moins… humide.

Au Portugal, Huguette et moi profitons d'une piste cyclable le long de cette route en ligne droite.

Je m'attendais à un soleil radieux au Portugal. Ça n'a pas toujours été le cas. Et la pluie n'a fait qu'accentuer mes douleurs et ma fatigue.

La plus « belle » piste cyclable du Portugal, celle où j'ai dû traverser les rails.

Traversée des salins d'Aigues-Mortes.

Normandie / Manche

Violette Duval veut faire connaître la fibromyalgie

Bricqueville-sur-Mer — En avril 2019, Violette Duval a pris la route et a, depuis, parcouru 6 400 km à pied. Son objectif, faire connaître la maladie dont elle souffre : la fibromyalgie. Récit.

Un diagnostic qui s'est fait attendre

Une maladie non reconnue

Saint-Pair-sur-Mer

« Un lien avec les fidèles c

« Il s'est passé quelque chose »

Un article de *Ouest-France*, le 25 mai 2020, peu avant mon arrivée, sur ma marche et mon combat.

Entretenir Huguette n'a pas toujours été de tout repos.

À Marseille, sur le Vieux-Port, le 20 juin 2020. Harassée, mais fière de ce que j'ai accompli. Il reste néanmoins beaucoup à faire pour que la fibromyalgie soit reconnue…

CHAPITRE 24

COUP DE CŒUR AUX PHILIPPINES

Le hasard occupe une place bénie dans le cœur des voyageurs. Il engendre parfois de merveilleuses découvertes. C'est le cas pour moi, en ce qui concerne les Philippines. Initialement, je n'avais pas prévu de me rendre dans ce pays. Mais avec l'équipe des « Lucky 7 », en Birmanie, j'avais rencontré Angelica – Angee –, une voyageuse philippine. Nous nous étions recroisées en Thaïlande, et elle était revenue à la charge :

— Vio, il faut que tu viennes aux Philippines, je suis sûre que tu vas adorer !

Comme je n'avais eu que des échos positifs de voyageurs à propos de ce pays, je n'ai pas mis très longtemps à me décider à revoir mon amie et visiter son pays.

L'aventure commence à l'aéroport. J'avais entendu dire qu'il était possible d'obtenir un visa de deux mois directement au service d'immigration à l'aéroport de Manille. J'explique donc que je souhaite un visa de deux mois – il y a 7 000 îles dans le pays ! – au cours d'un entretien privé avec un employé de l'immigration. Je m'attendais à quelque chose de strict, très cadré, très sérieux, et, finalement, c'est tout le contraire. L'homme est souriant, charmant, curieux, il est impressionné par le parcours que je projette. Et m'accorde immédiatement le sésame. C'est tellement rare d'être si bien accueilli par l'immigration…

Angee doit venir me chercher, mais je suis un peu en avance sur l'horaire prévu. Et sans téléphone pour la prévenir. J'ai voyagé sans téléphone jusqu'à mon arrivée en Australie. J'attends donc sagement à la sortie. Un policier qui fait des rondes vient vers moi, je suis vaguement inquiète. Ses questions me rassurent :

— Tu viens d'où ? Tu attends quelqu'un ? Je peux t'aider ?

Je lui explique que j'attends une amie et que je n'ai pas de téléphone pour la joindre… Il me lance :

— Ah, tu n'as pas de téléphone ! Mais comment tu fais ?

— Non. Mais on va bien se retrouver, nous nous sommes donné rendez-vous à la sortie de l'aéroport.

— Tu as son numéro ?

— Oui. Pourquoi ?

— Donne-le-moi, je vais appeler ton amie.

— Euh… Mais je peux attendre…

— Donne.

— OK, merci.

Je suis stupéfaite. Il arrive à la joindre après plusieurs tentatives et discute en philippin avec Angee.

— C'est bon, elle arrive. On va se mettre dehors. Je t'accompagne.

Quelle gentillesse !

Angee arrive bientôt. Cela me fait tellement plaisir de la voir. Elle s'excuse pour son retard qui n'en est pas un.

— Je suis désolée, cela m'a surprise d'avoir un coup de fil pour me prévenir de ton arrivée. Il me disait qu'il était policier, je ne comprenais pas. Tu vas voir, tu vas aimer les Philippines.

J'aime déjà leurs services d'immigration et de police...

Et ma première impression, très positive, ne se démentira pas au cours de mon périple philippin. Les moments de grâce, d'émerveillement, de partage, d'authenticité, d'émotion, de joie, de sourire et de rire vont se succéder presque quotidiennement.

Au rayon cocasse, le Jeepney, pour commencer. Angee a préparé un trip au nord de Manille. Je ne sais pas à quoi m'attendre, mais je lui fais confiance, car notre manière de voyager et ce que nous en attendons sont similaires. Nous voilà donc devant un Jeepney, le transport typique made in Philippines. Il s'agit d'une Jeep rallongée et customisée, très colorée, une véritable œuvre d'art à quatre roues. Son avantage, c'est qu'il offre l'option « voyager sur le toit ». Attention, ça décoiffe ! Sensations garanties, et pour le confort, il vaut mieux oublier. Mais la vue – la plus belle qui soit – est dégagée.

Les locaux montent et descendent du Jeepney où ils veulent : il n'y a pas d'arrêt de bus. Ni d'horaire, d'ailleurs : les Jeepney circulent à toute heure, ils sont partout et constituent un moyen de transport pas cher. Vous comprendrez donc la facilité à voyager dans ce pays.

Sur la route, le paysage est sublime. Nous sommes en pleine campagne. J'admire tour à tour les rizières, les scènes de vie, les enfants dévalant la route tout sourire avec leur karting en bois, les paysans séchant leur récolte sur la chaussée... Oui, cela sèche plus vite sur le goudron ! Un guide nous conduit dans la montagne, dans un village de la tribu Kalinga, où vit la plus vieille femme tatouée et maître tatoueuse au monde. Elle a alors plus de 90 ans et réalise des tatouages traditionnels tribaux. Kalinga veut dire « hors-la-loi », « sauvage », « féroce » ! Nous avons face à nous la dernière tatoueuse Kalinga, héritière d'une tradition vieille d'un millier d'années. À son décès, cet art, son savoir et une partie de l'histoire disparaîtront avec elle. Nous vivons un moment particulier, privilégié.

Les tatouages tribaux Kalinga représentent des formes géométriques, des animaux, tels que des mille-pattes (symboles de protection), des pythons (associés aux mille-pattes, ils sont le symbole de l'esprit guerrier) et des éléments de la nature, de l'agriculture, tels que le riz ou les plantes... Angee s'est décidée : elle est prête à se faire tatouer. La scène est assez extraordinaire. Le salon est en plein air, au milieu des poules et des poussins, dans la cour principale du village. Angee est assise sur un petit banc en bois et notre mamie tatoueuse accroupie, en tongs, munie de son matériel : un bâton de bambou avec une pointe parfaitement aiguisée, un simple bâton pour tapoter celui qui incruste l'encre sous la peau et une gamelle en plastique remplie d'encre. Elle prend l'encre sur son doigt gauche, l'applique sur la pointe de son ustensile qu'elle commence à tapoter avec son simple bâton en bambou de manière constante, en rythme, afin que l'encre entre sous la peau. Elle a le geste juste, précis. Le tatouage se fait à main levée. Il lui permet d'exprimer ses talents d'artiste. Cette femme de plus de 90 ans est belle avec toutes ses rides, ses yeux malicieux, son regard, son silence, son collier de perles et ses tatouages que nous découvrons quand elle retrousse ses manches. Elle impose le respect.

Il ne s'agit pas de n'importe quel tatouage : se faire tatouer par cette femme est un moment unique, incroyable, une rencontre avec son passé, son histoire. La beauté n'est pas dans le tatouage, mais dans sa signification, le symbole fort de cette génération, comme Angee qui souhaite faire perdurer l'histoire de ses ancêtres, leurs traditions, graver à vie cette rencontre, son appartenance à un pays. C'est un moment magnifique, magique. Merci Angee.

Je continue seule mon voyage. Il est néanmoins tout aussi enchanteur. J'enchaîne avec le mont Pinatubo et ses alentours.

En m'écartant un peu à pied d'un village, quelle surprise ! Le paysage est impressionnant, infini. Une plaine immense, un tapis de cendre gris s'étale sous mes yeux. Le paysage est lunaire. Au loin, des montagnes ; devant moi, des ruisseaux, ici et là. Le tableau est extraordinaire. C'est l'heure de laver les buffles, et dans cette immense étendue, je contemple tour à tour les enfants venir faire prendre un bain à leurs bêtes. Ici, dans les ruisseaux et les mares, grâce à l'activité volcanique, l'eau est chaude. C'est un sublime ballet.

Le lendemain, je découvre le mont Pinatubo lui-même. Le paysage est désertique, étonnant, le relief totalement recouvert de cendre. Une vingtaine d'années auparavant, une éruption a coûté la vie à plus de mille personnes et a ravagé les villages alentour. Au milieu du cratère, un lac entouré de montagnes et de pics. Sa couleur est sublime. Quelle beauté, quelle beauté assassine !

Ma route m'emporte vers Batad, un petit village perdu au milieu des rizières. Toutes les maisons sont construites en hauteur, surplombant les rizières, et la guesthouse où je dors m'offre une vue incroyable. J'ai l'impression de plonger dans les rizières. Elles sont de couleur verte – un vert pomme très lumineux –, entrecoupées de tous ces petits murets, ces escaliers construits par les petites mains de l'homme à flanc de montagne. Elles sont vieilles de plus de deux millénaires et sont inscrites au patrimoine mondial de l'Unesco. Une véritable œuvre d'art.

De retour au village, je passe un très bon moment avec les jeunes à disputer une partie de basketball, mon premier amour de ma première vie. Les Philippins, tout comme moi, sont fans de basket, un sport plus populaire ici que le football : c'est un vestige de la colonisation américaine. Tout le monde s'y adonne, dans les rues des villes comme dans les campagnes.

Le mont Mayon, à Legazpi, se refuse à moi. Je souhaitais en faire l'ascension, mais j'apprends dans le bus que ce volcan s'est réveillé. Cinq morts dans l'explosion. Je me contente de l'admirer de loin. Ce cône presque parfait laisse échapper un petit filet de fumée telle une cheminée. Il paraît inoffensif, semble même veiller sur la ville de sa puissance tranquille. Il est tellement beau. Mais tellement dangereux.

Je reste également sur ma faim à Donsol où je rêvais d'approcher une autre sorte de monstre. L'endroit est connu pour ses requins-baleines, le plus grand poisson du monde. Totalement inoffensif pour l'homme, il peut atteindre jusqu'à vingt mètres de long. Échec. Il se refuse à apparaître : notre guide m'avoue que leur nombre a considérablement diminué. L'animal est en voie de disparition. Qu'à cela ne tienne : je file à Oslob, sur l'île de Cebu, sur les conseils des locaux. L'endroit est surpeuplé, mais de touristes.

Les requins-baleines sont bien là. Mais lorsque je m'en approche avec une barque, le spectacle – quinze ou trente minutes chrono – me désole : des hommes les nourrissent en permanence pour qu'ils restent là, à tourner en rond comme un poisson rouge dans son bocal. Je suis entourée par deux spécimens, deux sublimes créatures qui dansent dans l'eau. C'est magnifique. Mais ce spectacle d'aquarium, de cirque, me déçoit, m'énerve, me dégoûte. Je vois bien ce splendide animal, mais mon cœur n'y est pas. Nourrir un animal sauvage, le rendre dépendant à tel point qu'il ne migre plus, dérégler la chaîne alimentaire et l'écosystème des océans, ce n'est pas mon truc. Les conséquences en sont dramatiques.

À Bohol, connue pour ses jolies Chocolate Hills – de petites collines similaires, au milieu des rizières, d'origine sédimentaire, composées de sable et de calcaire –, un autre animal fait naître en moi des questionnements. Le tarsier y bénéficie d'une réserve. C'est un petit primate – l'un des plus petits – d'une dizaine de centimètres de long et pesant une centaine de grammes. Minuscule, mais avec des yeux immenses, de longs pieds et des oreilles ressemblant à celles des chauves-souris. Il vit dans les arbres et se nourrit d'insectes, la nuit.

C'est une espèce protégée, on fait très attention à lui ici. Il est très fragile, très craintif, très anxieux et en voie de disparition. J'ai la chance d'en voir un dans la réserve, caché dans les arbres. Ses grands yeux sur son corps si petit nous fixent. Son regard est captivant. Je suis hypnotisée, il m'envoûte. Mais je ne me sens pas à mon aise et ne prends qu'une seule et unique photo. Même si j'ai appris que le droit d'entrée va aider à la protection de cet animal et éviter sa disparition, je suis face à ma conscience. Cette réserve n'est-elle pas finalement un zoo ? Devrais-je être présente ici ? Ne devrions-nous pas laisser ces animaux en paix dans ces réserves juste avec leurs soigneurs ? Car même en petit groupe, notre présence représente un stress pour l'animal… D'un autre côté, je sais que la préservation de l'animal dépend de notre présence ici, du prix du billet d'entrée dont nous nous acquittons. C'est un cercle vicieux…

Mes questions existentielles s'évanouissent un temps dans les îles tout aussi magiques les unes que les autres et face à la gentillesse et à la générosité de cœur des locaux. Les nuits « chez l'habitant » sont courantes au gré des rencontres inattendues.

Un résumé ? Sur l'île de Bohol, réputée pour sa sublime plage de sable blanc et sa vue sur les volcans de l'île de Camiguin, je suis soumise à un tendre interrogatoire de la part de Philippins rencontrés dans le bus, puis que je revois sur la plage :

— Ah, c'est toi qui voyages ! Bravo, c'est incroyable. Tu voyages seule ? C'est vrai ?

— Oui, oui, je voyage seule.

Pour les Philippins, il est assez inconcevable qu'une femme voyage seule.

— Tu n'as pas peur ?

— Non, non. Pourquoi ? Les gens sont bienveillants avec moi.

— Il est où, ton mari ? Tu n'as pas de mari ?

— Non, non, je ne l'ai pas encore rencontré.

Là encore, le fait que je ne sois pas mariée leur semble invraisemblable.

Quelques (merveilleux) jours plus tard passés dans cette famille, les mots d'adieu sont incroyablement touchants :

— Tu sais, dans le champ, là-bas (ils me montrent le champ juste devant chez eux), si tu le souhaites, tu reviens avec un peu d'argent et nous t'y construisons une maison. En revanche, promets-nous de revenir avec ton mari, la prochaine fois !

Je reste sans voix, émue. Ces gens rencontrés trois jours auparavant me proposent de vivre avec eux. Je fais partie de la famille ! Quelle rencontre inoubliable ! Les Philippines, c'est ça… Et qui plus est sur fond de paysages époustouflants de beauté.

CHAPITRE 25

LA MALAISIE ME FAIT TOUSSER

Il arrive qu'un séjour dans un pays débute avant même qu'on y ait posé le pied. Je suis dans l'avion, à côté d'une famille dont le père est d'origine malaisienne. Il vit au Danemark et vient rendre visite à son frère qui habite Penang. La discussion s'engage :

— Tu viens d'où ? Tu fais quoi ?

— Je fais un tour du monde.

— Seule ?

— Oui.

Décidément, c'est un sujet de curiosité, peu importe dans quel pays je me trouve. Il est impressionné.

— J'ai toujours rêvé de faire ça, c'est incroyable. Écoute, j'ai envie de t'aider : je vais demander à mon frère s'il peut t'héberger.

Il l'appelle en sortant de l'avion. C'est bon : j'ai déjà un lieu pour dormir. Et pour ne rien gâcher, dans une maison traditionnelle en bois construite sur pilotis. La classe !

Georgetown, ou Penang, a subi de multiples influences. On a l'impression de se retrouver tour à tour en Chine, en Europe, en Inde. C'est une ville multiculturelle qui a un long passé commercial. Il est agréable de flâner dans ses rues, qui sont une sorte de musée à ciel ouvert, à la recherche des « Street Art » en 3D. Les œuvres d'art d'Ernest Zacharevic sont mondialement connues. J'adore manger dans les « food market », ces lieux qui regroupent plusieurs petits restaurants proposant diverses spécialités culinaires du pays. Ils permettent de goûter à plusieurs plats à la fois. C'est difficile de faire un choix, c'est tellement bon.

Dans un autre style, je découvre le Reggae Bar, où l'alcool est offert aux femmes. Oui, oui, le patron aime les femmes et sait leur parler ! Ici, il y a des concerts, de la musique « live » tous les soirs, une très bonne ambiance. Penang est une ville artistique et inspirante que j'aime beaucoup.

En revanche, je suis déçue par Kuala Lumpur (KL), ville du business. Durant mon séjour, je ne vois pas le soleil : une épaisse couche grise de pollution couvre littéralement ce ciel. Il est même conseillé, bien avant la pandémie de Covid-19, de porter un masque. L'air est pollué et la chaleur étouffante.

Officiellement, cette grisaille est due aux fumées des champs brûlés en Indonésie pour la culture sur brûlis. Mais personne n'est dupe. Bienvenue au pays du Nutella. Les producteurs d'huile de palme sont nombreux et, dans le bus, je suis d'ailleurs choquée par le paysage : des palmiers, des palmiers, encore et toujours des palmiers… Rien d'autre à voir.

La rencontre avec le célèbre parc national Taman Negara est édifiante. Il est considéré comme l'une des forêts tropicales les plus anciennes du monde, vieille de plus de cent trente millions d'années. Mais, aux abords du site, je vois des forêts entières en train de se faire décapiter, certainement pour replanter des petits palmiers… Sur le papier, ce parc fourmille d'animaux spectaculaires. Une brochure annonce même la présence d'un tigre. D'emblée, ça me fait doucement rigoler. En fait, j'espère plutôt voir des lézards, des papillons, des singes, des araignées ou des serpents. Je suis motivée à l'idée d'explorer cette forêt. Les arbres y sont magnifiques, le chemin bien tracé… Un pont de singe nous laisse envisager une belle aventure.

Avec quelques compagnons de route, nous décidons même de passer la nuit dans un observatoire en pleine nature au milieu de la forêt. On ne fait pas cela tous les jours. Il est en hauteur, construit tout en bois. Il n'y a aucun confort, des insectes nous tournent autour. C'est très mal entretenu, et même sale, mais cela m'importe peu. Je suis motivée, excitée à l'idée de faire le guet et de voir un animal sauvage. Notre guide nous a affirmé :

— J'ai vu un buffle sauvage il y a deux jours. J'en suis sûr, il va revenir ce soir.

Il a même laissé quelques restes de notre repas pour appâter les animaux.

Au bout de trois heures à attendre dans le noir, sans rien voir, pas même l'ombre d'un supposé buffle « sauvage » ni quoi que ce soit d'autre, nous commençons à douter sérieusement. Nous avons raison : nous ne verrons pas le moindre animal de la nuit. Manque de chance ? Pas sûr. Beaucoup de voyageurs rencontrés sur place nous avouent n'avoir rien vu eux non plus. Et je ne suis d'ailleurs pas étonnée : face à la pollution, ces fumées toxiques, cette déforestation et l'arrivée des touristes, la faune sauvage a certainement fui loin, très loin de l'homme, et a disparu.

C'est sur l'île Tioman, assez préservée et authentique, que je termine mon séjour malaisien en toute tranquillité. Au programme : snorkeling, trek et farniente. Je profite de ces derniers moments avant de mettre mon voyage en stand-by et de commencer à rechercher intensivement du travail à Perth, en Australie, pour renflouer mon compte en banque.

CHAPITRE 26

LA TÊTE À L'ENVERS

L'argent est, paraît-il, le nerf de la guerre. Il est aussi celui des voyages. J'arrive en Australie, à Perth (sans profits). Fini de voyager pour un temps : il faut que je trouve un travail pour renflouer mon compte bancaire avant de pouvoir repartir. Je loge dans une auberge qu'une amie m'a conseillée. J'y apprécie beaucoup l'ambiance, mais je m'aperçois vite que peu de personnes ont un « vrai » travail. Quelques heures de job par-ci par-là, et c'est généralement tout. Il y a trop de monde ici pour trouver un travail rapidement.

J'entreprends donc de poser ma candidature pour des postes aux alentours de Perth. Il en existe sur Gumtree, le célèbre site australien où l'on peut absolument tout trouver : voitures, vêtements, emplois… Je réponds aux offres de réceptionniste.

Une semaine après mon arrivée, je reçois un coup de fil d'un homme intéressé par mon profil pour un poste de réceptionniste.

— Écoute, ton CV me plaît, je t'embauche si tu prends le premier avion. Quand peux-tu commencer ?

Le gars a l'air sérieux et je décide de tenter le coup. Et voilà, j'ai trouvé un travail, je suis engagée.

Direction Newman. Je n'ai pas la moindre idée de l'endroit où se trouve cette ville ni à quoi elle ressemble. Et pour tout avouer, je n'ai même pas vraiment regardé. J'espère juste que cette offre est bien réelle. L'entreprise – le fameux Red Sands Tavern – existe bel et bien. Je fais confiance à mon instinct. Et comme convenu, le patron vient à l'aéroport. C'est un bien grand mot : il s'agit d'un tout petit aérodrome, genre piste d'atterrissage perdue au milieu du bush australien.

La visite de Newman est très simple. Il n'y existe qu'une seule route, qui sépare d'un côté les mineurs et de l'autre les aborigènes. Le boss m'exprime clairement son opinion :

— Ici, c'est la ville (en me montrant le côté des mineurs). Et ici, c'est la poubelle (en désignant le côté des aborigènes).

Cela donne tout de suite le ton ! Welcome to Newman ! Cela fait à peine trois minutes que je le connais et mon patron me donne déjà son avis, bien tranché, sur les aborigènes. Ce n'est pas vraiment ce à quoi je m'attendais. Je suis sous le choc.

Il faut le reconnaître : les aborigènes vivent à Newman dans des maisons qui ne ressemblent plus vraiment à des maisons. Le gouvernement les leur a apparemment offertes gracieusement. Et cela énerve beaucoup d'« Australiens » – entre guillemets, car les aborigènes le sont tout autant –, qui ne comprennent pas qu'ils doivent payer pour leur logement alors que les aborigènes ne payent rien et ne font pas attention à leurs maisons. Mais ce peuple n'a jamais vécu enfermé et parqué dans des habitations… Je les verrai, et cela me fera beaucoup rire, dormir avec leurs matelas à la belle étoile, dehors ! Oui, ils sortent leurs matelas en dehors de leur maison pour dormir. Une maison, même offerte, ils n'en ont pas vraiment l'utilité.

Newman est une ville minière. Elle abrite même la mine de tous les records, la plus grosse mine à ciel ouvert au monde, une mine de fer ouverte vingt-quatre heures sur vingt-quatre, sept jours sur sept. Ici passe la plus longue voie ferrée du monde, entre Sydney et Perth (près de 4 500 kilomètres). Le minerai est vendu et transporté par bateaux en Chine.

Quand je me rends à l'office du tourisme, je suis interloquée de voir que la mine est la seule chose dont on parle et que seulement trois tableaux d'art aborigènes décorent les murs. Je comprends vite la priorité de la ville. Visiblement, ni la culture ni l'histoire n'ont d'importance. Je suis choquée de constater que lorsque la société BHP Billiton, qui exploite la mine, fait un don d'un million de dollars à la communauté aborigène, toute la presse en parle comme d'une offrande généreuse. Ce n'est rien par rapport au chiffre d'affaires et aux bénéfices de cette entreprise qui détient le droit d'exploiter cette mine pour un dollar symbolique.

Le rocher exploité est situé sur une terre aborigène. Alors, pour « remercier » la communauté, on lui a fourni des maisons, des voitures, un peu d'argent tous les mois. Mais les aborigènes sont nomades ! Et le gouvernement comme cette entreprise tentent de leur imposer la sédentarisation, un système qui ne leur convient pas et qu'ils ne connaissent pas. Le choc a été trop brutal : ce peuple perd toute son identité, sa culture, ses repères. Il est déraciné, et certains de ses membres sombrent malheureusement dans l'alcool.

À Newman, j'entends de la bouche d'un Australien de mon âge :

— Les aborigènes sont des singes !

Je comprends que cela ne sert à rien d'en parler. Je sais qui sont les non-humains. Ceux qui se permettent ce racisme ordinaire, ces humiliations, qui se pensent supérieurs du fait de leur couleur de peau… Ici, l'argent coule à flot : un mineur peut gagner jusqu'à cent dollars de l'heure. Oui, c'est fou ! Mais ce travail les rend fous. Les mineurs vivent sur une autre planète, la planète dollar et surconsommation. C'est bien loin de mon mode de vie, le mode backpacker ou le mode économie.

J'arrive donc au Red Sands Tavern. Le patron me fait visiter cet endroit qui est à la fois un restaurant, un bar, un coffee shop, un magasin d'alcool et un hôtel. Il m'explique que sa fille est comptable et que, quand il a vu mon CV et mon expérience chez KPMG, un grand groupe comptable, il m'a recrutée. La comptabilité m'a donc amenée jusqu'ici.

Le patron a investi depuis peu dans la location de caravanes individuelles pour les mineurs. La mine est en plein boom, il y a peu de logements disponibles. Ces caravanes répondent à la demande. Le prix d'une nuitée est exorbitant : un dix mètres carrés pour deux cent cinquante dollars la nuit, pour une caravane au milieu du bush ! C'est démesuré, mais bien sûr payé par la société BHP. Je bénéficie de ma propre caravane pour y loger, mais rassurez-vous : je ne paye pas ce tarif !

Je commence alors une formation de réceptionniste avec un Canadien qui bosse ici. C'est plutôt simple et je me débrouille, au dire de ce Canadien, très bien. J'ai juste l'impression que l'australien est une langue vraiment différente de l'anglais. Quand les Australiens me parlent, je ne comprends pas leur accent. J'identifie un mot sur trois.

Après à peine une semaine de travail, mon boss me convoque :

— Écoute, à la réception, je n'ai pas besoin de toi. Mais, en ce moment, au ménage, nous avons besoin de personnel, je te mets là pour quelques jours.

Je ne suis pas dupe, je sais très bien que ce n'est pas juste pour quelques jours. Mais je ne me plains pas : je suis là pour travailler et renflouer mon compte bancaire, alors faire le ménage me convient. Et je me retrouve avec une bande de filles, toutes backpackeuses, à nettoyer les caravanes pour vingt dollars de l'heure. Plutôt un bon salaire. À ce tarif-là, faire le ménage ne me dérange guère.

Cependant, il faut travailler dur et éviter de passer plus de quinze minutes par chambre… Très vite, le patron me pose beaucoup de questions sur ma propre productivité et sur celle du groupe. Il devient de plus en plus insistant. Combien de temps mettons-nous pour faire une chambre ? Combien faisons-nous de chambres par jour ? Que faut-il faire pour améliorer notre productivité ? Je réponds que nous travaillons en binôme, que nous respectons les temps et que nous sommes productives.

Quand un patron commence à poser ce genre de questions, ce n'est jamais bon signe. Il cherche à faire des économies et souhaite que je collabore avec lui en ce sens… Pour moi, il est hors de question de l'aider à virer une de mes collègues. Même si le boulot est plutôt physique, l'ambiance est vraiment bonne, une ambiance backpacker. Je m'entends bien avec mes collègues et mon voisin de caravane, Gilles, un Français. Il est cuistot ici. On s'amuse bien, c'est vraiment sympa. J'aime finalement ce travail. Alors, je reste très évasive auprès du boss. Il veut que nous passions dix minutes par chambre, pas plus, et je lui réponds que ce n'est pas possible.

Après un mois de travail, mon patron vient me voir :

— Tu devrais songer à partir. Il y a du travail à Karratha, tu travailles bien. Si tu as besoin, je te fais une recommandation.

Le lendemain, lorsque j'arrive au boulot, il est très énervé, agressif :

— Mais qu'est-ce que tu fais là ?

— Je viens travailler. Je suis sur le planning, regardez !

— Mais tu n'as rien compris ! Je ne veux plus te voir, je te l'ai dit hier. Tu ne comprends rien. Vous, les Français, vous ne comprenez jamais rien. Fucking French ! Je ne prendrai plus jamais de Français : vous ne comprenez rien, vous ne servez à rien. Je ne veux plus te voir.

Je ne bronche pas, je suis stupéfaite, abasourdie, choquée. Ma collègue n'en revient pas non plus. Je vais alors chercher mes affaires et je pars aussi sec. Quel c****** ! Je reviens lui rendre mes uniformes et fuis cet endroit.

Je me retrouve sans logement. Mon ami Gilles peut me prêter son van pour dormir. Je suis dépitée. Non pas d'être virée, mais de la violence et des propos irrespectueux et xénophobes de cet homme qui ne se contente pas d'être raciste. Je viens de me faire insulter gratuitement et de me faire virer comme une malpropre. Je n'en reviens pas.

CHAPITRE 27

JOBS DE RÊVE ?

Me voilà donc sans travail au milieu du désert. Je ne sais plus trop quoi faire... Je vais à la bibliothèque de la ville refaire mon CV, et je rencontre deux Français qui eux aussi cherchent du travail. Cela me rassure ; je ne suis pas la seule. Tout comme moi, ils ne savent pas trop où chercher. Nous rencontrons un Fidjien, un mineur, avec qui nous discutons. Il me tend une carte de visite :

— Écoute, je connais cette femme. Appelle-la de ma part, elle fait des ménages, elle cherche souvent du monde.

Elle s'appelle Natalia ; elle est intéressée. Deux heures plus tard, nous nous rencontrons. Natalia est une Russe qui a une entreprise de nettoyage de chantiers. Elle a du travail pour moi, mais je dois auparavant suivre une formation de quelques heures sur Internet – « White Card » – pour pouvoir travailler. Il est obligatoire et important que je connaisse les règles de sécurité et de bonne conduite à suivre sur les chantiers pour pouvoir obtenir le poste. C'est fait le jour même. Je commence le lendemain matin.

Natalia a également un plan pour un appartement, une colocation. Je fais alors la connaissance de Garry, un mineur australien, célibataire d'une cinquantaine d'années. Cela fait quinze ans qu'il vit et travaille ici. Il héberge des voyageurs dans sa maison. Il loue trois chambres et l'une d'elles est disponible. En une journée, j'ai retrouvé un travail et un logement. C'est incroyable !

Garry est un gentil monsieur, il est un peu maniaque, avec des habitudes de vieux garçon. Tout est très bien rangé, millimétré, et chaque jour, il a un planning à respecter. Il n'y a pas vraiment de place pour l'imprévu. Il ne vit que pour la mine, ne réalisant pas que celle-ci, à petit feu, le rend malade. Un jour, il déclare même que BHP a vraiment le cœur sur la main car cette entreprise prend en charge tous les frais d'enterrement de son ami, mort d'un cancer. Avec ma colocataire, nous sommes consternées qu'il ne fasse aucun rapprochement entre les problèmes de santé de son ami et son travail à la mine, qu'il ne voie pas que la compagnie achète tout simplement le silence de la famille. À nettoyer la poussière de fer à Newman, loin du centre de la mine, je me retrouve déjà régulièrement avec du sang dans le nez et l'envie de tousser. Ma gorge me pique. Mais bon, je l'aime bien quand même, Garry.

Natalia m'a donc trouvé un travail, un toit. Mais je m'aperçois très vite que cette femme a un problème d'organisation. Enfin, c'est ce que je crois au début, mais, au fur et à mesure des discussions, je constate qu'elle a un certain penchant pour l'alcool.

Le premier jour, je lui dis :

— Tu sais, je suis allée en Russie, j'ai adoré.

Elle me répond tout sourire :

— Alors, elle était comment, la vodka ?

— Strong ! Mais j'ai appris la technique du cornichon !

— Ah, tu connais ? On fait tous ça. Mais tu sais, moi, la vodka, ça ne me fait aucun effet.

À la fin de notre première semaine de travail ensemble, elle m'invite à boire une bière au bar de la ville. Une invitation vraiment sympathique. J'ai à peine entamé ma pinte de bière qu'elle a déjà fini la sienne. Elle a une sacrée descente ! Deux jours plus tard, elle m'avoue qu'elle ne peut s'endormir sans ses deux verres de vin blanc quotidiens...

Je n'avais pas prêté trop attention à tout cela, mais dans le travail, cela se ressent. Elle me donne des choses à faire sans que j'aie le matériel nécessaire ou sans limite de temps, sans aucune directive. Elle s'éclipse sans raison et revient trois heures après. Elle a une double personnalité, un côté pile et un côté face : mon travail peut lui plaire et, deux heures plus tard, elle est capable de le détester... Sa dépendance à l'alcool la rend lunatique, insupportable et méchante. Je comprends vite que notre collaboration va être de courte durée. Même pour me faire payer, c'est compliqué. Elle recule la date à laquelle me verser mon salaire.

Mon travail consiste à nettoyer les chantiers, les maisons toutes neuves en fin de chantier. Car oui, construire des maisons avec des murs tout blancs dans le désert, comment dire, c'est l'idée du siècle. La poussière de fer, orange, s'infiltre absolument partout. Et cela devient très vite « re-sale » ! Je nettoie également le campement et les chambres des employés de cette entreprise de construction.

Un jour, mécontente de mon travail – qu'elle avait validé la veille –, Natalia m'insulte et m'ordonne de revenir travailler pour elle gratuitement ! Je luis dis alors : « Bye bye. » Et je commence à me dire que cet endroit rend tout le monde fou...

Entre-temps, j'ai déposé mon CV chez Woolworths, le Leclerc australien. Je suis embauchée pour trier les palettes et mettre les produits en rayon. Je travaille de 17 à 20 heures, puis, très vite, de 17 heures à minuit, 1 heure du matin. Le magasin n'a plus de secrets pour moi, je connais tous les rayons, tous les produits. L'équipe est cosmopolite : le dirigeant est australien, mon manager philippin, et je travaille principalement avec un Français, une Coréenne, une Péruvienne et des Australiennes. Le travail est tranquille, facile, il n'y a pas besoin de réfléchir et je m'entends très bien avec Quentin, Paula et Sophie, les étrangers. Les Australiennes ne nous parlent pas trop et nous laissent de côté. Elles ne travaillent pas, ou très peu, et elles aiment nous donner des ordres et nous regarder travailler. Pour tout dire, je m'en fiche pas mal, tant qu'elles ne nous nuisent pas.

Je m'entends bien avec Quentin, qui est là depuis quelques mois déjà. Il travaille au rayon des surgelés, au froid. Il s'occupe seul de tout le rayon ! Il a eu quelques différends avec les Australiennes de la troupe : elles ne supportent pas de travailler avec lui et sont jalouses de sa réussite à gérer tout seul tout un rayon. Mais elles détestent travailler dans le rayon des surgelés ; il fait trop froid… Elles lui en veulent parce qu'il a quelques responsabilités et un meilleur salaire. Il fait beaucoup d'heures. Elles ont fait de lui leur souffre-douleur et veulent juste l'emmerder, de peur qu'il ne prenne la place de manager de tous les rayons, qu'il ne devienne le chef de l'équipe de nuit. Il en a toutes les compétences, mais ce poste est convoité par l'une d'elles.

En me rapprochant de Quentin, je subis le même traitement. Je suis désignée pour travailler avec lui, et les ennuis, les remarques et les comportements de ces dames empirent. En Australie, nous sommes payés à l'heure, alors oui, je gagne plutôt bien ma vie, mais c'est éprouvant, et travailler au rayon des surgelés, qui plus est dans mon état et alors que je n'aime pas le froid, c'est compliqué…

Les persiflages, les critiques, les injures, les mesquineries, les dénonciations, les accusations des Australiennes se multiplient et prennent de l'ampleur. Elles sont infondées, mais qu'importe. Quentin est accusé de harcèlement par l'une d'elles, avec propos et gestes déplacés. L'affaire cesse lorsque j'explique à cette dernière que les femmes ne sont pas précisément sa préférence. C'en est presque comique, mais, pour tout dire, je suis révoltée.

Pour avoir pris la défense de Quentin, je deviens la cible. Me voilà accusée d'avoir laissé traîner des morceaux de verre dans le magasin et par là même provoqué une coupure au doigt de l'une des Australiennes. Risible. Il faut alors que je menace de quitter mon poste pour obtenir un entretien avec le patron et un autre à la DRH pour évoquer la situation. Car oui, tous les étrangers se font manquer de respect et insulter à plus ou moins grande échelle. Beaucoup ne disent rien de peur de perdre leur travail. Quentin a même reçu des menaces en dehors de l'établissement. Le mari de la chef de bande a menacé de le frapper s'il ne laisse pas sa femme tranquille. J'explique qu'il faut agir vite, laissant la directrice des ressources humaines face à sa conscience. Et je donne ma démission. Il est impossible pour moi de continuer dans ces conditions.

En parallèle, j'ai trouvé un travail dans une entreprise de nettoyage : Chez Doug, un tuyau donné par un couple de voyageurs rencontrés au cours d'une soirée. Doug et Rose, eux, sont vraiment de super patrons, d'une gentillesse incroyable. Je travaille avec Karen, une Chilienne. Ce boulot est vraiment no stress. Nous sommes plutôt efficaces, et quand notre patron nous donne une heure pour nettoyer un lieu, nous ne mettons que trente minutes. Nous prenons alors des pauses, des petits déjeuners, des goûters. Nous travaillons très tôt le matin (5 h 30) et avons nos après-midis libres. Enfin, pendant quatre mois, je cumule avec mon travail chez Woolworths.

Nous nettoyons les toilettes publiques, parfois des maisons, des bureaux, des entreprises aux abords de la mine.

Nous sommes très bien payées, c'est un job idéal. Nous faisons également le ménage à l'aéroport. L'endroit nous fait rêver.

— Où allons-nous aujourd'hui ? Perth ! Je veux revoir la mer !

Il nous arrivera même de nettoyer la prison de Newman. C'est assez bizarre d'entrer dans une prison, de faire le ménage des cellules si froides, si glaciales.

Je travaille avec Karen toute la journée, elle a la pêche, toujours le sourire. Elle est passionnée de zumba et met la musique à fond dès qu'elle le peut. Nous nous mettons donc à danser ! Alors oui, travailler pour Doug et faire du ménage avec Karen restera le meilleur job que j'aurai en Australie.

Mais après sept mois passés dans le désert aux abords d'une mine, sans dépenser, sans consommer, en mode travail acharné, je commence à fatiguer, et la mer, l'océan, me manquent. Mon compte en banque est bien rempli. Je décide alors d'arrêter mon travail et de repartir à l'aventure.

CHAPITRE 28

EN FAMILLE AU BOUT DU MONDE

— Dépêchez-vous, nous allons manquer le coucher du soleil !

Je n'y crois pas : nous risquons bien de rater ce moment, le meilleur de la journée… La phrase s'adresse à mes parents, qui sont venus me rejoindre en Australie. Un sacré voyage pour eux qui ne sont pas précisément des globe-trotters. Cela me replonge quelques années en arrière, à l'époque – qui me paraît si lointaine désormais – où j'étais employée chez KPMG, avant de connaître ma crise la plus sévère. Avec deux amis, Lucie et Simon, j'avais effectué mon premier grand voyage en Australie.

Oui, la vérité m'oblige à dire que ce tour du monde que j'entreprends n'est pas ma première escapade loin de nos frontières. Dans une autre vie, j'ai pu tester mes capacités d'adaptation en parcourant la côte. Une sorte d'échauffement avant les choses sérieuses.

Cette fois-ci, ce sont mes parents qui s'y collent. Et cela me fait sacrément plaisir de partager ces moments de découverte avec eux. Mais ils sont fatigués, ils traînent la patte. La journée, c'est vrai, a été éprouvante : nous avons marché tout du long. Le matin aux monts Olgas, l'après-midi autour d'Uluru. Et j'avoue que nous sommes partis marcher tout autour de l'Uluru sans trop nous soucier de l'heure. Une erreur de débutant.

Mais finalement, à force d'encouragements, nous arrivons in extremis pour voir le soleil tomber sur ce sacré rocher, et voir ce rocher sacré, cet énorme roc, ce gigantesque caillou s'embraser. Il est posé là sur le sol devant nous, perdu au milieu du désert. Il se fait beau pour nous : ses couleurs sont incroyables. Ce rouge, cet orange vif… C'est un spectacle de feu brûlant, haut en couleur, un moment incroyable.

Mon père, qui a un peu ronchonné d'avoir trop marché, m'avoue :

— Tu avais raison de nous motiver ! C'est magnifique !

Oui, le coucher de soleil sur l'Ayers Rock, c'est un moment magique, unique. C'est un incontournable, et ça se mérite. Bien des années plus tard, nous ne pourrons pas nous empêcher de revivre ce moment lorsque nous évoquerons l'Australie.

Avec mes parents, le programme prévu est constitué d'une traversée en van de l'Outback, la mer, le désert, de Melbourne à Broome. C'est ce que j'aime en Australie. Cette sensation de liberté, quand tu prends la route, quand tu fais un road trip, quand tu traverses le pays en ayant ce sentiment d'être seul au monde, au volant de ton van. Il n'y a rien à l'horizon, c'est le désert. Tu es seul face à cette nature infinie, tu as cette impression d'être perdu au milieu de nulle part, perdu dans cette immensité. J'aime cette sensation.

Ce qui m'impressionne également en Australie, ce sont tous ces animaux qu'on ne peut voir qu'ici. Les fameux koalas, bien sûr, les kangourous, les wallabies, les wombats et les échidnés comme les porcs-épics. Et puis, moins connus, ces étranges lézards à bosses et à pics : les molochs. Mais attention, il y a aussi les animaux que tu ne vois pas (ou si peu), mais dont tu as forcément entendu parler et que tu n'as pas du tout envie de croiser. Comme les requins.

Pour ma part, j'en ai vu pas mal. À force de les rencontrer, ils sont même devenus presque familiers. Ceux à pointes noires ou à pointes blanches sont plutôt petits et nombreux. La première fois que je suis tombée nez à nez avec un requin à pointe noire, je dois reconnaître que je ne faisais pas la maligne. J'ai ravalé ma salive et je suis restée sans bouger, figée ! Mais à force de les fréquenter, ils ne me font plus peur. J'ai eu la chance de ne jamais croiser de grand blanc. En réalité, en faisant du « palme-masque-tuba » le long du rivage, on a peu de chances – ou plutôt de probabilités, car ce n'est pas une chance – de croiser des grands blancs, des requins-tigres, de plus de trois mètres.

L'animal que je redoute le plus, finalement, c'est le crocodile. Il y a beaucoup de panneaux « Attention, crocos » dans le pays, notamment dans la région du Northern Territory. Au début, avec mes parents, nous n'y prêtons pas trop attention car nous les voyons trop souvent pour ne pas penser à une sorte de folklore. Ils se trouvent absolument partout. « Attention, un crocodile a été vu ici » : oui, OK. On a compris.

Mais à Katherine Gorge, un ranger nous met en garde :

— Non, mais c'est sérieux ! Ici, il y a de plus en plus de crocodiles, il est interdit de les tuer dans cette région. Les crocodiles descendent de plus en plus bas dans le territoire. Il faut être très prudent. Ici, nous stoppons les sessions kayaks : cela devient trop risqué.

J'avoue qu'après cette discussion, nous ne regardons plus de la même façon les rivières, les marécages et les différents points d'eau. Et l'envie de nous baigner nous passe subitement. Au parc national Litchfield, une chute d'eau très populaire, les « Wangi Falls », est même fermée car un beau spécimen y a été observé. Il est venu piquer une tête et barboter dans cette piscine naturelle. Il a même eu une petite faim et a attaqué un homme quelques semaines auparavant. Évidemment, nous ne cherchons pas à nous rafraîchir ici. Une photo nous suffit largement.

Nous n'avons pas plus de chance avec le parc national de Kakadu. Il a plu et beaucoup de routes sont impraticables. Ce sont les joies de la météo. Une très grande partie du parc est fermée. Nous allons alors profiter des incroyables couchers de soleil de Broome pour finir ce beau voyage en famille. Un grand moment émouvant de bonheur et de partage.

CHAPITRE 29

LE PAYS DU ROAD TRIP

Mes parents se sont envolés vers la France, des souvenirs plein la tête. Je continue seule. Enfin, pas tout à fait. Via le site Internet Coseats – un site de covoiturage –, je rencontre trois Français qui cherchent une quatrième personne pour faire la côte ouest, de Broome à Perth. Nous sympathisons, nous sommes sur la même longueur d'onde et nous décidons donc de faire ce voyage ensemble. Il y a là Bonnie, Baptiste, Alex et moi dans notre Ford Falcon Break, la voiture de backpacker par excellence. Mes compagnons en sont à la fin de leur trip, un peu fauchés. Ils ont fait un périple de folie pour arriver jusqu'ici. Ils me plaisent, je sens que nous allons bien nous amuser.

La côte ouest australienne est sublime, sauvage, désertique. Il y a beaucoup de choses à voir, et les prix restent abordables, raisonnables, par rapport à la côte est. Il y a notamment un très beau spot de snorkeling accessible de la plage, à Exmouth, où coraux multicolores, requins, poissons colorés, pieuvres, raies géantes, dauphins et tortues se mélangent… Un vrai paradis sous-marin comme j'en ai rarement vu en masque et tuba.

Nous sommes en mode économie, alors pas de folie. Dans les supermarchés, les rayons de pâtes n'ont plus de secrets pour nous. Nous menons même une opération « récupération des déchets » dans les poubelles d'une petite ville. Assez incroyable, la quantité de nourriture qui est jetée et ce que nous parvenons à trouver. La session dure un peu car il faut attendre la fermeture des commerces et être discret : un qui repère et surveille, un qui prend la poubelle et la vide. Elle est toutefois fructueuse : nous récoltons dix miches de pain dans la poubelle de la boulangerie. Nous avons notre petit déjeuner. Pour celle du supermarché, nous sommes beaucoup moins chanceux : seulement un oignon.

La plupart du temps, nous faisons du camping sauvage. Nous dormons souvent à proximité de la route. Nous cherchons toujours le meilleur spot pour dormir sans être trop visibles, pour éviter tout problème avec les rangers. Quant aux douches, nous les prenons quand nous en trouvons, gratuites, près des plages, ces douches qui permettent de se rincer du sel marin.

Nous avons également trouvé une Ford Falcon sur la route que les propriétaires avaient abandonnée là au milieu de nulle part. Car oui, en Australie, quand ta voiture tombe en panne au cœur du désert, la faire remorquer et réparer coûte plus cher que le prix du véhicule lui-même. Alors leurs propriétaires lui disent adieu et lèvent le pouce pour finir en stop.

Ce véhicule abandonné est l'occasion pour nous de faire notre marché. Nous sommes très intéressés par les pneus : en quinze jours, mes compères ont crevé deux fois… Nos pneus sont usés et nous n'avons même pas de pneu de secours. Malheureusement, les roues des deux véhicules ne sont pas de taille identique… Nous repartons donc bredouilles. Cela me plaît que nous soyons en mode « récup », survie, zéro déchet, zéro dépense, système D…

Au début de notre aventure, il pleut beaucoup. Ce n'est pourtant plus la saison des pluies, mais nous n'avons visiblement pas de chance. Nos tentes ne sont pas trop étanches et nous dormons sous les toits des abris prévus, normalement, pour manger. Sans grand succès : nous sommes tout de même trempés. Mais le véritable problème est ailleurs. Les tentes, nous arrivons à les faire sécher. En revanche, nous apprenons vite à nos dépens ce que signifie « overflooded ».

Nous voyons d'abord quelques flaques, quelques mares, puis une rivière qui traverse la route ! La chaussée est submergée. Comme la voiture devant nous n'hésite pas à passer, nous décidons de la suivre. Notre chauffeur ne sent plus vraiment la voiture. Nous voilà en train de rouler sur l'eau, avec notre Ford Falcon Break aux pneus lisses et chargée à bloc. En termes d'adhérence et de risque d'aquaplaning, nous sommes au top. Mais il est trop tard pour reculer.

Ouf, l'écueil est passé. Mais nous découvrons alors des voitures arrêtées face à une seconde rivière à traverser. Des conducteurs testent sa profondeur à pied : ils ont de l'eau jusqu'aux genoux.

— Il y a trop d'eau pour passer, il faut attendre que le niveau baisse. Nous essaierons de passer demain. Nous allons retourner en ville.

Pour nous, le problème est simple. Soit nous repassons la première rivière et retournons à la ville en attendant que la route sèche, au chaud, en sécurité. Mais elle peut rester bloquée un certain temps, et cela signifie consommer plus d'essence et donc dépenser plus. Soit nous restons entre les deux rivières à attendre que leur niveau baisse, et nous dormons ici, en plein désert, sans savoir combien de temps la route sera bloquée, avec peu d'eau et très peu de nourriture.

Trente ans qu'un tel phénomène ne s'était pas produit. Nous avons de la « chance » de vivre une expérience aussi rare… Nous décidons d'en profiter et de rester là, en faisant le pari que la pluie va cesser. Nous sommes seuls au milieu du désert à admirer un beau coucher de soleil et des étoiles plein le ciel avec, en musique de fond, les hurlements des dingos.

Le lendemain matin, nous vérifions le niveau d'eau de la rivière, il n'a pas « replu », comme on dit chez moi, en Normandie. Le niveau semble avoir baissé et nous voyons plusieurs voitures passer. La meilleure technique est de suivre un camion, un poids lourd, de très près. Et justement, un routier s'arrête :

— Suivez-moi, mettez-vous derrière, ça va passer !

Nous hésitons, mais, finalement, go ! Cet homme nous a sauvés.

D'autres routes inondées nous attendent et nous découvrons bien d'autres panneaux « overflooded ». C'est un peu comme ceux annonçant « crocodiles ». Au début, c'est amusant, mais, à force, on perd un peu le sourire. Nous passons néanmoins sans trop d'encombre ces différentes rivières, et cet épisode pluvieux se dissipe. Nous arrêtons de rouler sur l'eau…

Nous partons en direction du parc national de Karijini. Pour moi, c'est la seconde fois. De Newman, j'y avais fait un saut avec une amie. Cela ne me dérange absolument pas car le parc est vraiment magnifique. Selon moi, l'un des plus beaux d'Australie. Nous faisons la partie praticable en voiture. L'endroit est sublime, avec ses canyons, ses chutes d'eau, ses piscines naturelles. Pour visiter d'autres parties du site, il faut un 4x4, et nous ne voyons qu'une solution : faire du stop à l'entrée du parc et demander aux personnes seules en 4x4 si elles acceptent de nous emmener. Faire du stop à quatre, cela limite quelque peu les possibilités, surtout quand on est déterminés sur la destination finale. Mais nous voyons un Australien arriver seul dans son pick-up. Je reconnais le véhicule : il a ce drapeau rouge caractéristique des pick-up des exploitations minières.

Je crois qu'avec cet homme, nous sommes faits pour nous rencontrer. Cet Australien vient nous saluer, il sourit, nous commençons à discuter, nous sympathisons, et avant même que nous lui demandions, il nous propose de nous emmener avec lui dans la partie du parc qu'il préfère. C'est un secteur où nous ne rêvions même pas d'aller tant il est éloigné. C'est inespéré !

Dans la voiture, il nous fait écouter du blues australien, il est très ouvert, très lucide sur la mine, et très heureux de nous faire découvrir son pays, sa culture. En voyant notre maigre repas, il partage le sien. Il a certainement vécu cette vie de voyageur fauché. Et l'endroit qu'il nous fait découvrir est incroyable : des roches stratifiées de toutes les couleurs, des dégradés d'orange, de gris, de marron, et de multiples piscines naturelles pour se rafraîchir. Ce parc est vraiment un endroit surprenant, magnifique. Ce moment restera l'une de mes plus belles rencontres dans le pays. Nous sommes tombés sur le plus sympathique des Australiens. Quelle chance !

J'arrive à Perth où je revois mon amie Nath, avec laquelle j'avais traversé l'Inde. Je suis heureuse de la retrouver. Nous louons un van pour parcourir la côte ouest, de Perth jusqu'à Cap Le Grand. Encore une fois, les plages sont sauvages, immenses, infinies, affichant des dégradés de bleus et de verts sublimes. Nous ne nous lassons pas de ces paysages, de cette sensation d'être libres, seules, perdues au bout du monde.

Un matin, nous entendons un « toc toc » à notre carreau. Que se passe-t-il ? Je regarde à droite et découvre une voiture de rangers garée juste à côté de la nôtre. Et presque simultanément, au sol, un marquage stipulant : « Place réservée aux rangers ». Bien sûr, en arrivant de nuit, nous n'avons pas vu ce marquage… Alors, comment dire ? Quand ton but principal est de trouver un emplacement discret – dormir n'importe où n'est pas toléré – et d'éviter de rencontrer un ranger, et que finalement tu t'aperçois que tu as dormi à côté d'une place justement réservée aux rangers, qu'à une place près tu aurais été verbalisé, tu te sens chanceux ! Nous sommes les championnes du jour : nous avons trouvé le meilleur emplacement ! Mais nous nous sauvons très vite de cet endroit.

L'Australie m'a offert des jobs, des aventures, des rencontres, des road trips, des paysages à couper le souffle, une sensation incroyable de liberté au volant. Et le bonheur de prendre le temps de regarder le coucher du soleil, une bière à la main, de faire du camping sauvage et de poser sa tente dans des grands espaces, de griller des saucisses sur le barbecue en libre-service du coin. C'est la « vanlife attitude ». Un mode de vie « sunset, beer, BBQ, rock & roll and surf » que j'aime beaucoup.

CHAPITRE 30

FIDJI DE TOUS LES EXCÈS

Enfin j'arrive dans le Pacifique, prête à découvrir une nouvelle culture. Ici, la décontraction et les tongs sont de rigueur. Il y a beaucoup de sourires. Je me mets dans l'ambiance au Bamboo Backpackers, une guesthouse multiculturelle, sur la plage de Wailoaloa. J'y rencontre des marins de passage, des surfeurs, des pilotes d'hélicoptère, des musiciens, des locaux, des expatriés, des voyageurs du monde entier. C'est l'endroit « cool », branché, de Nadi. Tous les soirs, nous pouvons boire du kava, cette racine de poivrier pilée, mélangée à de l'eau, dans une coupelle sculptée, taillée dans une noix de coco.

Nous nous servons directement chacun à notre tour dans un récipient avec cette coupelle qui passe ensuite de main en main. Le breuvage est marron, sa texture plutôt âpre, et son goût franchement très spécial, voire « dégueulasse ». Il faut en boire beaucoup pour sentir un effet : le kava a la réputation de rendre « stone ». Cette racine est d'ailleurs utilisée en Europe dans des médicaments tels que des antidépresseurs, des anti-stress. Mais sa commercialisation à l'état pur est interdite en

France. Dans le même ordre d'idée, le jeudi, à Nadi, c'est la fête, la « Lady's Night » au Ed's Bar. L'alcool est gratuit pour les femmes jusqu'à minuit, alors nous partons tous nous déhancher sur le dancefloor, tongs aux pieds. Sacrée ambiance.

J'évoque ici souvent les animaux, et j'avoue que ma rencontre avec les raies manta reste un souvenir exceptionnel. Pour mon anniversaire, j'ai en effet décidé de m'offrir une excursion pour les voir, sur l'île de Taveuni. C'est un peu cher, mais c'est le cadeau que je me fais, et le centre de plongée me certifie en avoir vu quelques jours auparavant. Aussi, je me retrouve sur un bateau avec une famille américaine en combinaison avec nos palmes-masques-tubas, prêts à sauter si l'une d'entre elles montre le bout de son nez. Nous ne tardons pas à les voir de près. Nous les repérons du bateau et, dès que nous en voyons une, nous sautons à l'eau pour nous en approcher en essayant de ne pas les effrayer.

Lors de mon avant-dernier saut, je repère une raie manta près du bateau alors que mes compagnons sont déjà à l'eau, partis dans une mauvaise direction. Je saute et me retrouve face à l'énorme raie, là juste devant moi. Elle vient vers moi, ne s'arrête pas, elle fonce sur moi. Incroyable ! Elle est si proche que je dois m'écarter, un peu paniquée, pour ne pas la toucher. Elle est tellement impressionnante. Nous sommes certainement aussi surprises l'une que l'autre de nous rencontrer. Elle passe sous mes yeux, très sereine, à quelques centimètres. Quel moment ! J'aime chez la raie manta son aisance dans l'eau, son mouvement parfait, son battement d'ailes, de nageoires : elle donne l'impression de voler, de danser dans l'océan. Elle est à la fois si imposante et si gracieuse. J'ai le souffle coupé, je suis heureuse. C'est un merveilleux cadeau d'anniversaire.

À Lavena, un endroit plus isolé que l'on m'a conseillé, je pars à la recherche d'une autre merveille, végétale celle-là.

C'est une célèbre fleur dont tout le village, et même toute l'île, parle : la tagimoucia. Cette fleur rouge est assez unique, elle n'existe, n'est visible, au dire des habitants du village, qu'ici, sur l'île de Taveuni. Apparemment, en nettoyant la forêt, certains l'ont aperçue.

Avec Larry, un Australien rencontré auparavant, nous avons envie de la voir, mais il faut l'approbation du chef du village pour tenter l'expédition. Celui-ci se fait prier. Manifestement, il est inquiet de nous voir y aller, et surtout de *me* voir y aller, car je suis une femme. La dernière qui s'y est essayée s'est donné une entorse et a dû rebrousser chemin. Les hommes du village ont dû aller la secourir.

Nous partons, Larry et moi, accompagnés de deux guides, deux Fidjiens : un ancien commando militaire – cela ne s'invente pas – un peu fou, infatigable dans cette jungle, et un local qui connaît le chemin et est déjà allé jusqu'à la fleur. Lui est un vrai Robinson, un MacGyver qui grimpe aux cocotiers et a une connaissance parfaite de la nature et de son île. Toujours le sourire, jamais épuisé…

Les deux hommes nous annoncent une marche de trois ou quatre heures pour parvenir jusqu'à la fleur. Mais la notion de temps, chez les Fidjiens, est bien différente de la nôtre. Les aiguilles de leurs pendules tournent moins vite : trois heures pour eux, c'est le double pour nous en général. Ils n'ont pas de montre, alors l'évaluation du temps… C'est « Fiji time » ! Partis à 9 heures du matin, nous nous enfonçons très vite dans le semblant de chemin qui a été tracé… Ce chemin, en fait, comment dire ? Il est fait de troncs d'arbres, de branches vaguement coupées à la machette. Pour dire vrai, il n'y a pas vraiment de chemin…

Notre Robinson coupe à la machette les arbustes qui nous font face, il laisse des marques tout au long du trajet pour que nous ne nous perdions pas. Nous escaladons, rampons et essayons de trouver notre itinéraire. Robinson, en fait, nous trace la route. Et forcément, il y a de la boue. J'ai l'impression que nous tournons en rond. Au bout de trois heures, toujours rien. D'ordinaire, j'aime bien être perdue, mais dans la jungle, ce n'est pas vraiment pareil. Depuis au moins une heure, Robinson nous annonce :

— Nous arrivons, nous sommes proches, c'est par là.

Mais à mesure que le temps passe, je me dis : « P*****, mais qu'est-ce que je fous là ? Ça n'a aucun intérêt ! Mais pourquoi j'ai écouté les Fidjiens ? Pourquoi je leur ai fait confiance ? Ils ne savent pas plus que nous où nous sommes. »

Je comprends désormais les réticences du chef du village à nous voir partir pour cette aventure. Au bout de quatre heures de marche, je commence à avoir très faim, mais nos deux acolytes, nos deux guides, nos deux warriors, sont déterminés. Et eux, ils n'ont absolument pas faim ni soif. Nous avons affaire à un ex-commando des forces spéciales, et une véritable force de la nature, qui pendant tout le trajet n'arrête pas de donner des coups de machette. Ces hommes ne sont pas humains. Ce sont des machines !

À force de demander une pause, nous finissons par l'obtenir. Elle dure cinq minutes car l'objectif n'est pas atteint. Maudite fleur ! Oui, au bout de cinq heures de marche, à ne voir que des troncs d'arbres et des branches, à marcher dans la boue, je commence à la détester. L'enthousiasme de ces deux Fidjiens fait plaisir à voir, ils sont comme des enfants à la recherche d'un trésor. Mais moi, je commence à perdre patience…

Et puis, je ne sais pas par quel miracle, après six heures de marche, nous tombons sur la fleur ! Enfin ! Cela dit, nous la voyons à peine, elle n'est même pas encore ouverte, éclose. Vu la hauteur à laquelle elle se trouve, nous avons eu beaucoup de chance de l'apercevoir ! Robinson a vraiment été bon ! Je ne dispose malheureusement pas d'un zoom assez puissant pour prendre une photo. Larry se charge alors de jouer le photographe. Les Fidjiens sont, eux, tellement heureux de la voir : pour le commando, c'est la première fois ; pour Robinson, la seconde.

L'observation dure en tout cinq minutes. Il ne faut pas tarder : la nuit tombe tôt ici. Nous allons devoir marcher de nuit, trouver notre chemin dans le noir complet. Je me prépare déjà à l'éventualité de devoir dormir dans la forêt, dans la boue, et de me faire dévorer par les moustiques. Je suis exténuée. Pour Larry, c'est dur également. Nous arrivons près d'un lac et enfin nous nous arrêtons pour manger. J'ai mal aux jambes et, forcément, je glisse sur un rocher et tombe dans l'eau. C'est plus drôle. Pas le temps de sécher. Nos chefs commandos nous annoncent :

— Il faut repartir, assez perdu de temps ! Let's go !

Increvables. Et puis, forcément, la nuit tombe. C'était inévitable ! Nous avons deux lampes pour quatre, la visibilité n'est pas bonne. J'ai envie de m'arrêter.

— Encore trente minutes ! hurle Robinson.

Elles sont longues, ces minutes, les crampes sont de plus en plus nombreuses et tenaces… Au regard de ce que nous avons mangé, du manque d'hydratation, du faible nombre de pauses, c'est un peu normal. Mais nous reconnaissons les lieux, nous ne sommes plus très loin. Nous arrivons de nouveau face à cette rivière qu'à l'aller nous avions traversée en kayak. Devinez ? Pour faire plus rapide, nos commandos décident de la traverser à pied, de nuit, le sac sur la tête ! Je me dis que c'est une blague, qu'ils sont fous ! Nous avons dû nous tromper de trek : ce doit être un entraînement pour entrer dans les forces spéciales…

Nous voici donc dans l'eau, trempés jusqu'à la poitrine, j'ai des crampes, mal partout et, bien sûr, des ampoules aux pieds. Nous finissons ce trek en beauté. Je suis en mode « marche comme un robot », je n'ai plus vraiment le contrôle de mes jambes. Quelle folie !

Le chef et les gens du village sont très heureux de nous voir arriver. Nous avons réussi, nous sommes un peu les stars du village. Larry, avec sa photo, fait le bonheur de tous. La fleur est toujours là, existe toujours, et c'est une grande fierté pour les Fidjiens. Je note le sourire des femmes, l'espoir dans leur regard. Elles rêvent, elles aussi, de marcher jusqu'à cette fleur, et se rendent compte que c'est possible, que ce n'est pas réservé aux hommes. C'est beau à voir et, finalement, je suis très heureuse d'avoir participé à cette mission, à ce trek commando qui donne l'espoir aux femmes.

Après cette aventure, je retourne à Nadi, au Bamboo Backpackers. Je me suis mis en tête de continuer mon voyage au Vanuatu, en bateau-stop. J'ai envie de tenter l'expérience et je trouve rapidement un navire. Le capitaine est un Turc d'une cinquantaine d'années, j'embarque sur son catamaran pour faire plus ample connaissance et qu'il m'explique les bases de la navigation. Je l'aide même à repeindre son bateau. Cela m'intéresse d'apprendre. Nous allons au port de Nadi, posons le bateau sur un banc de sable et attendons que la marée se retire. Lorsque c'est fait, nous nous retrouvons debout sur un zodiaque pour repeindre la coque du bateau.

La tâche est plutôt facile, mais, à un moment, le zodiaque recule. Je suis déséquilibrée. Pour me retenir et ne pas tomber dans l'eau, je m'accroche à une corde fixée au catamaran. J'essaye de ramener le zodiaque vers le catamaran à la force de mes bras. J'avais oublié que mes muscles sont en carton, très fragiles. Et peut-être sont-ils fragilisés par la fatigue de notre trek commando. Je sens une douleur intense dans mon biceps droit. C'en est fini de mon rêve de rejoindre les îles en bateau-stop. Je souffre d'une élongation du biceps droit…

Je dois mettre mon voyage en stand-by pour un mois. Je décide de rester à Nadi pour me reposer et me soigner.

CHAPITRE 31

VANUATU, CHER À MON CŒUR

Aurélie porte un prénom typiquement français et parle notre langue, comme beaucoup de Vanuatais. Le Vanuatu a en effet été colonisé par les Anglais mais aussi par les Français. Je l'ai rencontrée au nord de l'île de Malekula, à Norsup, à l'auberge Nabelchel, dont elle est la gérante. Elle est gentille, cuisine bien. Ses plats sont exquis, notamment le bœuf, d'une finesse incroyable, qui passe pour l'un des meilleurs du monde. Nous avons vite sympathisé. Un matin, elle me demande :

— Vio, tu fais quoi aujourd'hui ?

— Rien de spécial.

— Écoute, si tu veux, on passe la journée ensemble. Je t'emmène voir quelque chose.

— Let's go !

— OK, tu me donnes un peu d'argent pour l'essence et la nourriture, et j'organise la journée !

Nous prenons un camion vers le nord, nous arrêtons à des petits stands de nourriture au bord de la route, achetons quelques fruits. Je me laisse guider. Nous arrivons sur une belle plage. Un îlot nous fait face. C'est magnifique. Une vingtaine de bateaux traditionnels sont parqués ici, des sortes de canoës en bois avec un flotteur sur le côté. Aurélie me lance, en désignant l'îlot face à nous :

— On va sur mon île en bateau. Allez !

Elle ne m'a rien dit jusque-là. Quelle surprise ! Nous partons vers l'île de Rano, celle de son enfance, dont elle est originaire, à la rame, en canoë traditionnel. Nous accostons sur une sublime plage de sable blanc ultra fin. L'eau est turquoise, forcément…

Nous entamons le tour de l'île à pied, pour arriver sur une autre plage de l'autre côté. C'est magnifique. Nous restons quelques minutes silencieuses à profiter de ce petit paradis. Puis Aurélie me lance :

— Tu sais, Vio, ici, c'est mon terrain. Il m'appartient. Si tu le souhaites, un jour, on monte une auberge de jeunesse ensemble.

Je connais cette femme depuis quelques jours seulement. C'est vrai que je lui ai fait part de mon envie de monter ma propre auberge de jeunesse, mais je suis stupéfaite de sa proposition, de la confiance qu'elle me témoigne.

— Prends ton temps, réfléchis. Mais si un jour tu souhaites monter une auberge ici, il n'y a aucun problème. Fais-moi signe.

Cette femme est bosseuse, sérieuse, humaine, une femme de confiance. Son établissement à Norsup est l'un des meilleurs de la ville. Je suis sidérée qu'elle pense à moi, qu'elle me propose de m'associer à ses projets… Comme c'est émouvant !

J'y ai réfléchi quelque temps. J'y repense parfois. Mais soyons honnête : vivre seule au Vanuatu, au milieu du Pacifique, sur une île perdue, difficile d'accès, isolée, je ne suis pas prête pour un tel projet. Mais je me sens vraiment honorée par cette proposition.

Nous pique-niquons sur l'île, puis nous retraversons la mer pour retourner sur l'autre rive. Elle m'explique que c'était son trajet quotidien, enfant, pour aller à l'école. Elle redoutait ce passage. Parfois même, elle manquait l'école à cause du courant et des vagues. Nous ne mesurons pas vraiment la chance que nous avons de devoir juste prendre un bus pour aller en cours.

Mon séjour au Vanuatu est parsemé de ces surprises qui font d'un voyage une source d'émerveillements, d'étonnements et d'enrichissements. Et de ce petit pays un endroit cher à mon cœur.

Ainsi, une fois de retour sur l'île de Malekula, Aurélie me présente Johnny, un guide, qui nous conduit, un couple d'Allemands et moi-même, sur les vestiges du site où se pratiquait le cannibalisme. Oh, il ne reste pas grand-chose du lieu où les corps étaient préparés, cuisinés. À peine quelques tombes et deux crânes. Mais nous sommes surpris de constater de visu que le cannibalisme a bel et bien existé et que les hommes, uniquement les hommes, se mangeaient entre tribus adverses. Il s'agissait, semble-t-il, d'éradiquer les maladies en dévorant les malades, les fous. Charmant… Johnny nous déclare en outre que son grand-père lui-même a mangé des humains et que le goût n'était pas si mauvais. Bon appétit, bien sûr !

Sur l'île de Tanna, c'est le feu d'artifice tiré par le volcan qui m'émerveille. Un spectacle à la fois magnifique et terrifiant, surtout lorsqu'il semble redoubler d'activité une fois la nuit tombée. C'est à la fois bruyant, puissant, explosif, captivant, éblouissant. Mélange détonant ! Les habitants, eux, y sont habitués et semblent ne pas y accorder d'importance. Malgré le froid, le vent, les fumées toxiques et la réelle proximité du volcan – la lave semble venir jusqu'à nous –, nous, visiteurs, sommes happés par ce spectacle grandiose. Nous sommes tout petits face à la démonstration de force de la nature. La terre gronde, se révolte devant nous avec une telle puissance, dans un déferlement d'étincelles et l'omniprésence de cet orange flamboyant des rejets de lave et de magma. Je n'ai jamais rien vu de tel. Je suis fascinée.

Au pied du volcan, les poussières de cendres donnent au paysage un aspect lunaire. C'est sublime et une visite s'impose. Avec deux Français rencontrés au camping, nous marchons et nous nous perdons dans la forêt environnante. Nous sommes soulagés de croiser enfin des enfants, une famille, pour nous indiquer le chemin. Ils sont très occupés, ils coupent des arbres. Surprise encore : l'un des garçons vient vers nous avec un énorme ver à bois, de la taille d'un doigt, dans sa main. En fait, la famille ne taille pas du bois pour en faire un feu, mais pour y trouver ces vers à bois qui vont constituer son repas. Il paraît que, grillés, ils sont excellents. Je ne confirme ni n'infirme : je n'ai pas goûté. Je suis rebutée par leur aspect. Quoi qu'il en soit, nous avons bien fait de nous perdre. Quelle rencontre du bout du monde !

Sur l'île de Malekula, peu touristique, mon (tout petit) avion atterrit sur une piste qui jouxte les jardins où les locaux travaillent toute la journée. L'accueil est juste incroyable, quelque peu surnaturel : en nous voyant arriver, ils arrêtent leurs activités et nous lancent de grands coucous, le sourire aux lèvres.

Ici, je goûte à nouveau au kava, cette racine de poivrier. Au Vanuatu, ce fameux breuvage est le plus rude, le plus pur, le plus recherché du Pacifique, car beaucoup plus ancien et bien plus fort que dans les pays voisins. Je comprends vite ses effets : d'abord, il insensibilise la bouche, puis – après deux verres – il assomme et endort. Il fait office d'antidépresseur puissant. À ingurgiter avec modération.

Je suis émue lors du trajet vers les Maskelynes. J'ai embarqué avec quelques locaux dans un petit bateau traditionnel pour rejoindre les îles. Brusquement, nous avons la chance de voir une raie léopard sauter juste devant nous. Puis nous apercevons des dauphins qui jouent au loin. Les enfants placés à l'avant de l'embarcation se mettent alors à taper sur la proue du bateau – un réflexe pour eux – et les dauphins s'approchent de nous, jouent quelques minutes dans les vaguelettes provoquées par le sillage avant de s'éloigner. Moment de pure magie.

Tout comme cette partie de pêche partagée avec le père de la famille qui m'héberge et me considère rapidement comme une des leurs. Nous sommes accompagnés de deux de ses amis, et je sens bien que, compte tenu du coût du carburant, ils ne partent que rarement à la pêche. C'est la fête pour eux, ils sont excités comme des enfants. Je suis touchée par leur sourire, leur folie, leur enthousiasme et les efforts qu'ils font pour ramener un poulpe au village. Trois quarts d'heure de lutte acharnée sous l'eau avec un harpon pour venir à bout de l'animal. Mais une telle fierté !

De mon côté, j'essaye bien de ne pas rentrer bredouille, mais l'idée de tuer de jolis petits poissons tropicaux de dix centimètres de long ne m'emballe pas vraiment. J'aime tellement les fonds marins, les poissons multicolores, je les trouve tellement mignons, tellement beaux, que je les observe et en oublie le but principal qui est de les pêcher. Sur le retour, j'aperçois le dos d'un dugong, ce grand mammifère marin herbivore, assez rare. La surprise est grande et mon sourire monte jusqu'au soleil...

Rentrée au village, enchantée par cette journée, je passe l'après-midi à une activité à laquelle je ne me suis jamais livrée jusque-là. Il se met à pleuvoir et cela dure pendant plusieurs heures. Et que fait-on dans les îles quand il pleut ? Après avoir bien vérifié qu'il n'y a pas de fuite, on regarde la pluie tomber.

Il n'y a ici ni télévision ni jeux de société, donc, oui, je regarde la pluie tomber. Et même si c'est long, c'est un spectacle, lorsqu'on se sent sereine, en paix, bien au milieu de l'ambiance conviviale d'un pays merveilleux et de ses habitants adorables.

À Malekula, où je retourne, les routes sont inondées et, pour rejoindre la partie nord de l'île, je dois prendre l'avion. Pour un vol – tenez-vous bien – de cinq minutes. Le billet qui m'a été remis avant de monter à bord est collector. Mon nom n'y figure pas, juste mon prénom. Avec quelques fautes d'orthographe. Il y est inscrit « Violent ». C'est tout l'inverse du souvenir que me laissera le Vanuatu, mon coup de cœur du Pacifique.

CHAPITRE 32

TENSION EN NOUVELLE-CALÉDONIE

Je suis arrivée en Nouvelle-Calédonie en plein débat sur l'indépendance. Ce n'était pas forcément le meilleur moment. Le président de la République de l'époque, M. François Hollande, a fait sa première visite sur le territoire. Le climat est quelque peu tendu entre les pro et les anti-indépendantistes. Un référendum s'annonce, mais la date n'en est pas encore fixée et recule sans cesse.

La France a quelques intérêts à rester sur place, et les reports de cette échéance n'apportent pas la paix. Ils énervent beaucoup de monde et enveniment la situation. Le climat est assez électrique. Beaucoup d'échauffements, d'incompréhensions, d'intolérances, de manifestations. Deux clans s'opposent clairement. Je dois bien l'avouer, l'atmosphère est assez pesante à Nouméa.

Dans les îles, la vie est plus douce, plus apaisée et les paysages paradisiaques : des plages d'un bleu turquoise, d'un sable si blanc ! Des fonds marins incroyables, avec des dizaines de tortues ici et là. Maré, la plus traditionnelle ; Lifou, la plus connue ; Ouvéa, ma préférée ; l'île des Pins… Elles sont toutes plus belles les unes que les autres.

L'île des Pins, avec cette traversée en bateau dans la baie d'Upi, sa petite marche pour arriver à sa piscine naturelle, est un petit bijou que j'ai la chance de visiter avec ma meilleure amie Ludivine venue me rejoindre quelques semaines en Nouvelle-Calédonie.

Lifou, avec cette plage secrète – « Kiki Beach » – cachée derrière le terrain de football, au nord de l'île. Il y a là une maison. Il faut y demander au chef de tribu, le propriétaire des lieux, la permission d'aller sur la plage, et donc faire ce qui s'appelle en Nouvelle-Calédonie la coutume. Ici, une bonne partie du territoire et des plages appartient aux tribus, aux Kanaks. Pour pouvoir entrer dans certains sites, il faut « faire la coutume », c'est-à-dire donner un petit quelque chose : soit des morceaux de tissu appelés « manou », soit un petit billet. Dans ce cas, un petit billet fait l'affaire, et après vingt minutes de marche, je me retrouve sur une petite plage déserte. Le paradis.

En Nouvelle-Calédonie, les autochtones, les Kanaks, fonctionnent sous forme de tribus. Chaque tribu a son chef, un fonctionnement hiérarchique particulier et un territoire bien défini. Chaque individu a une affectation particulière au sein de la tribu. Il y a deux types de clans : le clan de la mer – les pêcheurs – et le clan de la terre – les agriculteurs. La culture est assez différente de celle de notre mode occidental, intéressante.

Mais j'arrive à la période des mariages et dans un climat politique particulier. Entre ceux qui ont un peu trop fait la fête et qui souhaitent se marier avec moi, et ceux qui veulent connaître mon opinion sur l'indépendance et me prennent à partie car je suis française, et donc, pour certains, descendante d'esclavagistes, il est compliqué d'avoir de vrais échanges.

À Ouvéa, je passe d'ailleurs près du cimetière des 19, ces dix-neuf indépendantistes kanaks tués en 1988 à la suite de la prise d'otages de vingt-trois gendarmes. Une prise d'otages qui a très mal tourné, un assaut du GIGN très controversé, dans un climat électoral particulier (entre les deux tours de l'élection présidentielle). Pour beaucoup, cela aurait pu être évité et l'événement tragique est considéré ici comme un massacre.

Les cicatrices ne sont pas totalement refermées et la gendarmerie sur place semble plus là pour faire acte de présence que pour exercer un réel pouvoir. Je m'en aperçois lorsque je suis prise en stop par un Kanak qui conduit avec son joint de cannabis à la main. Il passe devant les gendarmes, klaxonne, les salue. Je n'en reviens pas.

— Mais tu es fou !

— Qu'est-ce que tu veux qu'ils fassent ? Ils ne peuvent rien faire…

Les gendarmes lui répondent d'ailleurs du même geste, et avec le sourire… Finalement, ils ne peuvent intervenir sur le territoire qu'avec l'accord du chef de tribu. S'il y a un problème, il est d'abord réglé en interne.

Ici, tout ce qui représente l'État français est détourné. Il est assez symbolique de voir les panneaux de signalisation routière se retrouver dans l'eau. Ils ont été criblés de balles, ils servaient de cible. On peut y voir au choix un jeu ou un message plus politique, une sorte de rébellion face à l'autorité française.

Je rencontre deux jeunes qui me prennent en stop. Ils roulent dans une Clio au pare-brise étoilé. Ils sont heureux de m'aider, pas tout à fait à jeun, sans doute. Je leur demande par curiosité comment cela se passe ici pour passer le permis de conduire.

Ils s'esclaffent :

— Nous, on est des gangsters, des hors-la-loi, des voyous ! Nous, on roule sans permis, on n'a pas le permis. À quoi ça sert, un permis ? Regarde, je sais conduire.

Ils éclatent de rire. Moi tout autant. Ce sont de gentils garçons, qui manient l'humour et la dérision ; ils n'ont rien de rebelle. Leurs blagues et le ton qu'ils emploient pointent du doigt avec ironie la situation compliquée de ces Français qui se voient imposer les mêmes règles dans leur lointaine Nouvelle-Calédonie que celles qui s'appliquent en France. Des règles parfois inadaptées et inapplicables. À Ouvéa, par exemple, il n'y a pas d'auto-école. Alors, payer très cher pour aller à Nouméa, quitter la tribu le temps d'obtenir un simple morceau de papier, ils n'en ont ni l'envie ni les moyens. Et la Gendarmerie, visiblement, ne leur dit pas grand-chose. Finalement, cette île résume bien la situation complexe de ce territoire à l'époque. J'avoue que j'ai du mal à me sentir « en France » ici.

Ouvéa est magnifique : la couleur bleu-vert de la mer, son sable blanc, ses falaises, ses grottes, ses trous bleus, sa réserve marine… Tout est sublime. Ici, pas besoin de plonger pour admirer des coraux et des poissons. Munie d'un simple masque et d'un tuba, seule ou accompagnée, je vois des murènes, des tortues, des raies léopards, des requins et des milliers de petits poissons de toutes les couleurs. Mes deux activités favorites y sont de faire du snorkeling dans le nord de l'île et d'observer au petit matin les poissons sur le pont de Mouli, au sud.

Au nord, nous partons de la plage du restaurant du coin et il suffit de se laisser porter, dériver, par les courants. Devant nous, un défilé de coraux et de poissons multicolores de toutes les tailles. Forcément, nous sommes comme des enfants et nous en redemandons. Nous nous laissons partir à la dérive trois ou quatre fois par jour. À chaque passage, de nouveaux poissons ; chaque fois, le même émerveillement. Et dire que l'Asie était certainement comme cela il y a une quarantaine d'années. Le Pacifique a cette chance d'être préservé, protégé, peu touristique, alors je n'ai pas besoin d'aller bien loin pour être éblouie par le monde sous-marin.

Sur le pont de Mouli, au sud, je me régale des bancs de poissons, des tortues et des raies qui passent en montrant le bout de leur nez. Je peux rester des heures à les regarder.

C'est le souvenir que je garderai de la Nouvelle-Calédonie, celui d'un petit paradis au climat politique particulier.

CHAPITRE 33

CAPRICIEUSE NOUVELLE-ZÉLANDE

J'apprécie cette île pour la beauté de ses routes. Vraiment impressionnantes. Nous longeons en permanence des lacs, des montagnes et des glaciers. Mes yeux ne savent plus où regarder. J'aime le parc Abel Tasman pour ses plages de sable blanc et son eau bleu-vert, et Kaikoura pour celles qui sont recouvertes de fleurs violettes et qui sont fréquentées par des colonies de phoques. Ces fleurs leur donnent un charme indéniable. Je souris devant le mont Cook, pour sa neige qui forme au sommet comme des yeux et une bouche. Bonjour, Mister Cook ! J'adore la couleur des rivières bleu turquoise, transparentes, où nous nous sommes baignées entre Wanaka et Queenstown, et celle unique du lac Tekapo, un bleu comme j'en ai rarement vu. Je profite du cinéma atypique de Wanaka où nous pouvons regarder un film assis dans de vrais fauteuils, comme à la maison, tout en mangeant une pizza ou de délicieux cookies tout fraîchement sortis du four. Un vrai délice.

Je m'émerveille d'avoir la chance d'apercevoir depuis la plage, à Porpoise Bay, ces petits dauphins – les Hector's dolphins – qui n'existent qu'en Nouvelle-Zélande. Et d'observer des pingouins dans une baie par le plus grand des hasards et sans même savoir qu'il y en a dans le coin. Ils sont trois à sortir de l'eau, avec leur tache jaune sur la tête. Ils prennent tout leur temps pour rentrer, leur marche est si drôle, ils se dandinent si élégamment. Nous avons l'impression de regarder un documentaire animalier à la télévision, mais c'est bien réel.

J'aime. Mais je souffre. Je me souviens, après quelques recherches, d'avoir trouvé une équipe pour faire le tour de la Nouvelle-Zélande. Avec Pauline la Toulousaine et Anna l'Autrichienne, nous partons donc pour un road trip entre filles tout autour du pays. Nous sommes en décembre et la bonne saison débute : c'est l'été…

Seulement, cette année, l'été n'arrive pas… Et cela n'arrange pas du tout mes douleurs.

Notre trip dans le Nord est très pluvieux. J'adore la pluie, c'est bien connu. Et quand le ciel est gris, qu'il pleut et qu'il « repleut », comme on dit chez moi, en Normandie, les paysages sont ternes et perdent tout leur charme. J'ai l'impression d'être à la maison : le même ciel, les mêmes paysages, les moutons, la pleine nature… Les plages ressemblent aux plages normandes et bretonnes où je passais mes étés en France.

Avec cette humidité, cette pluie, nos tentes démontrent leur manque d'étanchéité. Nous dormons à trois dans notre voiture de location, à tour de rôle une allongée sur la banquette arrière et les deux autres sur les sièges avant. La vie de backpackers ! C'est ça aussi, le road trip !

Mais bon, il faut bien reconnaître qu'avec mes problèmes de santé, dormir de la sorte, c'est du sport. J'ai mal, très mal. L'humidité et la différence de température par rapport à la Nouvelle-Calédonie, d'où j'arrive, n'arrangent pas les choses. La température retombe sous les quinze degrés et mon dos redevient douloureux. Je ne suis pas au mieux de ma forme. Ce climat ne me convient pas.

Nous découvrons donc beaucoup de paysages sous la pluie. Cela me rappelle pourquoi la Normandie est si belle et si verte. L'éclaircie, le rayon de soleil, devient un luxe et nous redonne le sourire. Mais cela ne dure jamais longtemps, malheureusement.

Nous partons à la recherche du soleil tout au nord, à Cap Reinga. Nous voulons absolument voir les lacs bleu-vert du Tongariro. Tout le monde en parle. J'ai vu des photos, beaucoup de photos, et cela a l'air sublime. Alors, après avoir dormi une fois encore dans la voiture, nous nous levons pour partir faire ce trek. Nous sommes motivées, mais Anna – autrichienne et vivant aux pieds des montagnes – reste sceptique sur les prévisions météorologiques. De gros nuages gris recouvrent les montagnes : elle ne croit pas au beau temps.

— C'est mort, nous dit-elle.

J'ai un peu peur qu'elle ait raison, mais, maintenant que nous sommes là, il faut tenter le coup.

J'adore marcher, cependant, très vite, la pluie commence à tomber et un épais brouillard se forme. Nous ne voyons pas grand-chose. Je garde espoir, mais plus nous montons, plus le vent et la pluie se font ressentir. J'ai très froid. L'eau s'insinue dans ma veste par le cou. Je suis trempée jusqu'aux os, j'ai mal au dos, dans les os, aux muscles, au crâne, aux dents… Moi qui ne renonce jamais, je me dis tout de même : « Qu'est-ce que je fais là ? Ça n'a aucun intérêt, je ne vois rien. Autant faire demi-tour. » Seule, c'est ce que je ferais. Mais mes collègues continuent à avancer. Anna devant moi et Pauline derrière, cela me motive. Sait-on jamais…

À l'approche du sommet, nous avons même droit à une petite tempête : un vent violent et une pluie battante nous accueillent. Par réflexe, je sors mon appareil photo pour immortaliser ce moment. Mais il est comme moi : l'humidité et le froid, il n'aime pas. Il s'éteint tout seul. C'est le genre de moment où tu te dis qu'il vaut mieux en rire qu'en pleurer, même si tu as vraiment envie de pleurer. Je suis trempée, la douleur est difficilement supportable. P***** de Tongariro ! Quant aux deux lacs sur le chemin du retour, ils sont à peine visibles, et le paysage est bien loin de la photo carte postale que nous avons très souvent admirée ! Je réussis tout de même à rallumer mon appareil photo et à faire deux clichés avant qu'il ne se bloque et ne s'éteigne de nouveau.

Pour ma part, j'essaye de continuer à marcher, de ne pas écouter mon cerveau, de ne pas prendre froid. Faire un trek dans ces conditions n'a pas beaucoup d'intérêt, et avec mes problèmes de santé, c'est quelque peu risqué !

Notre moral n'est pas des meilleurs. La pluie ne s'arrête pas, nous ne dormons pas bien. Nous sommes exténuées. Je me dis sincèrement que mes douleurs sont trop importantes, qu'il faut vraiment que je réagisse, que je fasse quelque chose. L'idée d'arrêter le road trip, d'aller à l'hôpital pour me faire prescrire des médicaments, me traverse l'esprit. Quant à celle de travailler ici – j'ai obtenu un permis de travail dans ce but –, je l'ai déjà oubliée.

Nous arrivons à Wellington après une semaine passée à dormir dans la voiture et décidons de trouver une auberge de jeunesse pour quelques jours. Nous sommes toutes d'accord : nous manquons de soleil, mais aussi de sommeil. Nous cherchons à nous garer, mais comme nous ne sommes pas très sûres de bien comprendre les panneaux installés là, nous demandons confirmation à un couple de passants. Cinq minutes de discussion plus tard, ils nous proposent de… dormir chez eux ! Sincèrement, la perspective de se retrouver dans un lit, de dormir allongées, au chaud, nous redonne le sourire immédiatement.

Le mari, notre sauveur, a des origines indiennes. Et cela ne s'invente pas, il s'appelle Ganesh, comme le dieu du panthéon hindou à la tête d'éléphanteau. Il ne peut pas se rendre compte à quel point ce lit est une bénédiction ! Dormir correctement, quel bonheur… Après quelques nuits, je me sens déjà beaucoup mieux. Toutes, nous avons retrouvé le moral. Le couple est vraiment très accueillant et nous partageons avec leurs enfants de très bons moments en famille. Ils nous porteront chance.

À partir de cette rencontre, le temps change et nous voyons l'île du Sud sous le soleil. Oui, du soleil ! Et nous fêtons Noël à Nelson, sur l'île du Sud, sur la plage. Un miracle !

CHAPITRE 34

FAUX DÉPART À TAHITI

Je n'ai pas travaillé en Nouvelle-Zélande, comme je l'avais prévu… Et quand j'arrive à Tahiti après un stop d'une semaine aux îles Cook pour me reposer et me réchauffer, mes finances sont à sec. Pour continuer mon voyage, il me faut impérativement trouver du boulot en Polynésie. Quelques amis sur place m'hébergent temporairement jusqu'à ce que je trouve une colocation bien sympathique sur les hauteurs de Tahiti, avec une Bretonne et une Wallisienne.

Je souhaite travailler dans l'hôtellerie. Mais je me rends bien compte que trouver un job à Tahiti ne va pas être facile : il y a peu d'offres et beaucoup de demandeurs d'emplois. Avec mon diplôme – très recherché ici – et mon expérience dans la comptabilité, on me propose néanmoins des postes dans ce secteur. Mais pour moi, après trois ans de voyage, fini la comptabilité. Il n'en est plus question. C'est dans l'hôtellerie que je veux m'impliquer. Mais comme je n'ai pas d'expérience dans ce domaine, ça complique un peu les choses.

Après un mois de vaines recherches, je tente un coup de poker. Je contacte le journal local, *La Dépêche de Tahiti*, très lu ici, pour savoir si mon histoire de voyageuse peut les intéresser.

Et si, accessoirement, ils peuvent me donner un coup de pouce en faisant savoir que je recherche un travail. Deux heures à peine après mon message, je reçois une réponse :

— Nous aimerions vous interviewer. Pouvons-nous nous rencontrer ?

C'est rapidement chose faite. Le journaliste commence avec une question :

— Résume-moi ton parcours, ton voyage…

Vaste programme : résumer trois ans de vie en dix minutes… C'est bien court. Je ne sais pas par où commencer. Je lui donne donc mon ressenti sur chaque pays visité en quelques mots. Je lui raconte ce qui m'a marquée, ce qui n'est pas forcément toujours ultra positif : la condition des femmes en Inde, la pauvreté au Cambodge, le racisme en Australie… Il est surpris.

— Mais pourquoi voyages-tu ? Cela n'a pas l'air facile, tu n'as pas l'air d'être heureuse. Pourquoi veux-tu continuer ?

Je réponds alors naturellement que je voyage pour les rencontres, que j'en ai fait de très belles, que j'ai beaucoup appris sur moi, sur les autres, que c'est une incroyable expérience…

Quinze jours plus tard, l'article paraît. Je suis toute étonnée qu'une double page du quotidien me soit consacrée. Sa tonalité me plaît un peu moins. Comme me le fait remarquer une de mes colocs, « on dirait qu'il n'y a eu que des choses négatives dans ton voyage »… J'avais pourtant bien évoqué la Mongolie et le mode de vie nomade que je trouvais incroyable, le Vanuatu à la fois authentique et paradisiaque, mon amour pour les Philippines, mais cela n'apparaît pas…

Il est vrai qu'à l'époque, je n'étais pas au meilleur de ma forme : j'étais fatiguée, je ne trouvais pas de travail et je pensais à quelqu'un que j'avais rencontré sur la route… J'avais quelque peu perdu le sourire, et le journaliste avait certainement dû le ressentir. L'article mentionne toutefois que je cherche un emploi et donne mon numéro de téléphone, mon « vini », comme on dit en Polynésie.

Je reçois des messages de soutien et également, entre autres, un coup de fil de Richard. Cet homme me propose de travailler pour lui dans la nacre sur le port de Tahiti. Il me prend à l'essai. J'accepte. Qui plus est, il peut venir me chercher à mon domicile, et cela m'arrange bien. Richard est un petit monsieur très distingué, très cultivé, de plus de 70 ans. Il a vécu aux États-Unis quelque temps. Mais je vais bien vite m'apercevoir que ce « businessman » est un brin roublard, un brin mafieux, un brin vicelard, et qu'il ne m'a pas vraiment engagée pour mon travail, mais plutôt pour ma présence, mon physique et mon statut de voyageuse qui le fait quelque peu rêver et fantasmer…

Richard m'a prévenue qu'il travaille sur le port et que le boulot n'est pas facile. Je m'attends à un hangar avec climatisation, mais, lorsque nous arrivons, les locaux de son entreprise sont en cours d'installation sur le parking. Ses employés montent tout bonnement une tonnelle pour s'abriter. Ils commencent bientôt à sortir des sacs de la remorque du camion garé là et nettoient puis trient les coquilles de nacre à même le sol, en plein milieu du port. Je n'avais pas imaginé cela comme ça, je n'en reviens pas. Mais bon, pourquoi pas ?

Quatre ou cinq Tahitiens travaillent ici, dont deux femmes. Les hommes ont tous la vingtaine, ils sont tous très costauds. Ils doivent soulever ces sacs très lourds et se cassent le dos à porter ces charges… Des « warriors » ! Il faut vraiment être en bonne condition physique : nous restons la journée entière en plein soleil – malgré la tonnelle –, assis à même le sol, à nettoyer les coquilles. Tout cela dans une odeur de coquillages pourris.

Précisément, il s'agit de taper une coquille sur l'autre pour casser les coquillages collés sur les nacres, dans un vacarme répétitif. À la fin de la journée, mes doigts sont coupés par le taillage et irrités par le sel. Nous pouvons certes porter des gants, mais, par cette chaleur, il est impossible de les garder longtemps. J'ai mal aux mains, mais je finis par m'habituer à ces conditions.

Le midi, le déjeuner est invariablement composé de pain et de thon mayonnaise en boîte, gracieusement offert par le boss... Le vendredi, pour annoncer le week-end, même menu, mais agrémenté d'un Coca. Je bénéficie d'un traitement de faveur : je mange avec le boss. Et, comme lui, des plats très différents de ceux des Tahitiens.

Cela me paraît injuste et je le confie à Richard. Il me fait comprendre que ma place n'est pas de manger comme ça, avec les Tahitiens... Je suis forcément outrée. Mais cela ne s'arrête pas là. J'ai le malheur de sympathiser avec l'une des employées. Aussitôt, Richard la prend à part et lui fait comprendre qu'elle ne peut pas me parler.

Nous ne disposons bien sûr pas de toilettes et devons demander à utiliser celles de l'entreprise située juste à côté. Nous avons de l'eau – un minimum – tout de même, que Richard achète chaque matin, en même temps que des cigarettes pour ses employés. Nous travaillons de 9 heures à midi, reprenons à 12 h 30 et finissons à 16 h 30-17 heures, en fonction du travail, deux ou trois fois par semaine. Un coup de fil à 8 heures le matin même pour dire « Je passe te chercher » en définit les jours. C'est un travail donc très irrégulier, pour lequel nous sommes payés à la fin du mois. Quelques avances à chaque fin de semaine motivent les troupes à revenir. Quant aux salaires – il faut tout de même le reconnaître, plutôt avantageux –, ils sont fixés par le boss comme bon lui semble.

Aucune couverture sociale en cas de maladie ou d'accident ; des conditions de travail dures et même assez extrêmes ; un travail irrégulier ; pas de salaire fixe ; et un traitement à l'égard des Tahitiens très limite… Le boss rabaisse parfois certains employés, les traite d'abrutis et leur lance sa phrase fétiche :

— T'es un bon à rien, tu ne sers à rien !

Il les menace de ne pas les reprendre la semaine suivante s'ils ne sont pas assez rapides, pas assez productifs, à son goût. Malgré cela, les Tahitiens ne bronchent pas, ne se plaignent pas et ont toujours le sourire aux lèvres. Je suis stupéfaite.

Avec cynisme, le boss profite en toute connaissance de cause de la situation :

— Je prends des Tahitiens en bonne santé, jeunes. Comme ça, j'en fais ce que je veux. Je peux les embaucher et les virer comme je le souhaite. Ils font la queue pour venir travailler chez moi.

Une sorte d'esclavagisme moderne. Bien sûr, Richard a bonne conscience. Il m'explique :

— Moi, je leur offre du travail, à manger le midi, ils sont bien payés avec moi. Il y a des patrons qui ne donnent rien de tout cela.

Il ose même me dire :

— C'est pour cela qu'ils restent, ils m'aiment bien, mes employés !

Un bon samaritain, en somme…

Je n'aime pas ces méthodes et je sais déjà que je ne vais pas travailler longtemps ici. L'expérience est intéressante à vivre de l'intérieur, une fois dans sa vie. Voir comment cet homme peut traiter ces jeunes sans qu'ils ne disent rien. Ils subissent toutes ces insultes, devenues banales et normales pour eux, et reviennent chaque semaine. Je comprends que, sans diplôme et vu le taux de chômage, ils doivent accepter de travailler pour

Karapo – le surnom du boss sur le port – pour faire vivre leurs familles. Cinq ou six familles sont nourries par cet homme, et je prends d'ailleurs sans doute la place d'un Tahitien qui en a plus besoin que moi. Après trois semaines, et même si j'ai trouvé le rythme, je compte arrêter.

Par ailleurs, le boss me fait de plus en plus de compliments et souhaite que je l'accompagne aux États-Unis pour ses vacances. Il me propose même une importante somme d'argent pour que j'accepte. Cet homme pense qu'il peut tout acheter et que je vais dire oui. Je le remets en place. Non, je ne serai jamais sa muse, son escort-girl. Il ne faut pas tout confondre. Je refuse systématiquement toutes ses invitations à dîner.

J'accepte toutefois de déjeuner avec lui dans son restaurant chinois préféré. Au dessert, il me confie qu'en ce moment il sort avec une fille de 17 ans et qu'en échange il l'aide financièrement, elle et sa famille. Elle est, bien sûr, consentante ; elle a la majorité sexuelle, se justifie-t-il. C'est sûr qu'à 17 ans, on a très envie de sortir avec un homme de 70 ans ! Cela me met hors de moi. Cet homme me répugne. Je coupe court, il est allé trop loin. Je lui demande de me ramener sur le port reprendre mes affaires. Notre collaboration est terminée.

Cela ne l'empêche pas de tenter un baroud d'honneur, ou plutôt un baroud d'horreur. Sur le chemin, il s'arrête au pied d'un hôtel. Il vient de se faire injurier et humilier en public, il a certes un peu bu, mais il ose :

— Je sais que tu vas me dire non, mais on peut aller à l'hôtel… Et si tu me laisses te toucher, je te donne beaucoup d'argent.

Je n'en crois pas mes oreilles. Je le regarde désespérément. Il conclut :

— Non, mais je savais que tu allais dire non.

Il me ramène au travail, je demande ma paye et dis adieu à ce travail dans la nacre.

CHAPITRE 35

L'ENVERS DU DÉCOR 5 ÉTOILES

Je passe beaucoup de temps au Carrefour de Fa'a'ā. Ma colocation est située tout près et ce centre commercial dispose d'un wifi haut débit gratuit : c'est rare à Tahiti. Je squatte donc pour envoyer des CV, répondre aux offres d'emplois, trier mes photos, écrire. Cet endroit est devenu mon QG.

J'y ai rencontré Paolo, qui tient la pizzeria du centre commercial. Il a la cinquantaine, m'offre le café et, au passage, me fait quelques propositions salaces. Il me raconte ses fantasmes érotiques pour essayer de me tenter. Il me fait rire, ce pizzaïolo. Clairement, il ne sait pas y faire avec les femmes. Il ne sait pas leur parler, les séduire. Toutes ses approches se soldent par des échecs, mais il persévère, ne se décourage jamais et réitère ses demandes à toutes les femmes qu'il voit. Un sacré séducteur, ce Paolo ! Je ne lui en veux pas : il a finalement un bon fond, il n'est pas méchant pour deux sous !

Paolo arrive un jour avec un homme en costard. Il me le présente : c'est le directeur de ce Carrefour, qui a lu l'interview dans le journal et souhaite me rencontrer. Ce petit monsieur brun, à lunettes, style BCBG, très premier de la classe, est à l'opposé de Paolo. Je ne suis pas dupe : il me teste, je suis en train de passer un entretien d'embauche.

Étonnamment, dans ce costume strict, se cache un ancien voyageur qui s'est baladé en Amérique du Sud. En connaisseur, il essaye de me faire réaliser que ce que je viens d'accomplir – trois ans de voyage, trois ans sur les routes – n'est pas donné à tout le monde. Il essaye de me faire prendre conscience du chemin parcouru et m'explique qu'il souhaite m'aider dans ma recherche de travail. Il me demande mon CV :

— Je ne te promets rien, mais je vais voir ce que je peux faire. En attendant, je peux t'inviter à déjeuner. Ne t'inquiète pas, je ne suis pas comme Paolo : je ne te drague pas. Mais ce n'est pas tous les jours que je peux parler voyage.

Alors, nous allons manger une pizza, nous revivons nos voyages respectifs, nous refaisons le monde. Il me conseille *L'Alchimiste* de Paulo Coelho, m'explique que c'est vraiment le bon moment de lire ce livre.

En effet, ce livre me fait beaucoup de bien… Sa lecture me rebooste et me donne l'envie de continuer ma route au gré des rencontres, de poursuivre ce voyage, de vivre l'aventure sans trop me poser de questions. Ce livre reflète avec beaucoup de justesse et de profondeur cette vie de voyageur, ce que j'ai ressenti et ce que je ressens à ce moment-là…

À la suite de ce déjeuner-entretien, mon CV remonte jusqu'au directeur financier de la famille W., l'une des plus riches de Polynésie, qui possède beaucoup d'entreprises et d'hôtels ici. Cet homme veut me rencontrer, mais sans me préciser la nature du poste qu'il souhaite me proposer. Je n'en sais pas plus après sa première question :

— Vous pouvez me raconter votre histoire ?

Nous parlons donc de voyage. Je lui explique mes motivations :

— Vous me prenez peut-être pour une femme instable, mais j'ai vraiment envie de travailler ici, j'ai envie de m'arrêter de voyager, j'ai d'autres projets. J'ai grandi dans ce voyage, appris sur moi, sur les autres. Je souhaite me poser.

— Mais après tous ces voyages, pourquoi choisissez-vous la Polynésie ?

— Pour les mêmes raisons que vous, non ?

Il rit. Je poursuis :

— Parce que j'ai envie de soleil, de plage, d'une qualité de vie, de moins de stress.

— J'ai un poste à vous proposer. Je vous vois bien chef comptable.

— Ah oui, vraiment ? Mais il y a une chose que j'ai oublié de vous préciser : je ne veux plus travailler dans la comptabilité. Rester assise pendant des heures devant un ordinateur, c'est fini pour moi.

Il est étonné de ma franchise, ne comprend pas pourquoi je refuse un tel poste. À mon tour, je lui pose alors des questions :

— Quels sont les horaires ? Les responsabilités ? Combien d'heures par jour l'ancien chef travaillait-il ? Douze, quinze heures par jour ? Travaillait-il les week-ends ? Comptait-il ses heures ?

— Oui, vous avez raison, il ne faut pas compter ses heures. Nous n'avons pas de vie dans ce genre de métier.

— Sincèrement, merci d'avoir pensé à moi. Mais je ne peux pas accepter : je souhaite vivre et profiter de ce cadre paradisiaque.

— C'est dommage, je vous voyais vraiment sur ce poste. Mais je comprends. Vous voulez travailler dans quoi alors, aujourd'hui, si ce n'est pas en comptabilité ? Car vous savez, Carrefour, c'est le groupe W…

— L'hôtellerie, le tourisme… Je veux me réorienter.

— Nous sommes propriétaires d'hôtels de luxe. Je vais voir ce que je peux faire et transmettre votre CV.

Je le remercie avant de le saluer. J'espère, sans trop y croire vraiment, que cet entretien me permettra de trouver un emploi.

Le lendemain, je découvre justement une annonce pour un célèbre hôtel 5 étoiles, et l'un des plus beaux de Polynésie, propriété de la famille W. J'ai déjà postulé de nombreuses fois pour cet établissement, mais sans succès. Il s'agit d'un poste de réceptionniste téléphonique.

J'envoie alors un simple texto au directeur financier de la famille W. : « Je suis intéressée par ce poste, pouvez-vous m'aider, pouvez-vous faire parvenir mon CV ? Merci. » Le lendemain, incroyable, je suis conviée à un entretien. Malheureusement, je ne suis pas retenue pour ce poste.

Après trois mois passés à Tahiti, sans succès dans ma recherche d'emploi, je décide alors de repartir voyager dans les îles polynésiennes (Tuamotu et Marquises) y chercher la tranquillité. À Rangiroa, je réponds à une offre d'emploi pour être réceptionniste de nuit, une nouvelle fois pour le même palace de Bora-Bora. Sans trop y croire, je l'avoue. L'hôtel me contacte toutefois quelques semaines plus tard pour me proposer un entretien Skype.

Le responsable me pose notamment deux questions :

— Comment vous voyez-vous dans dix ans ? Cela ne vous dérange pas de vivre sur une île ?

Je réponds à la première :

— Je me vois avec ma propre auberge de jeunesse.

Et à la seconde :

— Non, cela fait un an que je vis dans les îles du Pacifique. Vivre face à l'océan, c'est vraiment important pour moi, et je souhaite écrire. Bora-Bora me paraît donc un bon endroit.

Il faut croire que je suis convaincante : je suis finalement embauchée. Je n'en reviens pas. C'est fou.

Je me souviens de mon arrivée à Bora-Bora. Les nuances de bleu, le lagon… Sublime, incroyable. Un homme m'accueille et nous prenons le bateau pour rejoindre l'hôtel avec des clients, un couple de jeunes mariés. Je découvre l'établissement, les bungalows sur pilotis, ce petit paradis. Je bénéficie d'une chambre pour moi toute seule. Je prends mes marques, je suis heureuse d'être ici.

Le premier jour, la directrice des ressources humaines me présente le nouveau directeur, monsieur S., qui a dirigé un grand hôtel à Cannes. Une pointure. Il est tout de blanc vêtu. J'ai face à moi un « big boss » de l'hôtellerie : je suis impressionnée… Il me dit :

— Ah, c'est toi la voyageuse ?

Il sait. Il est très abordable, décontracté, curieux de mon parcours. Il me lance :

— Pourquoi un tour du monde ? Ça m'intéresse, ça m'a toujours fait rêver.

— Pourquoi pas ? Non, plus sérieusement, j'avais envie de découvrir le monde, d'apprendre sur le monde.

Nous partons dans une discussion, il me pose beaucoup de questions… La DRH vient nous interrompre :

— Bon, allez, on doit continuer. On n'a pas beaucoup de temps.

Elle n'a pas tort d'intervenir. Je crois que nous aurions pu parler pendant des heures… Je retiens que ce « big boss », qui pourrait se payer un très beau tour du monde avec son salaire mensuel, rêve en fait de ma vie !

Je commence à réaliser tout doucement où j'ai atterri : dans l'un des endroits les plus paradisiaques du monde, où tout le monde rêve de passer sa lune de miel. Au travail, je remplace un Tahitien qui – hallucinant hasard – connaît bien Paolo, le pizzaïolo. C'est son oncle ! Il me forme une semaine, puis je me retrouve seule… Je travaille donc de nuit, en horaires décalés. Je ne sais pas vraiment ce que je dois faire ni pourquoi. Je n'ai pas vraiment de chef, aucune réelle directive… Mes supérieurs hiérarchiques bossent de jour et ne se soucient pas vraiment du travail de nuit. Mon sous-chef m'avoue ne pas connaître ma fonction et donc ne pas pouvoir m'aider. Ma chef, elle, vient de rentrer de congé maternité. Elle est totalement débordée, perdue. Je dois me débrouiller seule.

Mes soirées commencent généralement par le « rapatriement » des clients éméchés. Oui, sur une île, il n'y a pas grand-chose à faire, on s'ennuie vite et les gens ont tendance à boire… Puis je m'attelle au problème récurrent du gecko, ce joli lézard aux doigts terminés en ventouses… Les clients en ont peur, n'aiment pas son bruit et me demandent de l'attraper. J'essaye, tout en sachant pertinemment que je n'y arriverai jamais. Mais, au moins, je rassure les clients :

— Il ne va pas vous faire de mal, il a peur de vous, ne vous inquiétez pas. C'est un bon chasseur de moustiques.

En comédien aguerri, mon collègue simule une chasse acharnée, finissant par une capture totalement imaginaire de la bestiole ! Les clients n'y voient que du feu.

Je passe également une bonne heure par soir à trier, classer, coller, ranger des factures et facturettes pour le service financier. Je fais une sorte d'archivage. Aux dires de mon formateur, cette tâche est très importante, il faut s'appliquer. Cependant, par la suite, la direction me demandera d'arrêter de faire ce tri car cela n'a aucun intérêt. Cela ne sert à rien. Je fais également des petits dossiers financiers, cela me prend du temps, car il y a souvent des bugs informatiques…

Je réponds au téléphone. Les clients me demandent souvent des serviettes, des savons supplémentaires, mais je n'ai pas le moindre accès à la réserve pour en disposer. Je réclame, en vain. Nous sommes d'ailleurs en rupture de stock de brosses à dents ! La commande n'a pas été passée ou a été perdue. C'est un peu flou… Nous sommes dans un hôtel 5 étoiles et je dois donc annoncer aux clients que je ne peux pas leur fournir de brosse à dents avec le sourire. C'est parfois compliqué à faire accepter.

Le palace est en plein remaniement. Le nouveau directeur s'est entouré de ses anciens bras droits de l'hôtel cannois pour réorganiser sa gestion. Son numéro deux est très compétent, mais il a tendance à un peu trop faire la fête. Ses soirées arrosées, sur une si petite île, posent quelques problèmes de nuisances sonores, quelques problèmes de voisinage… La numéro trois est une femme très professionnelle. Je m'entends très bien avec elle. Elle m'avoue qu'elle ne s'attendait pas à un tel chantier… Pour eux, venir travailler à Bora-Bora avec leur famille est un rêve. Mais ce que monsieur S. avait oublié de leur mentionner, c'est que cet hôtel est alors un joyeux bordel, un énorme chantier, qu'ici tout est à revoir. Redresser cet hôtel est un énorme défi. Ils sont très loin d'être en vacances…

Il ne me faut pas longtemps pour le constater. Mon métier de base étant l'audit comptable et financier, je vois bien qu'il y a beaucoup de choses à mettre en place ou à revoir… Rien n'est réellement sécurisé, il n'y a aucune procédure, aucune organisation, aucune communication. Je suis venue ici pour travailler, mais aussi pour apprendre un certain « standing », être encadrée. Ce n'est pas le cas… Je ne comprends pas ce que je fais, je ne dispose pas de moyens, je ne reçois aucune explication, aucune directive. Je suis livrée à moi-même…

Un soir, je dois même gérer un début de bagarre entre un célèbre champion de catch de deux mètres de haut et son voisin. Car oui, quelques célébrités viennent séjourner là. Son voisin de bungalow l'a reconnu, il fait énormément de bruit, il commence à l'appeler, le titiller. Il s'introduit même dans son bungalow pendant qu'il dort, la nuit où il a demandé la main de sa femme. Forcément, le catcheur est très énervé, il y a de quoi ! À bout, il m'appelle :

— Faites quelque chose, sinon je m'en charge moi-même !

Quand nous arrivons sur les lieux avec les membres de la sécurité, nous trouvons le champion en train de faire trembler la porte du bungalow de son voisin à coups de pied. Heureusement qu'elle est solide, car un catcheur en colère, cela ne rigole pas. Notre arrivée le calme. Je prends le temps de discuter avec lui, de l'écouter, pour l'apaiser. Malheureusement, son voisin décide de sortir dehors pour s'expliquer. Les insultes et les provocations continuent, les femmes s'en mêlent, ce qui n'arrange rien…

Un membre de la sécurité parvient toutefois à repousser le voisin et sa femme dans leur bungalow. Pendant ce temps, j'isole le champion pour tenter de le raisonner, le calmer, lui faire reprendre ses esprits.

Je le reconduis à son bungalow, le rassure, lui explique que je vais en informer mes supérieurs, qu'ils viendront et s'occuperont en personne de régler cette situation. En fait, au regard de la tournure des événements, nous avons déjà essayé d'avertir le directeur. Il est injoignable.

Même si nous avons géré la situation, je me rends compte que personne n'est là pour m'aider, qu'on m'en demande beaucoup plus que ce que je suis censée faire et que mon salaire (le SMIC) pour ce genre de responsabilités, c'est bien trop peu.

Je suis seule et toujours la dernière informée. Un soir, j'arrive à mon poste et on m'apprend que l'hôtel vient de changer de logiciel : toute le monde en était averti depuis des mois, mais pas moi. Forcément, cela change tout, je ne peux plus procéder comme avant. Et je suis contrainte de prendre sur mon temps personnel pour être formée à ce logiciel, apprendre ce que son fonctionnement change à mon travail. Bénévolement, forcément.

Je n'ai pas beaucoup d'affinités avec les salariés de l'hôtel, je n'ai pas vraiment d'amis. Je suis très isolée, très peu aidée, je travaille en horaires décalés, je ne profite pas des lieux et je vois toute la journée des couples heureux en lune de miel. Dans ces conditions difficiles, ce travail ne me plaît pas. Le jour où ma chef m'appelle à 10 heures du matin pour me dire qu'elle souhaite me voir dans l'après-midi – elle n'a sans doute pas compris que je dors le jour –, je prends la décision de partir. Je lui donne ma démission. La direction essaie de me convaincre de rester, me propose un autre poste, mais ma décision est prise. Je suis un peu déçue de n'avoir tenu que deux mois. Mais exercer ce métier dans ces conditions n'est pas fait pour moi.

CHAPITRE 36

RÉFLEXIONS DES TUAMOTU

Lorsque j'arrive à Tikehau, un atoll situé dans les îles Palliser, dans l'archipel des Tuamotu, le camping affiche complet. On y tourne une série télévisée allemande nommée *Adam et Ève*, sorte de Koh-Lanta dénudé… Je passe mon chemin en direction de la pension Hotu, un petit hôtel familial. Je suis en mode petit budget, genre stop et camping, mais bon… Cela me permet de rencontrer Alexandre, le gérant, un Français à la soixantaine souriante. C'est un ancien voyageur :

— Tu sais, j'ai fait comme toi il y a longtemps. Des gens m'ont aidé sur la route, alors à mon tour de t'aider !

L'endroit est magnifique, magique…

— Je m'occupe de ton logement, ne t'inquiète pas, j'ai ma petite idée.

Il est le genre d'hommes avec qui l'on peut parler des heures sans se rendre compte que le temps passe… Un type passionnant. Il m'explique que sa femme, après être restée quinze ans en Polynésie avec lui, est rentrée en France depuis peu. Il a un pincement au cœur, il aime sa femme comme au premier jour, et il ne lui en veut pas d'être partie :

— Pendant quinze ans, ma femme a vécu à mes côtés. Tu te rends compte ? Quinze ans sans voir un supermarché, une boutique de vêtements, sans faire de shopping, sans voir ses amis, sa famille. Je ne peux pas lui en vouloir. Elle s'est privée pour moi. C'est normal qu'elle soit rentrée… Mais moi, j'aime la Polynésie.

Le discours est touchant et résume bien le fait que vivre dans les îles, isolé dans ces petits paradis, n'est pas donné à tout le monde. C'est nécessairement un peu compliqué, surtout quand on a vécu de nombreuses années dans un autre système, dans une autre culture, où l'on peut tout acheter et se divertir facilement.

Il me lance :

— Mais au fait, pourquoi tu es restée si longtemps à Tahiti ? Trois mois, c'est long…

— Oui, je sais…

— Il y a deux choses qui arrêtent le voyageur : l'amour et l'argent ! C'est l'amour ! Je te comprends.

— Oui, je suis venue dans l'idée de revoir un homme et de trouver un emploi. Mais bon, je me suis perdue, ça n'a pas marché… Alors je suis repartie…

Alexandre m'a dégoté un endroit où dormir un peu insolite : un bateau ! En fait, son bateau, le seul qui mouille dans le port. J'adore venir lui dire bonjour et prendre le café avec lui. Au petit matin, je ne me lasse pas de regarder les requins tourner autour de « ma maison », ce bateau.

Cette île est magnifique, on en fait le tour en moins d'une heure. J'adore son extrémité où l'on peut se baigner avec des requins à pointes noires et contempler deux îlots proches de la plage. La vue est sublime. Comme les hôtels sont tous du même côté de l'île, au nord, toute la partie sud n'est qu'une immense plage déserte. Mon terrain de jeu.

Ici, la vie est douce et paisible. Il y a peu de touristes, le temps s'est arrêté. Les vieux jouent du ukulélé, il y a deux ou trois roulottes pour manger : c'est le nom qu'on donne en Polynésie aux petits restaurants familiaux, bon marché, construits dans des caravanes. Mais si l'endroit est extraordinaire, je pense vraiment qu'y passer un mois, pourquoi pas, mais y vivre en permanence comme Alexandre, c'est une tout autre histoire. Je ne pourrais pas.

Ici, les gens sont parfois « fiu ». C'est un mot typiquement tahitien, difficile à traduire en français. Quelque chose comme fatigué, blasé, bloqué. Être « fiu », cela signifie que tu n'arrives à rien. Ce n'est pas un état permanent, ça ressemble à un « coup de mou » pour parler familièrement. Quand un Tahitien t'annonce qu'il est « fiu », tu peux t'attendre à ce qu'il n'arrive pas à faire grand-chose. Il marche au radar, il est bloqué, fatigué.

Mais dans les îles, de toute façon, pourquoi s'affoler ? Pourquoi travailler du moment que tu as à manger ? Tu fais un peu d'agriculture : cela pousse tout seul. Un peu de pêche : il y a des poissons à foison… Tu vas donc travailler quand tu en as envie, quand tu as besoin d'un peu d'argent, quand tu souhaites améliorer un peu ton quotidien, mais tu n'as pas beaucoup de besoins… Et la famille passe avant tout, avant le travail.

La notion d'horaire ou celle de congés, le stress, le rendement, prévenir parce que tu ne peux pas venir, s'excuser, tout cela est très « français ». Les Polynésiens ont une éducation et une culture très différentes des nôtres, et il faut faire avec. Alexandre s'en accommode, il n'a pas trop le choix. Mais il avoue que, parfois, c'est compliqué…

C'est déjà mon dernier jour, je vais lui dire au revoir, le remercier. Il m'interroge :

— Tu étais où hier ? Je voulais t'inviter à dîner ! On t'a cherchée partout !

— Vers quelle heure ?

— Vers 19 heures.

— Sur la plage, comme tous les soirs, en train de regarder le coucher de soleil.

Il me regarde, comme pour me dire : « Mince ! Bien sûr, j'aurais dû le deviner ! Le moment préféré du voyageur ! »

Il est temps pour moi de rejoindre Rangiroa, non sans émotion. Je loge au Rangiroa Lodge qui fait office à la fois de snack, de guesthouse et de camping. Il est tenu par Léa et Loïc, un couple calédo-polynésien.

J'y fais la connaissance d'une grande baroudeuse, Cathy, une femme d'une quarantaine d'années, la joie de vivre, super nature. Elle a adoré cette île, les gens d'ici, et a décidé d'y revenir. C'est un bonheur de discuter avec elle.

J'apprends qu'il est possible de voir sauter les dauphins depuis la plage, à la passe de Tiputa. Après un essai infructueux, je me régale du spectacle d'un dauphin et de son bébé sautant et jouant dans les vagues ! Waw ! Le lendemain, je décide d'aller les voir de plus près. J'ai réservé une session snorkeling avec un centre de plongée et je me retrouve avec un couple de Français et notre instructeur sur un zodiac. Je saute. La mer est agitée et je ne me sens pas bien. J'ai le mal de mer rien qu'à observer à la surface la mère et son bébé. Magique. Je les ai vus et c'est le principal, mais j'avoue être contente de remettre un pied à terre ! Moi qui avais l'intention de faire la traversée du Pacifique… Mon amie Cathy rit de moi :

— Si tu as déjà le mal de mer comme cela, dans l'eau, juste en regardant les dauphins, oublie la traversée du Pacifique !

Elle a raison. J'ai bien compris : le bateau, ce n'est pas pour moi…

L'instructeur de la plongée du jour a vu à vingt-cinq mètres de profondeur une quinzaine de raies léopards, mais il est néanmoins déçu : il n'a pas vu de requin-marteau. Je rigole. Comment cela peut-il être décevant, franchement ? Mais, oui, les fonds marins en Polynésie sont tellement poissonneux qu'il s'attendait à mieux… Surtout ici : Rangiroa et Fakarava, c'est le top du top des spots. Mondialement connus et reconnus. Alors, forcément, les plongeurs y sont très exigeants.

Depuis plusieurs vols, je croise l'auteur du célèbre guide de voyage *Lonely Planet Polynésie*. Sur les îles, tout le monde sait qui il est, tout le monde parle de lui. D'autant qu'il est en train de préparer la nouvelle édition du guide. Je l'avais déjà croisé dans l'avion pour Tikehau, nous sommes dans le même avion vers Fakarava. Je cherche ici un hébergement quand M. Lonely Planet m'interpelle :

— On n'arrête pas de se croiser ! Cela tombe bien que tu sois là, on va pouvoir discuter voyage…

— Bonjour, ce sera avec grand plaisir !

Tout cela se passe sous les yeux du gérant d'hôtel qui vient de m'éconduire. Bien sûr, témoin de ma rencontre avec M. Lonely Planet, il se ravise soudain :

— Mais bien sûr que tu peux venir… Je ne savais pas que tu avais ta propre tente, il fallait me le dire !

Indésirable quelques minutes auparavant, je vois le tapis rouge se dérouler devant moi. Ridicule !

J'ai la chance d'échanger avec une personne dont le métier me fait quelque peu rêver : être payée pour voyager pour l'un des guides les plus influents du monde, c'est tentant… J'ai envie de savoir en quoi consiste son métier, comment cela se passe, comment il travaille. Je discute donc avec M. Lonely Planet Polynésie. Je comprends que son travail est considérable et, pour tout dire, impressionnant. Sur une période assez courte, il doit mettre le guide à jour, et cela régulièrement. Il n'a bien sûr pas le temps de tout voir.

Il discute alors avec tous les touristes pour leur demander leurs opinions sur les pensions et les hôtels, leurs ressentis. Il ne se contente pas de son seul et unique avis. De même, les commentaires qu'il écrit reposent sur la réalité. Les mots qu'il emploie correspondent parfaitement à ce que nous avons face à nous. Par exemple, « cabane » est un mot totalement différent de « bungalow ». Entre les deux substantifs, un standing d'écart : la cabane est plus rustique. Jusque-là, je n'avais jamais prêté attention aux termes, aux mots et au vocabulaire employés dans les guides de voyage, mais je m'aperçois soudain que la rédaction des bonnes adresses est très pertinente.

Les adresses qui ne conviennent pas à la définition d'un standing plutôt « touristes de classe moyenne » en vacances ne sont pas incluses dans le guide. Par exemple, la pension Rangiroa Lodge dans laquelle j'avais séjourné n'y figure pas : elle est considérée comme plus « routarde ». Quant aux adresses décevantes, elles en sont tout autant exclues. Je trouve alors le travail de M. Lonely Planet assez remarquable.

Cet homme me pose beaucoup de questions sur mon voyage et sur les établissements que j'ai fréquentés. Mais sa grande question est néanmoins :

— Que fais-tu de tes journées si tu ne fais pas de plongée ?

Lui-même est un spécialiste, un passionné de la plongée. Certes, j'aurais aimé plonger, mais je n'ai pas le budget adéquat et je préfère explorer les îles au gré des rencontres. Je profite, je prends le temps de discuter avec les gens, les locaux…

Je réalise soudain quelle chance j'ai de bénéficier de tout ce temps. Lui n'a pas le temps, il court, tout doit être parfaitement programmé. Il ne peut pas se laisser aller à l'imprévu, aux rencontres… Je prends conscience que son métier ne me fait pas rêver. Il est, certes, dans des endroits paradisiaques, la plongée est sa passion, il se fait plaisir. Mais l'essentiel à mes yeux – aller à la rencontre des hommes, apprendre d'autres cultures –, il n'a pas le temps de s'y consacrer. Nos voyages, nos approches et nos attentes sont très différents. Il pense que je m'ennuie, qu'il n'y a rien à voir dans les îles. Mais pas du tout : je ne m'ennuie jamais…

M. Lonely Planet me donne quelques conseils pour les autres îles. Et il me pose cette autre question très intéressante :

— J'ai entendu dire que, vous, les femmes qui voyagez seules, vous développez un sixième sens. Qu'est-ce que tu en penses ? Est-ce vrai ?

— Oui, je pense que nous développons certaines facultés. Nous sommes en effet beaucoup plus dans l'observation et l'intuition. Nous sommes toutes seules, nous devons donc redoubler de vigilance, même si je n'ai jamais vraiment fait de mauvaises rencontres. Je pense que j'ai une bonne étoile. Je fais attention. Je dois discerner très vite si une situation est potentiellement dangereuse. Je dois rapidement décoder ce qu'un visage, un faciès, un regard veulent dire. Surtout quand je fais du stop. Je dois comprendre l'intention de la personne face à moi. Je dois faire confiance aux autres et me faire confiance à moi : je suis face à mes choix, je ne peux compter que sur moi. C'est à la fois une liberté – je fais ce que je veux –, mais aussi une grande fatigue d'être face à soi-même. C'est d'ailleurs devenu presque une habitude de regarder tout ce qui m'entoure, y compris les gens. J'aime vraiment prendre le temps d'observer. Et ensuite, je suis beaucoup mon intuition, ma première impression.

Nous discutons également de ce qui nous manque le plus en voyage. Pour lui, c'est de porter de beaux vêtements et non toujours les mêmes, comme nous le faisons en voyage.

Moi, c'est un canapé. Sincèrement ? Un canapé ? Il est étonné. Cela peut paraître stupide, mais m'affaler dans un canapé, c'est vraiment ce qui me manque. C'est un petit confort qui est très rarement présent en Asie et dans le Pacifique.

À la suite de ces discussions très intéressantes avec M. Lonely Planet, je visite Fakarava. Alors, certes, je ne fais pas de plongée. Mais je profite seule d'une très belle plage de sable fin bordée de cocotiers. J'échange avec les vieux du village, je contemple les nombreux requins le long du rivage, je profite des piscines naturelles taillées dans d'anciens récifs coralliens. C'est mon voyage à moi.

CHAPITRE 37

LES MARQUISES EN TOUTE NOBLESSE

Il est temps pour moi de réaliser un rêve et de rejoindre les Marquises. Je souhaite comprendre pourquoi Gauguin et Brel y ont séjourné, passé quelques années, et pourquoi ces artistes s'y sont perdus… Je suis tout excitée à l'idée de découvrir enfin ces îles du bout du monde dont tout le monde me parle.

J'arrive à Hiva Oa avec l'idée de planter ma tente quelque part ou de loger chez l'habitant : les pensions, ici, sont bien trop chères pour moi. Mais d'abord, je veux marcher vers la ville pour apprécier la nature. Au premier virage, une voiture s'arrête. Deux hommes sont à bord : François – un prêtre – et son gendre.

— Tu vas où ?

— Je vais en ville, je cherche un endroit où poser mon sac et dormir pour pas cher.

— Allez, monte : on t'emmène.

Ils m'ont prise pour une Américaine. À leurs yeux, je n'ai pas trop le style ni le comportement d'une Française. Partir à pied comme cela, apparemment, ça fait américaine.

Pour dire vrai, ce n'est pas la première fois qu'on fait la confusion. Une fois, on m'a même dit « tu as un petit accent quand tu parles français ». Après trois ans de voyage, j'ai peut-être bien pris certaines habitudes de langage. J'utilise souvent des anglicismes… Et je suis certainement un peu trop bronzée pour une Normande !

D'après eux, il y a des maisons disponibles dans le centre du village, mais elles sont fermées. Nous sommes dimanche. François me lance :

— Je vais demander à ma fille si elle peut t'héberger.

Sa fille est très heureuse de me venir en aide, elle m'accueille très chaleureusement. Cette femme est un phénomène. Toujours la pêche, le sourire. Je découvre son amour pour la danse, l'église, les télénovelas… et la nourriture. Chez elle, nous mangeons toutes les deux heures… À défaut d'avoir trouvé du travail dans sa branche – elle a une formation de secrétaire –, elle est poissonnière à Hiva Oa. Alors je descends au village vendre quelques poissons avec elle. Elle est si contente et si fière de me montrer son métier.

Elle aime danser et m'invite aux répétitions du Heiva, l'événement de l'année, la célèbre fête traditionnelle qui a lieu en juillet. Tous les soirs, les femmes du village se réunissent sur le terrain de basketball pour répéter avec application et apprendre les chorégraphies. Elles se déhanchent avec grâce et facilité.

Elle m'emmène également à la messe. Moi qui ne mets jamais les pieds à l'église, je ne peux pourtant pas refuser l'invitation. Je ne le regrette pas : c'est beau à voir. Les femmes sont apprêtées, elles ont revêtu leurs plus beaux habits, leurs chapeaux. Entre lectures et chants bibliques, c'est aussi un beau moment culturel, convivial, festif, que je partage avec mon hôte dans la joie et la bonne humeur. Entre nous, je dois avouer que la messe en marquisien, je n'y comprends absolument rien. Mais chut !

Elle est tellement contente de me présenter son frère... Je ne suis pas dupe : elle aimerait bien que je devienne sa belle-sœur. C'est un homme timide, calme. Les Marquisiens sont un peu différents des Tahitiens. Ils sont beaucoup plus timides, réservés. Beaucoup plus proches de la nature, aussi.

Il m'ouvre les yeux sur la difficulté de la recherche de l'âme sœur dans les îles lorsque je lui demande s'il a une petite amie :

— Non, ici, c'est difficile. Tout le monde est déjà marié et toutes les femmes, ici, sont mes cousines... Trouver une femme est très compliqué. Notre seul espoir, c'est de rencontrer une étrangère. Mais nous sommes bien conscients que notre façon de vivre est très différente de la vôtre et ne vous fait pas rêver du tout. Et j'aime trop mon île pour pouvoir la quitter...

Après cette discussion, je réalise la chance que j'ai de pouvoir rencontrer des hommes. Ma recherche de l'âme sœur n'est certes pas couronnée de succès, mais j'ai conscience que je n'ai pas de quoi me plaindre. Et je comprends un peu mieux pourquoi les Tahitiens venaient souvent vers moi tenter leur chance.

Je découvre cette île. Elle est sublime : ces pics, ces roches noires, ces plages, ces galets, ces nuages, cette brume dans les montagnes, cette lumière naturelle incroyable, ces tikis et ces vestiges de villages tout en pierre en font un endroit fascinant... J'ai l'impression de jouer les Indiana Jones dans ces ruines recouvertes par la nature...

Je voulais savoir pourquoi Gauguin et Brel sont venus se perdre ici, et je comprends peu à peu que la tranquillité du lieu, cette lumière parfaite pour la photo, ces couleurs et cet endroit sont sauvages, mystiques, uniques, un peu comme ces Marquisiens indomptables. Ils ont une vraie identité, une vraie appartenance à leur terre. Ils ne peuvent pas partir. Ce qui les retient est trop fort. Les Marquisiens sont soit pêcheurs, soit agriculteurs, mais un peu tous artistes à leurs heures : danseurs, tatoueurs, sculpteurs, musiciens… Être artiste, ici, est normal, banal. C'est un moyen d'expression, d'évasion, un moyen de gagner sa vie. On ne te juge pas, on t'encourage à pratiquer ton art…

Je comprends mieux pourquoi ces deux hommes ont été inspirés puis aspirés par cet endroit si particulier, cette atmosphère indescriptible.

C'est déjà le moment de partir, je dis au revoir à François et à sa fille qui m'ont si bien accueillie et je prends l'avion direction Nuku Hiva. L'aéroport est loin de la ville et l'on me conseille de m'adresser à une vendeuse de sandwichs et de souvenirs pour lui demander si elle peut m'y emmener :

— Oui, pas de soucis… Je range un peu et j'arrive.

Je connais Rosine depuis à peine cinq minutes qu'elle me raconte déjà qu'elle s'est fâchée contre son neveu qui lui a manqué de respect… Je ne sais pas trop quoi dire. Je l'écoute. Elle a visiblement besoin de parler. Puis elle passe aux questions :

— Tu fais quoi, toi, ici ? Dans la vie ?

— Moi, cela fait trois ans que je voyage et j'ai envie de voir les Marquises.

— Waw ! Moi aussi, j'y ai pensé. J'aimerais voyager, mais je ne peux pas quitter mon île… J'aime trop mon île… Au fait, tu dors où ?

— Je ne sais pas…

— Je t'invite, alors, tu es la bienvenue chez moi.

— Vraiment ? Merci… Merci beaucoup.

Cette femme a un visage long qui me fait penser à celui des Péruviennes ou des Latinos… Elle porte un énorme collier qu'elle a confectionné avec deux énormes dents de cochon. Un collier digne d'une guerrière. Le genre de bijou traditionnel imposant que tu achètes en souvenir pour mettre sur ton mur ou que les hommes portent lors des spectacles de danses traditionnelles. Elle porte des tatouages : ses « protections », comme elle dit. Elle est impressionnante, tu n'as pas envie de la contredire. Au premier abord, elle fait un peu peur. Mais elle a un grand cœur.

Évidemment, c'est une artiste. Elle sculpte comme personne, ses œuvres sont magnifiques. Elle taille le bois, la pierre, les os. J'aimerais pouvoir lui acheter un tiki (totem), mais c'est malheureusement un peu trop encombrant. Elle est la première femme sculpteuse que je rencontre. Elle m'explique que son inspiration vient toute seule, qu'elle a appris seule, que c'est naturel pour elle.

Elle vit seule dans la maison familiale, ses parents sont décédés. Son père, me raconte-t-elle, a été un grand guérisseur. Toute l'île venait le consulter pour ses talents… Elle m'explique qu'elle ne peut pas entrer dans la chambre de ses parents : elle y ressent des choses, fait des cauchemars. Et que son père lui a transmis ses dons de guérisseur… Elle m'affirme aussi être la descendante de la princesse d'Aakapa, le village juste à côté, et qu'elle a du sang royal et des terres là-bas. Je l'écoute et je la crois : pourquoi me mentirait-elle ? Et si elle invente tout cela, elle a beaucoup d'imagination. En fait, peu importe le vrai et le faux : le personnage est toute une histoire à elle seule, et j'adore l'écouter.

Je retombe nez à nez avec André, un Breton retraité que j'ai déjà croisé à Hiva Oa. Il fait un tour du monde en bateau avec son frère, Jean, et un de ses amis. Ils ont loué un 4x4 pour faire le tour de l'île. Il leur reste une place et ils me proposent de me joindre à eux.

C'est un peu l'aventure et, pour trouver les routes, enfin les chemins, c'est souvent un peu compliqué… Mais là encore, les paysages et les plages sont sublimes ; les lumières et les couleurs incroyables. Et je me pâme devant cette vue sur les aiguilles, les pics d'Aakapa. Ces formations sont vraiment impressionnantes.

Les deux frères sont plutôt réservés, mais leur ami, le bavard, n'arrête pas de me poser des questions, des questions très orientées sur mon voyage, sur les raisons de celui-ci. J'ai deviné sa profession : il est psychanalyste et, de toute évidence, mon cas l'intéresse. J'en ai confirmation lorsque Jean lance :

— Arrête de lui poser autant de questions, de lui faire sa psychanalyse, on est en vacances !

Cela ne me dérange pas de répondre. Forcément, à trop vouloir savoir la raison de mon départ, j'en viens à lui parler de mes problèmes de santé. Il connaît un peu, il est impressionné par mon parcours, mon aventure. Il formule un « diagnostic » :

— Toi, la maladie t'a rencontrée et tu vas à la rencontre des gens pour l'oublier, la défier…

Je trouve cela tellement bien formulé… Tellement beau… Cela résume bien l'idée de ce voyage.

Je passe une excellente journée et une super soirée en leur compagnie. En les quittant, je leur confie :

— Il y a des rencontres qu'on n'oublie pas. Pourquoi je vous ai rencontrés ? Je ne sais pas. Mais peut-être tout simplement pour que je traverse le Pacifique et puisse me dire : « Un jour, j'ai rencontré ces trois marins aux Marquises, ils venaient de traverser le Pacifique. Leur enthousiasme et leur amour de l'océan m'ont juste donné envie de faire cette traversée et je l'ai réalisée. »

Oui, même si j'ai le mal de mer, revenir aux Marquises en traversant le Pacifique me fait de nouveau envie.

Eux m'encouragent à écrire :

— Si tu écris ton voyage comme tu nous le racontes, me dit André, je lirai forcément ton livre. J'ai déjà hâte de le lire parce que je ne doute pas que tu vas l'écrire.

Tout le monde, d'ailleurs, me pousse à écrire, ici, en Polynésie… Et j'y songe de plus en plus.

Je les quitte, il est temps de retrouver Rosine.

Elle a depuis peu découvert la religion mormone et y a trouvé la paix. Elle est heureuse. Le jour de mon départ, elle me demande :

— Est-ce que tu es croyante ?

— Euh non, je cherche juste à être heureuse, et le voyage me rend heureuse.

Elle me fait alors lire un passage de la Bible sur la foi. Je n'ai pas trop le choix. Les lignes sont plutôt bien choisies, expliquant que nous croyons tous en quelque chose, que nous avons tous la foi en quelque chose.

Elle ajoute :

— Violette, tu es croyante ! Tu as la foi ! *(Je me dis : « Mais qu'est-ce qu'elle va me raconter encore ? »)* Violette, tu as foi en ton voyage. Tu fais tout pour réaliser ce voyage ; en cela, tu es croyante. Tu sais pourquoi je t'ai prise en stop ? C'est parce que tu es une artiste, je l'ai su dès que je t'ai vue.

Je suis un peu étonnée, mais elle continue.

— Qu'est-ce que tu aimes faire ?

— Euh… J'écris et je prends des photos, j'aime la photographie. Mais bon… C'est juste un passe-temps.

— C'est ça, Violette, tu es et tu vas devenir photographe !

Elle s'arrête alors et son visage s'illumine d'un sourire éclatant.

Je ne m'attendais pas à ce discours, je suis très surprise. Cette femme est tellement différente des autres dans ce monde… Je ne crois pas vraiment ce qu'elle dit, mais cela me laisse à réfléchir. Pourquoi pas, après tout ? Oui, peut-être que je suis un peu artiste, photographe… Là où, en France, je me dirais « Non, l'art, ce n'est pas pour moi », ici, aux Marquises, tout est possible. En France, est considéré comme artiste celui qui tire des revenus de son art, et non celui qui est passionné, qui aime créer, qui aime juste ce qu'il fait. L'art est-il réservé à une certaine élite ?

Je garde ces quelques mots en tête et, quelque part, cela me poussera dans cette voie, à montrer mes photos, à écrire. Et peut-être que oui, tout simplement, si le voyage est un art, ce long et beau voyage est ma plus belle œuvre et fait de moi, quelque peu, une artiste…

Alors pourquoi ces artistes, Gauguin et Brel, sont-ils venus ? Certainement pour la tranquillité, pour cette inspiration, cette lumière, cette atmosphère, pour être entourés de ces Marquisiens tous un peu artistes à leurs heures, qui ne jugent pas mais au contraire t'encouragent dans cette voie… Je crois que j'ai mes réponses. Je m'aperçois qu'après trois ans de voyage, j'ai tout vécu, et qu'après une telle rencontre au fin fond du bout du monde, je souhaite juste finir ce voyage, ici, à Nuku Hiva, aux Marquises. Et commencer réellement à écrire, montrer et partager cette aventure.

CHAPITRE 38

AU REVOIR MAUPITI

Ai-je encore la tête en Polynésie ou mon départ des Marquises a-t-il définitivement mis un terme dans mon cœur à mon très long voyage ? Un peu des deux, sans doute. Mes dernières escapades prennent des allures de cours de rattrapage, de session de révision, voire de tournée d'adieu dans les îles de la Société. De retour à Tahiti, je file immédiatement à Moorea que je n'avais pas vraiment pris le temps de visiter. Quarante-cinq minutes de bateau suffisent pour débarquer sur cette île sublime… Je m'y installe dans la guesthouse la moins chère de l'île, la pension Motu Iti. J'y rencontre beaucoup de voyageurs et de routards. Je retrouve cette ambiance backpacker qui m'a tant manqué. Cela fait du bien. J'aime cette atmosphère.

Ici, j'adore me lever face à la mer, faire un tour de kayak dans cette eau turquoise avec en arrière-plan ces pics verts. Je me régale à aller voir les requins, les raies en face de l'hôtel Les Tipaniers… Et, le soir, à retrouver sur le ponton de notre guesthouse les autres clients voyageurs. Nous nous regroupons, buvons quelques bières et dégustons du thon cru fraîchement acheté en bord de route. Nous nous racontons nos histoires face à l'océan tout en regardant le coucher de soleil, puis, naturellement, nous nous arrêtons de parler et nous nous allongeons pour observer les étoiles. Quel bonheur ! Un magnifique souvenir !

Je décide de finir mon séjour en Polynésie à Maupiti, pour me reposer et y célébrer mon anniversaire. On m'a tellement parlé de cette île. En l'approchant en avion, je découvre son lagon, sublime, aux eaux transparentes. Je comprends déjà pourquoi cette île est la préférée de nombreuses personnes que j'ai rencontrées.

J'ai en poche une adresse qu'une amie m'a conseillée. En réservant, je pensais bien me retrouver à dormir dans un bungalow face à la plage, au calme… En fait, Chez Manu est une pension dans le village. Je me retrouve donc chez une famille de pêcheurs-agriculteurs, chez l'habitant. Chez Manu, quoi…

Pourquoi pas ? Le fils de Manu et son cousin viennent me chercher, et je fais vite la connaissance du reste de la famille. Encore une fois, je suis accueillie par ces Polynésiens comme si je faisais partie de la famille depuis ma naissance, avec une extrême gentillesse.

Le lagon de Maupiti est extraordinaire, le plus beau certainement de ceux que j'ai vus en Polynésie. Le sable est si blanc, l'eau si transparente. Je vois des raies manta, mes poissons préférés, danser sous l'eau. Je suis aux anges. À marée basse, il est possible de traverser le lagon à pied pour rejoindre une autre île, plus sauvage. Il y a peu de touristes, il n'est pas rare de croiser à nouveau des raies. C'est un petit paradis. Un joli bout du monde.

Je recroise par hasard Ludovic, un des routards rencontrés à Moorea. Il vient d'arriver ici avec sa sœur et ses parents. Nous allons boire une bière tous ensemble. Ses parents et sa sœur n'en reviennent pas :

— Cela fait trois ans et demi que tu n'es pas rentrée en France ? Que tu n'as pas vu ton frère ? Ça fait deux ans que tu n'as pas revu ta sœur ? Un an que tu n'as pas vu tes parents ?
— Oui, je sais, mais ça y est : j'ai décidé de rentrer. Il est temps pour moi de m'arrêter, de partager et d'écrire cette aventure… J'ai tout vécu dans ce voyage… C'était extraordinaire.

Ce 23 juillet 2015 est le jour de mon anniversaire. Je passe une magnifique journée, totalement imprévue, en bonne compagnie.

Je termine cette merveilleuse aventure sur un beau moment.

CHAPITRE 39

ÉTAPE FRANÇAISE

« Restez active… » Il y a maintenant plusieurs années qu'un médecin spécialiste parisien a transformé ce conseil somme toute banal en prescription de traitement pour la maladie dont il venait d'être le premier à me donner le nom. « Restez active… » Il me semble que, ces derniers temps, je le suis restée, et de manière soutenue.

Partie le 8 mai 2012 de Saint-Pétersbourg, j'ai voyagé à travers la Russie, la Mongolie, la Chine, le Népal, l'Inde, le Sri Lanka, la Birmanie, la Thaïlande, le Laos, le Vietnam, le Cambodge, les Philippines, la Malaisie, l'Indonésie, l'Australie, les Fidji, les Samoa, le Vanuatu, la Nouvelle-Calédonie, les îles Cook, la Nouvelle-Zélande, pour finir par un long périple en Polynésie française, dans les îles de la Société, les Tuamotu et les Marquises.

Je pensais partir un an, ce qui était déjà assez ambitieux – certains diraient hasardeux – compte tenu de mon manque d'expérience et de mon état de santé. Partie d'Europe, j'ai finalement traversé l'Asie, l'Océanie et les îles du Pacifique. Trois ans et demi jusqu'à mon retour en métropole, chez moi, pendant lesquels je suis restée pour le moins active. J'ai même travaillé pour gagner le droit de continuer mon parcours, en qualité de femme de ménage, d'employée de supermarché, de briseuse de coquilles de nacre ou de réceptionniste de nuit dans un palace.

J'ai eu la chance – ou peut-être l'ai-je gagnée – de ne pas avoir eu trop de soucis de santé, sauf en Nouvelle-Zélande, où le froid a été difficile à gérer. J'y suis restée trois semaines avant de retourner au chaud. Bien sûr, j'ai eu mal pendant ces trois ans et demi. J'ai toujours mal. Bien sûr, la maladie s'est toujours fait sentir. Elle a été omniprésente.

Mais je suis arrivée à un stade où les douleurs sont tellement habituelles, tellement ordinaires, récurrentes, que je ne dois plus, que je ne peux plus, y accorder une attention démesurée. Ce que vivent les personnes atteintes de fibromyalgie repousse le seuil de la douleur à un niveau que ne connaissent pas les autres. Personnellement, je ne me demande jamais si je vais bien. La question n'a pas d'intérêt. Je vis chaque jour, chaque heure, chaque moment. Ai-je d'autre choix ?

Je n'ai pas forcément informé mes compagnons de route de ma maladie, de mon handicap invisible. Parfois, lorsque je les croisais pour un ou deux jours, ils n'en ont pas été conscients. Tant mieux car, souvent, cela change le regard de l'autre. Je ne m'apitoie pas sur mon sort, ce n'est pas mon truc. Et je dois dire que, moi-même, j'en ai été « distraite » par ce que je voyais d'extraordinaire, par les rencontres exceptionnelles que je faisais, par les agréables odeurs qui me séduisaient, par les étonnantes saveurs que je découvrais, par les douces ou entraînantes sonorités qui emplissaient mes oreilles. L'émerveillement est source de bonne santé.

À l'approche de la France, je regarde par le hublot de l'avion. La tour Eiffel y apparaît. L'impression est si étrange. Elle semble m'accueillir après m'avoir attendue tout ce temps.

Mes battements de cœur s'accélèrent. Cette vision est… comment dire ? Top. Je ne pouvais pas rêver mieux. C'est un moment très émouvant.

Mes premiers pas sur le territoire, dans l'aéroport, le sont moins. Je n'ai pas un euro en poche et ma carte bancaire refuse de fonctionner. Je devais initialement prendre le taxi. Ce sont finalement des voyageurs qui me ramènent sur Paris, jusqu'à mon lieu de retrouvailles avec mon amie Lucie. Ça fait du bien de la voir. Ça fait du bien de retrouver bientôt mes parents, mon frère et ma sœur en Normandie aussi. Nous avons tant à nous raconter, tant à partager.

Je viens de passer trois ans en tongs, et je dois désormais réapprendre à mettre des chaussettes, me réhabituer aux chaussures fermées. Je redécouvre les boulangeries, leurs plaisirs sucrés et le pain bien de chez nous. Mon régime alimentaire était bien différent ces dernières années… J'ai l'impression de tourner un remake d'*Un Indien dans la ville*. Je suis un peu déconnectée.

Un mois après mon retour en France, me voici à Lyon, employée d'une agence de voyages. Car il faut bien travailler pour gagner ma vie et financer les nouveaux voyages que j'imagine déjà. C'est une déception, cela ne me plaît pas. D'abord, l'ambiance est plus que morose en France après les attentats du 13 novembre au Bataclan et des terrasses parisiennes : les clients ne se massent pas en foule dans l'agence. Je m'y ennuie. Et puis, je pensais sans doute un peu naïvement que j'allais y vendre du rêve. J'avais oublié l'aspect commercial : je ne suis pas une bonne vendeuse, et vendre est un métier.

Je suis logée dans une auberge de jeunesse dont je suis l'une des premières clientes. Je quitte mon boulot à l'agence de voyages pour devenir l'une des premières employées de l'établissement. L'entreprise en est à ses débuts et manque encore de personnel : le travail est harassant, mais j'y reste sept mois. C'est – je l'ai compris – la durée maximale d'un cycle de travail pour moi, six à sept mois, compte tenu de mes difficultés physiques. Sept mois, donc, à préparer les chambres et à accueillir les clients… À faire un peu de tout, en fait, ce qui représente beaucoup.

J'essaye aussi de commencer à écrire mes « souvenirs » de mon long voyage, comme me l'ont conseillé bien des personnes, notamment en Polynésie. Et puis, je me méfie tout de même de mes pertes de mémoire dont la fibromyalgie est très probablement responsable. Ce n'est pas un symptôme rare de la maladie. Pour m'aider, mes photos sont des supports bien utiles.

Je songe aussi à la suite. Je ne compte pas m'arrêter en si bon chemin. Le monde est vaste et je veux rester active. Encore et toujours.

CHAPITRE 40

MON RÊVE AMÉRICAIN

Allez savoir pourquoi, j'ai dans la tête l'idée préconçue de traverser l'Amérique du Sud pour aller m'installer en Amérique centrale. J'en suis (presque) convaincue. L'Amérique latine, c'est fait pour moi. Au point que, lorsque je monte dans l'avion, le 6 décembre 2016, j'éprouve le sentiment que je ne reviendrai pas en France. C'est une sorte d'aller sans retour auquel je me suis préparée.

À Buenos Aires, je rejoins Alexandra qui est déjà sur place, en Argentine. Elle voudrait parcourir la Patagonie en stop et a posté une annonce sur une page Facebook de voyage pour trouver un compagnon de route. Nous avons échangé par mail, discuté sur Messenger et nous sommes tombées d'accord. Nous réaliserons ce trip ensemble.

C'est donc à Buenos Aires que nous faisons connaissance « physiquement ». Le premier contact est excellent. Nous sommes impatientes de partir sur la route.

Je ne parle pas un mot d'espagnol – j'en ai fait en tout et pour tout un an en option au lycée –, et cela va se révéler un peu compliqué. La prononciation locale ne m'aide d'ailleurs pas. Elle est assez particulière. En Argentine, les « y » et les « ll », par exemple, se prononcent « ch »… Heureusement, Alex est plus avertie que moi en ce domaine : elle parle et comprend bien l'espagnol. Le premier mot que j'apprends n'est en fait pas très engageant : *peligro*, danger…

Dès ma première journée dans le pays, je suis un peu choquée par les grilles et les grillages sur les devantures des magasins dans la ville. Nous sommes en chemin vers La Boca, un quartier ouvrier proche du centre de Buenos Aires, situé près du port. C'est un *barrio* incontournable lors de toute visite de la capitale. On vient y admirer les façades colorées des maisons et apprécier le rythme de vie animé. Des gendarmes nous remarquent et nous demandent ce que nous faisons là. Ils nous mettent immédiatement en garde :

— *PELIGRO !*

Nous changeons d'itinéraire pour rejoindre La Boca. Des restaurants et des artistes de rue y entourent Caminito, une ruelle bordée de maisons en tôle aux couleurs vives où l'on peut facilement tomber sur des shows de tango. Nous prenons en photo une vieille voiture – je suis fan : mon père possède une vieille C4 – avec nos téléphones. Je n'ai pas osé sortir mon appareil photo de mon petit sac à dos, pour suivre les conseils des policiers. Nous sommes alors à peine à vingt mètres de la rue principale et un cycliste local nous interpelle. Un mot lui suffit :

— *PELIGRO !*

Purée, on est à vingt mètres de la rue ! Je commence à comprendre que si je ne peux pas marcher où je veux ni prendre de photos, même avec un simple téléphone, cela s'annonce un voyage bien différent du précédent. En tout cas, cela me met dans le bain…

Nous restons quelques jours à Buenos Aires : *assado*, fiesta et tango sont de mise. Et finalement, nous prenons un train pour sortir de la ville et commencer notre périple. Alexandra n'avait aucune envie de faire du stop seule. Moi non plus. C'est d'ailleurs l'une des raisons qui nous ont conduites à former ce duo. Le fameux *peligro* n'est pas loin, il est sous-entendu quand un local nous conseille fermement de prendre des camions, par sécurité. Apparemment, cela se fait couramment ici, et c'est plus sûr.

Dire que notre première tentative est un grand succès serait exagéré. Nous patientons. Un camion s'arrête et Alexandra prend la décision de taper à sa vitre : il accepte de nous avancer un peu. Alexandro sera notre premier conducteur. Chose assez rare en Amérique du Sud, il écoute Offspring, un groupe de punk rock américain, et nous dépose tout près d'un camping où nous passons la nuit.

Le lendemain, direction la première station-service. Nous tombons sur Condorito, un surnom en référence à son nez crochu. Il a la cinquantaine, il est macho, un brin têtu, un brin xénophobe à l'égard des Chiliens, un brin maniaque. Il nous explique pendant des heures comment il a ficelé son chargement : mieux que ses collègues, bien sûr. Mais il nous lance un « Vamos chicas ! », et c'est tout ce qui compte. En roulant, il écoute en permanence une chaîne de radio probablement équivalente à Rire & Chansons. Les blagues et les histoires drôles qui l'amusent, nous n'y comprenons rien, ni Alexandra ni moi.

Prendre des camions est sans doute plus sûr mais cela allonge considérablement le temps passé sur la route. Nous roulons au grand maximum à quatre-vingts kilomètres heure. C'est long, très long. D'autant que les paysages qui défilent présentent peu de variétés. Condorito, lui, fait ce trajet Río Grande-Buenos Aires toutes les semaines et trouve cela génial. Nous, nous ne rêvons que d'une chose : être arrivées. Le trajet avec lui dure deux jours, entrecoupés par une nuit sous la tente, sur le seul banc d'herbe de l'aire d'autoroute – un emplacement que notre ami, qui veille sur nous, nous impose – à dix mètres de son poids lourd. La vue « magnifique » sur la chaussée et la lumière des néons qui nous éclairent rendent cette nuit… mémorable.

Nous arriverons enfin à Puerto Madryn pour aller à la péninsule Valdés, célèbre pour ses pingouins, ses *lobos marinos* – en français, lions marins, otaries à crinière ou otaries de Patagonie, au choix – et ses orques. Enfin, ses orques, nous ne comptons pas trop dessus. Notre accompagnateur nous a bien mises en garde : nous n'en verrons pas, ce n'est pas la bonne saison… Nous nous installons au-dessus de cette plage très connue des photographes animaliers et de nature. Ici, ils shootent les orques qui chassent et dévorent des *lobos marinos* intrépides et inconscients se dorant la pilule sur le sable, trop près du bord de l'eau.

Nous surplombons donc la plage et, sans que nous nous y attendions, nous voyons soudain quatre lourdes silhouettes tracer leur sillage, au loin, à la droite de l'horizon. Je suis tout émue… Des baleines ? Waouh ! Non, nous découvrons des taches blanches sur leur corps. Alex et moi devenons comme des dingues ! Les orques sont trop éloignées de moi pour que je les prenne en photo, elles ne font que passer, mais peu importe. L'image reste gravée dans mes yeux, dans ma tête. Je suis ébahie de les voir traverser l'océan face à cette plage. Je n'en perds pas une miette. Nous restons bouche bée. Nous nous y attendions tellement peu : c'est inespéré. Et véritablement magique.

CHAPITRE 41

TRANSPORTÉE D'ÉMOTIONS

Sergio fume clope sur clope, boit maté sur maté, assaisonné chacun de trois cuillerées à soupe de sucre. Pour préparer son maté – une infusion de feuilles de yerba mate, une espèce amazonienne proche du houx –, il a installé une bonbonne de gaz à côté de lui. Cela n'a rien de rassurant, mais bon, c'est assez fréquent en Argentine… Je précise que Sergio est au volant : il conduit en direction d'Ushuaia et a accepté de nous prendre pour passagères alors que nous faisions du stop.

Sa musique à lui, c'est la cumbia. Alors nous dansons et chantons pour nous occuper. Je suis certes patiente, mais rester assise toute la journée dans un poids lourd, c'est long, ennuyeux, pénible et douloureux. Mais c'est toujours mieux que les frayeurs connues avec un autre chauffeur : lui n'avait plus de ceintures de sécurité à nous proposer, elles avaient disparu lors d'un accident qu'il avait eu, lié à sa vitesse excessive. Plutôt inquiétant… Sergio nous emmène plus sûrement et en rythme jusqu'à Río Gallegos.

Je prends un cours d'espagnol en passant par Esperanza. *Esperanza* signifie « espoir » : il en faut. Mais le nom contient *espera* qui veut dire « en attendant ». Et c'est effectivement le programme avant de se sortir de ce lieu, carrefour pour aller au Chili. Je pense qu'il est connu de tous les autostoppeurs qui ont voyagé en Amérique du Sud. L'endroit est balayé par de nombreux courants d'air, et on peut vraiment s'y retrouver bloqué pendant des heures alors qu'on n'a pas du tout, mais pas du tout, envie d'y rester. On n'y est jamais tout seul à faire du stop, et c'est la misère pour en repartir.

Nous, on a de la chance : être deux nanas, ça aide. Notre tactique, c'est d'avoir un panneau avec l'indication de notre destination, et de danser et chanter sur la route avec de larges sourires. Ça nous réchauffe, et ça marche pour rassurer les conducteurs. Ici, un bus nous prend même en stop – sans payer ! – devant quatre autres autostoppeurs. L'avantage d'être une femme, parfois…

Nous découvrons le Perito Moreno dans la région d'El Calafate et le Fitz Roy près d'El Chaltén, des merveilles : ces glaciers et leurs gros blocs qui se brisent et s'en détachent, c'est ce que j'aime dans la nature. Tu te poses, tu observes et tu n'es pas déçu : c'est du grand spectacle. Tout comme le trek W au Torres del Paine, totalement incroyable.

La Patagonie est vraiment magnifique. J'en ai encore confirmation en faisant un tour à Porvenir, au Parque Pinguino Rey, depuis Punta Arenas, pour me délecter du spectacle de sa colonie de manchots royaux, tantôt en train de faire leur toilette, tantôt en train de faire leur pipelette ou de se dandiner. Nous passons un long moment à les observer. Nous en profitons car le côté sauvage et authentiquement naturel qu'offre cette partie du monde est fou. Un moment assez unique dans une vie.

Le plus grisant, c'est lorsque la météo est mauvaise et que le sommet se dégage au dernier moment. Tu fournis un gros effort, tu es fatiguée, tu es déçue du peu de visibilité et, peu à peu, tous les détails se révèlent à toi un par un. Il y a quelque chose de magique, tu te sens comme un explorateur. Tu découvres l'endroit, sa beauté, sa magie. C'est le cas pour le Fitz Roy, et cela le sera aussi au Machu Picchu, au Pérou.

Moment d'inquiétude sur la Carretera Austral, au Chili. Notre chauffeur se prend pour un pilote de rallye, et son véhicule affiche d'ailleurs fièrement un autocollant du rallye-raid Paris-Dakar. Je suis placée devant, et je vois bien, à ma droite, le ravin, tout proche : je n'en mène pas large avec ce type qui se prend pour Stéphane Peterhansel.

Nous multiplions d'ailleurs les moyens de transport insolites. Forcément, nous nous retrouvons à l'arrière de pickups, mais également dans une bétaillère ! Nous sommes bloquées, ce jour-là, et lorsque nous voyons le *gaucho* arriver vers nous, on se dit qu'on n'a pas trop le choix : c'est ça ou on est obligées de camper là, où il n'y a rien de rien. Le type nous embarque donc, comme il le fait avec ses chevaux. C'est vrai que la Carretera Austral est magnifique. Mais la chaussée est très cabossée, et les parcours y sont fatigants. La route est dangereuse et, dans la bétaillère, il y a très peu de lumière, on ne voit rien, on essaye de se tenir comme on peut…

Dans ces cas-là, il vaut mieux éviter de réfléchir. Alors, pour nous occuper, nous jetons des coups d'œil par l'unique petite ouverture qui nous permet d'entrevoir le ciel – s'émerveiller pour trois fois rien, ça occupe –, et même le coucher de soleil. Ça fait du bien. Ça permet d'oublier un peu la poussière, le transport chaotique et la crainte de ne pas rester en vie très longtemps. Personnellement, après coup, je me dis que monter dans cette bétaillère était une très mauvaise idée en raison de mes problèmes de santé. Mais bon, il est trop tard, et le voyage, c'est également vivre l'aventure telle qu'elle s'offre à toi – c'est ce qui m'anime, je crois –, et c'est comme ça.

Plus improbable encore, sur cette même route, nous sommes prises en stop par… des policiers ! Oui, oui, dans leur voiture de police ! Alex a tenté le coup en pensant qu'il s'agissait de gardes-chasse, mais pas du tout. Qu'importe, d'ailleurs, puisqu'ils acceptent de nous prendre.

Nous voici tour à tour à Caleta Tortel – un magnifique village accroché aux falaises grises du golfe de Penas –, à Puerto Río Tranquilo – sur les rives du lac Carrera et ses sublimes *Capillas de Marmol*, ses chapelles de marbre –, sur l'île côtière de Chiloé, avec son pittoresque village sur pilotis…

Alex reste. Je repars seule sur la route. J'arrête le stop et prends désormais les bus, des bus de nuit…

J'adore San Pedro de Atacama, une petite ville oasis plantée dans le désert. Je pars marcher et m'évader avec mon appareil, en pleine nature. Évidemment, avec mon sens de l'orientation légendaire, je me perds et me retrouve sur un vague terrain – pour ne pas dire un terrain vague – où trône une voiture de police calcinée. Je pense que je suis alors dans une zone réservée aux entraînements militaires, mais je n'ai vu aucun panneau l'indiquant. Enfin, en fait, je les vois, maintenant… Qu'importe, j'apprécie cette balade. Je retrouve ma liberté, je peux profiter de cet environnement sans me soucier de rien. Seule, perdue en pleine nature, je me sens bien.

Lorsque je suis sortie du bus, des voyageurs m'ont proposé d'aller voir le coucher de soleil. Invitation acceptée, et je ne le regrette pas. À San Pedro, le désert est hérissé de pointes minérales blanches et le coucher de soleil les met particulièrement en valeur. C'est grandiose.

Au Chili, je me rends également sur l'île de Pâques et suis impressionnée par ses statues monumentales (moaï) de plusieurs tonnes édifiées par ses habitants entre les XIIIe et XVIe siècles. On ne sait toujours pas pourquoi – ni comment d'ailleurs –, et cela donne un côté très mystérieux à l'endroit. Comme d'habitude, je parcours l'île à pied et en stop pour mieux la découvrir.

Retour à la ville et à ses *peligros*. À Santiago du Chili, on tente de me faire le coup du « caca d'oiseau moutarde ». En clair, quelqu'un te balance de la moutarde couleur beige foncé sur ton sac. Une autre personne arrive très gentiment pour te signaler qu'une fiente d'oiseau t'est tombée dessus et se propose même de t'aider à te nettoyer. Pendant ce temps-là, un complice te dérobe ton sac… J'ai heureusement compris la supercherie à l'odeur de moutarde de la pseudo-fiente. Mais j'ai bien failli quand même me faire avoir. J'allais ce jour-là acheter un billet de bus… Il est temps de repartir.

CHAPITRE 42

EN PENTE DOUCE

Je n'ai pas de chance. Ce n'est pas mon jour. Je suis devant Vinicunca, surnommée la « montagne aux sept couleurs » ou la « montagne arc-en-ciel », dans la région de Cuzco, au cœur des Andes péruviennes. J'ai mal au crâne, une migraine pas possible. Je vois trouble. Je ne suis pas bien du tout, et de toute façon, le ciel n'est pas dégagé. La température avoisine zéro degré et quelques flocons commencent même à tomber…

Je prends de la feuille de coca. Ça ne change rien. Je souffre du mal des montagnes, j'ai mal partout, je n'ai plus d'énergie, et je dois me résigner à redescendre. L'exercice est périlleux car les nombreux chevaux que montent les touristes ont labouré le parcours, qui n'est plus qu'une gadoue monstrueuse. Je glisse à plusieurs reprises…

Je suis déçue, évidemment. Je sais que cela fait partie du jeu, qu'on ne gagne pas à tous les coups, mais j'avais fait tant d'efforts pour arriver là que j'espérais en être récompensée. Je l'ai joué en mode local : j'ai pris une bétaillère à 2 h 30 du matin pour arriver à l'endroit du départ du trek à 5 heures. Notre camion s'arrêtait souvent pour prendre des passagers et quelques ballots de foin de plus. Je me suis retrouvée compressée à l'arrière du véhicule. Quelle bonne idée de faire comme les locaux…

Je n'avais pas encore compris que toutes ces herbes qui s'entassaient dans mon « espace vital » étaient destinées à des chevaux. Passé la première côte, j'en ai pris conscience : il y avait là tout un alignement de locaux nous proposant tous leur plus belle monture pour gravir la montagne sur le chemin douteux et ainsi limiter l'effort. Désolée, *señor*, votre canasson n'est pas pour moi, je ne suis pas la bonne cliente ! Et toute montagne se mérite !

Je reconnais avoir aussi commis une erreur stratégique dans ma préparation à la montée de Vinicunca. La veille, j'ai voulu faire plaisir à mes hôtes en testant le *cuy*, une spécialité gastronomique du pays. Le *cuy*, pour être claire, c'est un cochon d'Inde. L'animal, je l'avais vu gambader peu auparavant, et j'avoue que de le retrouver entier, avec sa tête, même, dans mon assiette m'a sacrément perturbée. J'ai mangé un petit morceau pour être polie, puis un deuxième, et stop ! Impossible de continuer… Je ne m'étais donc pas alimentée correctement pour partir à 2 heures du mat à l'assaut d'une montagne de 5 200 mètres. Je n'avais pas pris le temps de m'acclimater. Avec du recul, je me jugerai même sévèrement : j'avais vraiment fait n'importe quoi et bien cherché cette migraine carabinée. Le manque de chance a bon dos.

La Bolivie et le Pérou sont vraiment magnifiques. Les couleurs des paysages boliviens de l'Altiplano sont vraiment impressionnantes. Elles paraissent irréelles, tellement hors de l'ordinaire. J'ai la chance, cette fois, qu'il y ait de l'eau au salar d'Uyuni, le plus grand désert de sel au monde : il s'étend sur cent cinquante kilomètres de long et cent de large. L'eau offre une réflexion parfaite, c'est vraiment sublime.

Au Pérou, je me régale des trésors incas, notamment le Machu Picchu. Le lac Titicaca m'enchante également. Et les femmes en tenues traditionnelles sont magnifiques. Mais j'avoue rester sur ma faim en ce qui concerne les rencontres. J'ai du mal à créer des liens avec les Boliviens et les Péruviens.

En Uruguay, je croise Tom et Savannah. Ne vous méprenez pas : Savannah est un chien, le chien de Tom. Cet Américain vient de finir un tour de l'Amérique du Sud à pied. Outre son chien, il est accompagné d'une poussette. Une idée commence à germer dans ma tête : marcher comme lui, pour la fibromyalgie… J'ai un coup de cœur pour cet homme. Nous passons un peu de temps ensemble, nous discutons, mais c'est un vrai solitaire. Notre rencontre s'arrête là. J'espère alors avoir l'occasion de le revoir en Europe ou ailleurs, mais cela ne se fera jamais. Tom est dans une bulle, et elle lui suffit. Il est heureux avec son chien.

Je rencontre aussi un couple de Français, Élodie et Benjamin. Ils partent dans la même direction que moi et me racontent en vrac qu'ils ont flashé sur l'Uruguay et qu'ils souhaitent ouvrir des chambres d'hôtes en Ardèche. Je me confie à mon tour. Entre voyageurs, on se comprend. Ils me diront quelque chose du genre :

— On a tous une mission sur Terre. Ton voyage, c'est énorme : prends le temps, le temps d'écrire. Si tu écris, nous, on achètera ton bouquin.

Bien d'autres m'ont déjà encouragée à écrire un livre. Mais l'ampleur de la tâche, le temps à y consacrer, à passer sur une chaise devant un ordinateur, ce qui décuple mes douleurs, ont fait que j'ai toujours repoussé ce moment.

Les propos d'Élodie et Benjamin tombent à pic, au bon moment. C'est la période idéale pour que le message passe. Ces deux rencontres ont véritablement changé mon voyage. À partir de là, mon attente n'est plus la même. Je suis déjà ailleurs.

Ma sœur va venir me retrouver en Colombie dans quelques semaines. C'est prévu, et hors de question d'annuler ce rendez-vous familial, plein d'émotions, je le sais déjà. Je poursuis donc ma route vers le Brésil. J'ai du mal ici avec l'aspect anxiogène des villes, cette obligation de « faire attention » en permanence. Dès que je sors mon téléphone – je ne parle même pas de mon appareil photo que j'ai vite oublié ! –, on me dit que c'est trop risqué, que je suis folle. Pour se rendre dans certains endroits, le taxi est obligatoire : impossible d'y aller à pied. Trop dangereux…

Après avoir fait Rio-São Paulo en car, je me retrouve dans un bus de nuit dont l'un des passagers transporte de la cocaïne dans ses bagages. Je m'en aperçois vers 2 heures du matin lorsque le bus s'arrête et que je me réveille. Ça ressemble à une scène de film ou de série policière : le type, avec qui nous avons discuté, ma voisine et moi, est là, les mains menottées derrière son dos et cerné de policiers portant des gants. Avec un cutter, ils ouvrent les enveloppes qu'ils ont découvertes dans la valise… À ce moment-là, je me demande si ce que je vois est bien réel.

À Salvador de Bahia, l'ambiance est particulière aussi. Lorsque j'arrive à l'auberge, je constate qu'une voiture de police est en faction au bas de la rue. Le chauffeur de taxi, manifestement pas très serein, me dit qu'il attend que je sois rentrée dans l'établissement pour partir. En discutant avec les locaux, je m'aperçois que la notion de sécurité est bien différente entre les Brésiliens et nous. Pour eux, se faire braquer dans un café pour se faire dérober son téléphone, c'est presque banal. Du coup, plus personne ne sort avec un téléphone sur lui. La ville est quadrillée par des policiers, donc c'est « safe ». Safe, mais très étrange… Le jour de mon départ, après m'avoir certifié que c'est « hyper safe », le réceptionniste de l'hôtel prend quand même la précaution de m'accompagner dehors jusqu'à mon taxi… Tout cela fait qu'au Brésil, le côté liberté que je cherche tant dans les voyages est pour le moins escamoté.

Je me rattrape dans les campagnes aux spectaculaires chutes d'Iguazú, en pleine forêt tropicale ; sur la paradisiaque Ilha Grande, une île située au large des côtes de l'État de Rio ; sur les longues plages de Trindade ; dans les piscines naturelles de l'époustouflant parc national de la Chapada Diamantina ; dans les dunes et les lagunes de celui des Lençóis Maranhenses… Quant à la jungle amazonienne, elle constitue une expérience d'exception.

Quel dommage qu'il faille apprendre le mot *perigo* – pas très éloigné du *peligro* des pays voisins ; ça facilite l'apprentissage – pour traîner dans les villes brésiliennes…

J'apprécie l'authenticité de l'Équateur. Ici, ce sont les animaux qui m'offrent deux merveilleux cadeaux. D'abord sur la fameuse Isla de la Plata, que beaucoup surnomment « la Galápagos du pauvre ». Elle est considérée comme sa petite sœur, mais beaucoup plus accessible, autant financièrement que techniquement. Nous venons pour voir ces adorables fous à pieds bleus et les frégates superbes dont les mâles portent une impressionnante poche rouge – plus précisément un sac gulaire – sous la gorge. Pour utiliser un autre nom d'oiseau, c'était chouette !

Mais le plus spectaculaire se déroule pendant le trajet. Ce jour-là, je ne me sens pas hyper bien sur le bateau, j'ai envie de vomir. En clair, je souffre du mal de mer, et je demande à changer de place pour être plus près du bord. Je fixe l'océan, me concentre sur l'horizon, en espérant que cela passe. Au loin, une belle surprise : une baleine apparaît. C'est inattendu. Elle semble s'éloigner, mais nous sommes déjà ravis d'avoir pu contempler ses « splatch » quelques minutes. Soudain, elle réapparaît et sort la tête, là, tout près, pile en face de l'endroit où je viens de m'installer. La sensation de cette improbable rencontre avec la nature est folle. Dans un réflexe, je fais une photo, mais ce n'est pas le plus important.

L'essentiel est d'admirer un animal – et quel animal ! – dans son milieu naturel, là, tout proche de moi, et sans qu'il ait été attiré par quelqu'un lui distribuant de la nourriture. Cette rencontre n'a rien d'artificiel, elle n'a pas été provoquée. C'est un vrai cadeau qui m'est fait, comme lorsqu'une raie manta était venue me saluer pour mon anniversaire, quelques années plus tôt, aux Fidji.

Quant aux véritables Galápagos, ces îles m'offrent une leçon d'harmonie. Ici, c'est le paradis des animaux. Ils y sont rois. On les laisse s'installer sur les bancs publics, traverser les routes partout, tout le temps et comme ils veulent. Partout, les panneaux pullulent : « Attention : iguanes » ou « Attention, tortues terrestres ». Et tout le monde, le monde des humains, fait avec. On trouve une richesse animale incroyable. J'ai déjà vu des tortues marines en quantité, mais jamais aussi grandes ni aussi grosses qu'aux Galápagos. On trouve également des crabes rouges, orangés, jaunes aux yeux violets, bleus, jouant à cache-cache dans les rochers.

Je n'avais jamais senti non plus une otarie me lécher et renifler mes pieds de bon matin…

En kayak, en snorkeling, je vois des raies léopards, des requins, des manchots. Dans les ports, tous les soirs, je contemple le ballet des requins à pointes noires, et, chaque matin, celui des raies et des tortues dans l'eau, celui des pélicans qui se disputent les déchets lancés par les pêcheurs qui reviennent à quai, celui des fous à pieds bleus qui plongent à pic dans l'eau pour chasser leur proie, si rapidement que l'on distingue à peine leurs petites pattes bleues.

Magique. Comme le site est préservé, il est magnifique et les plages sont sublimes.

Avec ma sœur, nous nous retrouvons en Colombie. Nous irons même jusqu'à la pointe extrême du pays, à Capurganá, un petit paradis lové entre jungle luxuriante et mer émeraude. De là, nous ferons d'ailleurs un saut au Panama limitrophe. Nous visitons la côte caribéenne au parc national naturel de Tayrona, à Punta Gallinas – le point le plus au nord de l'Amérique du Sud – et Cabo de la Vela, aux allures de bout du monde où le désert se jette dans la mer.

Puis nous nous laissons aller à une douce oisiveté. *Farniente* est un mot d'origine italienne, certes. Mais pour une voyageuse, les frontières ont-elles une quelconque importance ?

CHAPITRE 43

UN NOUVEAU DÉPART

Mon périple en Amérique latine a été écourté. Je n'ai pas trouvé sur le sous-continent la liberté d'action qui avait été la mienne en Asie et en Océanie, et je me suis décidée à rentrer en France. Je n'ai même pas rejoint l'Amérique centrale. Ce voyage que j'imaginais « pour la vie » n'a été long que de neuf mois. Il me faudra alors plus d'un an pour qu'une de mes idées, un peu folle pour certains, mon nouveau projet, voie réellement le jour.

J'avoue que le défi que je me lance à moi-même est démesuré et à peine croyable. Il s'agit d'entreprendre une longue marche, du Mont-Saint-Michel jusqu'à Marseille, en longeant le littoral. Plus de 6 000 kilomètres en tout. En fait, j'imaginais couvrir 4 500 bornes, mais j'avais sans doute mal calculé et je vais aussi faire beaucoup de détours au gré de mes rencontres et de mes inspirations du moment. Le total s'élèvera à 6 765 kilomètres…

Le Mont-Saint-Michel, parce que je suis normande et que l'endroit est symbolique de notre région en France, comme dans le monde entier. Et puis mes parents vivent à Bricqueville-sur-Mer, à côté de Granville, dans la Manche, à une soixantaine de kilomètres à peine du célèbre îlot rocheux. Marseille, parce que c'est une ville qui me correspond bien. C'est, sur le papier, la plus ensoleillée de France, elle est en bord de mer, et j'adore les calanques toutes proches pour le plaisir des yeux et celui d'y marcher.

Pourquoi ce projet ? Pourquoi la marche ? À 35 ans, je reviens de loin, de très loin. Et je ne parle pas ici de mes voyages précédents. Je suis pleinement consciente de la chance que j'ai de pouvoir encore marcher, réaliser un tel périple. Je l'entreprends donc pour ceux qui ne peuvent plus marcher, pour changer les mentalités en espérant qu'un jour notre maladie sera reconnue par le milieu médical et la Sécurité sociale. Elle touche de deux à trois millions de personnes en France, et de 2 à 3 % de la population mondiale, et pourtant on en parle si peu qu'elle n'est pas connue, pas prise en considération. Beaucoup de gens n'en ont jamais entendu parler…

Mes douleurs, ma maladie, m'imposent de rester active. C'est le seul moyen dont je dispose pour me soulager. Et la marche est la seule activité que je puisse pratiquer. Elle est devenue mon quotidien : elle comble un besoin physique et mécanique pour me sentir mieux. Il est d'ailleurs prouvé que marcher provoque un accroissement de la sécrétion d'endorphines, lesquelles procurent une sensation de bien-être tout en jouant un rôle antidouleur. La marche est devenue au fil du temps mon moyen de compenser les positions statiques imposées par mon métier, par la vie moderne, par la société. Elle est désormais ma thérapie.

C'est donc pour moi le meilleur moyen de m'exprimer, d'explorer, de profiter pleinement de tout ce qui nous entoure et d'être proche des gens en allant à leur rencontre, en me rendant accessible, pour échanger quelques minutes, quelques heures, sur leur culture, leur vie, et pour parler de mon aventure. À mes yeux, ce sont les choses de la vie : prendre le temps de la rencontre, tout simplement, apprendre de l'autre, sans aucun jugement, et finalement apprendre la vie par le partage de l'expérience, du vécu.

Je vais marcher en moyenne vingt-cinq kilomètres par jour au début. Puis, progressivement, j'atteindrai les trente ou trente-cinq kilomètres quotidiennement, en réalisant une moyenne de cinq kilomètres à l'heure. Un bon rythme, mon rythme de croisière pour, si je puis dire, ma belle promenade de santé, pour sensibiliser et faire reconnaître la fibromyalgie avec laquelle je cohabite depuis tant d'années.

Je ne suis pas seule. Ma fidèle Huguette va m'accompagner. Une autre idée qui a commencé à germer en Amérique du Sud lorsqu'en Uruguay j'ai croisé la route de Tom, l'Américain, de son chien et de sa drôle de poussette. Huguette, c'est moi qui lui ai donné ce nom.

Lors d'un séjour en Allemagne, j'ai constaté que les locaux utilisaient assez généreusement des poussettes dans leurs déplacements. C'est bien pratique, il est vrai. La plupart du temps, elles sont accrochées derrière leur vélo et transportent leur enfant. En voyant toutes ces remorques transformables en poussettes, je me suis renseignée. L'image de Tom m'est revenue en mémoire. Outre-Rhin, il y a même un véritable marché pour les poussettes d'occasion sur les sites de vente en ligne, façon leboncoin. J'en ai choisi une qui semblait me convenir, j'ai contacté son vendeur qui était à Dresde, on a fait affaire quelques jours plus tard. Il croyait que c'était pour mon enfant et il voulait même me donner des jouets avec… *Nein Danke*, non merci !

Je l'ai rapportée en France, chez moi, par le bus, où je lui ai fait subir quelques améliorations. J'avais testé la poussette sur les pistes cyclables du Rhin, entre Bonn et Cochem, et constaté ses lacunes : elle n'avait pas de freins, notamment.

J'avais galéré. D'autant que je n'avais pas de chaussures adaptées : mes genoux avaient souffert.

Ma fidèle amie est devenue un condensé, un monstre de technologie dernier cri de quinze kilos à vide, vingt-cinq une fois chargée. Je la doterai tout au long de mon parcours d'un drapeau mentionnant « Bornes to Walk 5 000 km à pied pour la fibromyalgie » (le chiffre passera à 6 000 en cours de route) et d'un panneau rappelant le message. Elle sera à la fois ma maison, mon van, mon support de sensibilisation en rendant apparente l'invisibilité de la maladie, mon atout sécurité en me permettant d'être plus visible… Elle sera en quelque sorte mon super sac à dos à trois roues. Sur le papier, l'idée n'est pas mauvaise. Elle est dans l'ère du temps et on ne peut plus écologique. Mais sur le terrain, ce sera une tout autre histoire lorsqu'il s'agira de pousser Huguette dans les montées. Bordel, dans quoi me suis-je embarquée ? À vrai dire, j'avais imaginé la Terre plus plate… Mais peu importe les difficultés : nous étions prêtes à les endurer de concert, Huguette et moi.

Ah, au fait, pourquoi l'ai-je baptisée ainsi ? Un pur hasard. Lors d'une interview, un journaliste m'a demandé comment s'appelait ma camarade de route. Je n'y avais pas encore songé. Pour lui répondre, j'ai cherché vite fait dans ma tête des prénoms rimant avec Violette. « Paulette » et « Huguette » sont apparus dans mon cerveau. Et c'est Huguette qui est sorti de ma bouche, sans calcul prémédité.

Quant à moi, Violette, j'ai alors 35 ans. Cela fait huit ans que j'ai été piquée par le virus du voyage, de l'aventure, avec ses variants que sont la photographie et la marche. Ce virus m'a probablement sauvé la vie ou sauvée de la maladie. La marche est devenue mon remède, ma thérapie à moi.

Le 13 avril 2019, le jour du départ, je ne m'attendais pas à voir autant de gens prêts à couvrir les premiers kilomètres avec

Huguette et moi. Certains amis m'ont fait la surprise d'être présents à ce départ. Je suis à la fois émue de leur présence et excitée d'enfin prendre la route, de repartir à l'aventure. Cela fait deux ans que je pense à ce projet, et plus de six mois que je le prépare. Ça n'a pas toujours été simple, avec notamment des messages sur les réseaux sociaux émettant plus que des doutes sur le diagnostic de ma maladie ou m'accusant même de desservir sa cause. Injuste, démoralisant, déstabilisant… Remet-on en cause le diagnostic d'une personne qui a survécu à un cancer, qui a le sourire en permanence et qui se bat pour la cause qui la concerne ?

Je suis donc pour le moins impatiente d'en découdre avec l'asphalte des routes, les pierres et la terre des chemins. Je me sens prête, si toutefois on est jamais vraiment prêt. L'aventure ne se passe jamais réellement comme on l'a imaginée. Je laisse place à l'inconnu, l'imprévu, sourire aux lèvres. Ça y est : enfin, mon défi a bel et bien démarré !

CHAPITRE 44

LA TERRE N'EST PAS PLATE

Avec Huguette, nous avons donc pris la route pour un tour de la Bretagne, ou du moins de son littoral. Je ne sais pas pourquoi, j'avais imaginé la Bretagne plus plate, sans trop de relief. Je m'aperçois très vite que ce n'est pas du tout le cas et qu'Huguette pèse son poids dans les côtes ! Maudites côtes ! À chaque montée, je rouspète au fond de moi-même : « Putain, mais qu'est-ce que je fous là ? Dans quoi je me suis embarquée ? C'est n'importe quoi ! Pourquoi je fais ça ? »

Et puis je parviens à relativiser, à me ressaisir. Et finalement, souvent, la vue sur le paysage, la douceur proposée par la descente ou la rencontre qui s'ensuit efface le souvenir de la précédente difficulté.

Je m'attendais en revanche à la météo capricieuse. Je ne suis pas épargnée par la pluie qui me poursuivra pendant de longues semaines. Je ne suis pas surprise par ces couleurs, ces nuages aux nuances de gris, de bleu, de noir, à la fois magnifiques et maléfiques, annonçant la pluie, une tempête ou l'arrivée d'un orage imminent, de la grêle ou de vents violents. Tous aux abris ! En l'occurrence, mes refuges sont les ponts, les Abribus ou les cafés. Je déteste ce vent de face qui te glace, te rend la marche plus difficile, tes efforts plus intenses. Il t'use, te fatigue, te casse et te rend la tâche bien plus délicate.

J'adore croiser les escargots sur la route. Ces rencontres égaient le souvenir des journées lessivées par les pluies violentes et les tempêtes à répétition. Je précise : pluies de jour comme de nuit, me faisant passer à l'occasion une nuit infernale, où ma tente se retrouve complètement inondée et où mon matelas fait office de radeau. Malheureusement, je n'ai pas de pagaie.

Mais comme on dit, après la pluie vient le beau temps. Et je commence à prendre goût à la Bretagne, à cette route. Chaque tête de clocher m'annonce une ville, un café, un endroit où me réchauffer. Au-delà de ses couleurs, ses nuages, son relief, je suis impressionnée par ses petites maisons typiques construites sur des îlots en plein milieu des mers, par ses phares immenses annonciateurs de bout du monde, par ses falaises et ses rochers découpés, sculptés, par son authenticité.

J'ai vite compris que les pistes cyclables annoncées n'étaient que trop peu présentes ou trop peu accessibles. Et qu'il allait falloir composer, s'adapter, et donc partager la route avec les voitures, et surtout avec les camions. Le véritable danger n'est pas de voyager seule, mais d'être aspirée par le souffle d'un poids lourd et de finir écrasée.

Quand j'arrive dans un camping de Lancieux, dans les Côtes-d'Armor, au quatrième jour de mon parcours, le gérant est intrigué par ma poussette. Curieux, il me pose des questions sur le projet, sur la maladie…

— Je connais bien cette maladie, me dit-il. Ma copine en souffre. C'est génial ce que vous faites.

Et dans la foulée, il m'offre la nuit. Alors que j'installe ma tente, il revient vers moi :

— Est-ce que je peux vous demander une faveur ? Pourriez-vous échanger avec ma copine ?

— Oh mais bien sûr !

Je fais donc connaissance avec Sarah, la première fibromyalgique que je croise sur ma route. La première, mais pas la dernière. Je rencontrerai encore énormément de fibros sur mon parcours, ou de personnes connaissant quelqu'un touché par la maladie. Ce sera impressionnant…

Le 12 mai, justement, c'est la journée mondiale de la fibromyalgie. J'arrive à Brest ce jour-là. Nous avons organisé un rassemblement avec des personnes qui en sont atteintes. L'occasion de se rencontrer et de sensibiliser les gens à la maladie. L'occasion d'alerter le maire sur la situation. L'occasion d'entendre les multiples témoignages. Nombre d'entre eux me touchent et je mesure pleinement l'effort que chaque personne a fait pour venir à ma rencontre.

Un témoignage, entre autres, me sidère totalement : la femme qui est en face de moi a échappé au pire. Son médecin a entrepris toutes les démarches pour l'envoyer en hôpital psychiatrique ! Heureusement, son mari croyait en sa maladie, l'a soutenue et a tout fait pour qu'elle se sorte de cette situation dramatique et ne soit pas envoyée dans ce centre. Cette femme va mieux désormais, mais comment a-t-on pu en arriver là ? Oui, c'est aussi l'une des réalités de la fibromyalgie, triste, révoltante, aberrante…

Plus tard, lors de ma marche, je fais la connaissance de S., qui me suit sur les réseaux sociaux et qui le fait physiquement en venant marcher un peu avec moi. Une battante ! Elle est âgée de 38 ans, mariée, mère de trois enfants. La maladie l'a frappée de plein fouet. Elle me confie que la douleur étant trop intense, trop oppressante, ne pouvant plus travailler et se voyant diminuer, se dégrader, elle a tenté de mettre fin à ses jours… Les traitements qu'on lui faisait suivre étaient extrêmement lourds et sans réels effets, elle était alors sans espoir…

J'ai moi-même eu des pensées négatives. Je n'allais pas jusqu'à envisager de mettre fin à mes jours, mais je me disais : « Peut-être que si je me casse un bras, une jambe, on me croira, on me donnera un autre diagnostic plus positif et je pourrai m'en sortir. »

Après ce genre de rencontres, tu sais pourquoi tu fais ça, et tu continues le combat.

C'est en Bretagne également que je passe le cap des mille kilomètres, déjà. Dans le Finistère, au lieu-dit Saint-Vio. Vio, c'est mon diminutif, mon surnom. Un petit clin d'œil du hasard, un signe peut-être, certainement. En tout cas, impossible d'oublier ce moment. La fatigue commence à se faire sentir, je subis une grosse migraine, mais après une bonne nuit de sommeil, je repars sur cette route pour de nouvelles aventures.

CHAPITRE 45

LA ROUTE, MODE D'EMPLOI

Tout au long du voyage, de mon parcours, je préfère les petits chemins escarpés, difficiles d'accès, pleins de promesses, d'endroits isolés. J'aime cette sensation de solitude, perdue au bout du monde, ce sentiment d'avoir découvert par hasard, sans trop y croire, un endroit unique et magique, cette impression d'être récompensée après avoir tant donné.

— Huguette, tu pèses ton poids, tu sais ! Allez, profitons-en : prenons notre temps. Une pause s'impose maintenant.

À pied, il faut savoir se ménager : lorsqu'un panneau routier vous annonce trois minutes de trajet (en voiture), vous devez traduire qu'il s'agit d'environ une heure de marche. Il faut beaucoup d'humilité face à l'effort à consentir.

Pour moi, la route est synonyme de trafic, de bruit, de fureur, de bourdonnement incessant, assourdissant. Très vite, j'apprends à reconnaître le son d'un camion, d'un bus ou d'une voiture qui se profile au loin. Je redouble d'attention lorsqu'il s'agit d'un poids lourd ou d'un bus. Je me gare sagement en attendant de prendre de plein fouet leur souffle puissant, en baissant la tête pour éviter d'être déstabilisée, de perdre ma casquette qui pourrait être emportée par le tourbillon.

Chaque croisement est important et nécessite une vigilance accrue. Sur la route, je n'ai donc pas le loisir de me laisser aller à mes pensées. Ni de flâner en admirant le paysage. Parfois, il n'y a même pas assez de place pour Huguette et moi-même. Quand il y en a, les rigoles et les bas-côtés deviennent nos meilleurs alliés. Tout comme le mètre réservé aux pistes cyclables de chaque côté de la chaussée. Sans eux, ma sécurité sur la route deviendrait vraiment problématique.

Les glissières et les routes rehaussées andalouses se révéleront ainsi d'une extrême dangerosité. Pas de possibilité de se mettre à l'écart, pas de place pour se garer, beaucoup de virages, beaucoup de trafic automobile, juste quelques fossés me permettant ici et là de me réfugier. Je suis livrée à la bonne conduite des usagers, et donc en situation de vulnérabilité. Je ne maîtrise mon sort en aucun cas et je suis exposée à toute éventuelle erreur d'un automobiliste. Je déteste ce genre de situation, mais c'est comme ça : une fois sur la route, je n'ai pas d'autre possibilité que de faire confiance aux conducteurs, de croire en ma bonne étoile et d'accélérer tête baissée, visage fermé, en regardant droit devant.

Je reste sur ma ligne, concentrée, déterminée, en faisant mine d'oublier le danger. Je mets mon cerveau sur off, à bloc, et je me donne à 150 % pour ne pas me faire écraser. L'insécurité provoque en moi un shoot d'adrénaline. Je réalise à quel point je suis vulnérable. Ce n'est plus un jeu, je n'ai pas de droit à l'erreur, et je n'en ferai aucune. Je vais y arriver, impossible d'échouer ; mon mode guerrière est activé. Go !

Qu'on se comprenne bien : je ne suis pas inconsciente. Sur mon trajet, le danger des routes andalouses n'a constitué que deux ou trois jours en tout et pour tout. Et je n'ai dû utiliser le klaxon d'Huguette qu'en une seule et unique occasion, dans un virage, pour qu'une voiture m'évite. Les bambous sur le côté droit étaient hauts et touffus, ils empiétaient sur la route, mais j'étais bien obligée d'y rester car, à gauche, il n'y avait aucune visibilité et c'étaient des rochers. Vu le nombre de virages et le peu de place pour avancer, c'était dangereux. Mais à cette exception près, en plus d'un an, mon klaxon est resté muet. Si les routes sont peu ou pas adaptées à l'accueil des cyclistes – et encore moins des marcheurs –, j'ai néanmoins globalement pu contrôler la sécurité de ma marche en avant.

Je me suis fait arrêter à cinq ou six reprises par la police. Le discours est toujours le même :

— C'est dangereux ici, mademoiselle. Il faut vous mettre à gauche.

En fait, je me mets le plus souvent possible sur la gauche de la chaussée, mais il arrive que la réalité du terrain nécessite de changer de côté, comme je viens de le raconter.

— Faites attention à vous, et si vous avez le moindre problème, appelez-nous.

D'abord surpris, les policiers deviennent compréhensifs et bienveillants. Ils me laissent continuer mon aventure et mener mon projet à bien.

La vue d'un clocher m'annonce un village. À l'inverse des villes, les petits villages sont synonymes de calme, de tranquillité, d'occasions de m'offrir une pause café. Rien à voir avec l'arrivée dans les grandes villes, beaucoup moins agréables. Les abords des agglomérations sont souvent industrialisés, parsemés de cheminées laissant échapper une fumée blanchâtre et envahis de panneaux publicitaires vantant des magasins ou annonçant des offres toutes plus alléchantes les unes que les autres.

Le trafic se densifie au fur et à mesure que j'approche du centre de la ville. Tout devient démesuré : les rues se transforment en avenues et en boulevards, les trottoirs en pistes cyclables. Les bruits des tracteurs et les chants des oiseaux laissent place aux hurlements stridents des klaxons sur fond de vrombissements des voitures. Les maisons deviennent des immeubles, voire des gratte-ciel, les stops sont remplacés par des feux lumineux toujours plus nombreux. Ce n'est plus quelques passants prenant leur temps que je croise, mais une foule d'individus agités courant dans tous les sens. Je suis quelque peu perdue lors de ces retours en ville, de ces retrouvailles avec la « civilisation ». Il y a quelque chose qui ressemble aux aventures de Mimi-Siku, l'adolescent du film *Un Indien dans la ville*, qui ne sait ni où regarder ni où aller. C'est un choc qui me demande un atterrissage puis un petit temps d'adaptation avant de retrouver mes marques et d'apprécier ce retour en ville.

Je préfère me fondre dans la nature, me laisser le temps de l'observation et celui de l'écoute de tout ce qui m'entoure. Là, je profite du silence, des oiseaux qui sifflent et chantent, du salut des vaches et des chevaux, de la curiosité de mes amies les bêtes, du passage sous mes yeux de petits habitants des lieux… Je prends le temps, tout simplement, de m'émerveiller de peu, de beaucoup, de tout. Je retrouve mon âme d'enfant, célébrant Dame Nature et le vivant.

Je lis le ciel et les nuages, je regarde les fleurs danser, j'observe le mouvement des branches d'arbres, des hautes herbes, pour connaître le sens du vent et anticiper la prochaine pluie, la prochaine tempête, afin de trouver une cachette, un abri, quelques arbres, quelques grandes branches protectrices en attendant l'éclaircie.

Les vapeurs des embruns m'annoncent l'océan ; les senteurs de pin, la forêt. Les bons effluves de la terre retournée, de l'herbe fraîchement coupée, mais également les odeurs moins agréables de fumier, me rappellent mon enfance, la campagne, et m'annoncent une ferme toute proche. Parfois, la nature est généreuse et je tombe sur des arbres fruitiers remplis de friandises abandonnées. Des cerises, des mirabelles, des figues que je m'empresse de cueillir et de déguster en chemin.

Mon corps, lui, m'annonce la température et le taux d'humidité de l'air en fonction de mes douleurs. Celles-ci font office de thermomètre et de baromètre. Je suis capable de deviner à quelques degrés près la température à mesure qu'elles apparaissent. À vingt-cinq degrés et plus, c'est le bonheur ; à quinze degrés ou moins, cela devient compliqué ; à sept ou moins, je sais que la journée va être délicate, difficile et douloureuse. Un taux d'humidité élevé renforce cette tendance et décuple mes souffrances.

Mais ces douleurs, même si elles sont bien présentes, sont un peu occultées par toutes ces rencontres animales, végétales, minérales et humaines qui parsèment mon chemin. On a trop tendance à oublier son émerveillement face à toute cette richesse qui nous entoure. Il est pourtant bénéfique, et même salvateur.

CHAPITRE 46

CHAUD AU CŒUR ET AU CORPS

Je dois l'avouer : j'ai fait une entorse à mes règles de conduite. Je n'ai pas traversé le pont de Saint-Nazaire à pied. C'est vrai que je trouvais cela dangereux pour un piéton, qui risque d'être exposé aux vents sur une partie ou la totalité de ses presque trois kilomètres et demi. Mais, de manière beaucoup plus concrète et plus prosaïque, Huguette ne passe pas sur la voie réservée aux piétons : elle est à peu près de la largeur d'un fauteuil roulant… Je me méfie d'ailleurs des ponts en général : la chaussée s'y rétrécit. Celui de Saint-Nazaire constituera donc l'exception : le moment où je n'ai pas marché. J'ai eu la chance qu'une warrior vienne me prêter main-forte en prenant Huguette dans son coffre et moi dans sa voiture le temps de la traversée.

Cette partie en Loire-Atlantique, en Vendée et dans les Landes est plus plate, et j'emprunte des pistes cyclables plus ou moins praticables, mais à l'abri de tout danger. Enfin, c'est ce que je crois : je me retrouve bientôt pourchassée par des mouettes, visiblement mécontentes que j'empiète sur leur territoire. Je n'en jurerais pas, mais il me semble bien avoir entendu dans leurs cris : « Casse-toi ! Tu n'es pas la bienvenue ! » Les taons et les mouches me trouvent en revanche généralement à leur goût. Ils me suivent à la trace et s'acharnent sur mes cuisses très alléchantes, voire carrément appétissantes. Mais mis à part ces agressions en bandes organisées, je me fonds assez bien dans la nature et reste en harmonie avec elle.

Les premiers effets de l'été se font sentir et je retrouve le soleil. Mais je n'ai pas de chance. Même en été, je me retrouve très souvent sous la pluie. À tel point que les premiers jours de la canicule « historique » qui s'abat sur la France entière, je les passe sous la flotte. Il semblerait que les nuages me suivent à la trace. Finalement, le coup de chaleur me concerne enfin. Pendant deux jours, les températures atteignent et dépassent même les quarante degrés. Je ne veux pas passer pour quelqu'un qui se plaint tout le temps, mais j'avoue que je cherche l'ombre des arbres désespérément.

Le goudron réflecteur de chaleur colle sous mes pieds. Il me donne l'impression d'être une gigantesque poêle à frire, prête à faire cuire un œuf en un temps record. Et cet œuf, il se trouve que c'est moi ! Je suis pourtant habituée à ces chaleurs extrêmes pour avoir vécu dans le désert australien. Il n'empêche : je subis la chaleur de plein fouet et rêve d'oasis, d'eau fraîche et de glace. Oui, de glace. C'est ma simple mais véritable motivation pour arriver plus vite à destination. Dégoulinante de sueur, assoiffée, je ne tarderai pas à être récompensée. Mon envie, mon besoin, se lit certainement dans mes pensées : on m'offre cette glace à l'arrivée.

Depuis le début de ce voyage, j'ai été impressionnée par le nombre de personnes rencontrées sur la route qui se sont arrêtées, curieuses, se demandant ce qu'une femme seule, sur le bord de la route, au milieu de nulle part, pouvait bien faire avec une poussette. Beaucoup pensent même qu'un enfant se cache dedans ! On me demande aussi souvent si Huguette est dotée d'un moteur… Mon moteur, c'est ma détermination… Je ne compte plus ceux qui m'ont saluée, encouragée, aidée à trouver mon chemin, ceux qui m'ont offert un sourire, un café, un repas, un toit. Je suis toujours étonnée et touchée par toute cette belle générosité.

Cette générosité, je l'avais observée et vécue à l'étranger, mais je ne l'avais même pas soupçonnée dans mon propre pays. Mon pays que je connais en réalité si peu et si mal, et que je découvre au cours de ce voyage. C'est un beau pays et un beau voyage. Comme partout ailleurs, dans les villes, les trottoirs sont difficilement accessibles à ma poussette : il n'y a quasiment jamais de plans inclinés et souvent peu de place pour passer entre les voitures mal garées, les poteaux ou les poubelles au milieu des trottoirs. Ils sont trop petits, mais je m'adapte. Avec les escaliers, ces slaloms obligés constituent ma hantise.

Dans un camping à l'île de Ré, j'avais sympathisé avec mon voisin allemand et son fils. Malheureusement, nous n'avions pas eu le temps de nous dire ni au revoir ni *Auf Wiedersehen*. Voilà, c'est comme ça, ça arrive parfois, c'est la vie. Mais lorsque j'ai ouvert la poussette, j'y ai trouvé un mot d'encouragement qu'ils m'avaient laissé, ainsi qu'un petit billet.

Cela résume un peu toute la bienveillance dont j'ai bénéficié grâce à ce projet. Quand tu reçois un tel geste, c'est beau et c'est beaucoup d'émotion. Mais c'est aussi une petite voix en toi qui se demande : « Est-ce que je le mérite vraiment ? »

CHAPITRE 47

DES CADEAUX À FOISON

Pour mon anniversaire, je m'offre un beau cadeau. En ce 23 juillet, je traverse la frontière pour me retrouver – enfin – en Espagne. J'aime ces premiers jours dans un nouveau pays. Ils sont souvent ceux que je préfère. Tout n'est que découverte : les panneaux, l'architecture, la culture, la nourriture, la langue. Mes yeux se perdent, ne savent plus où regarder. Je suis comme une enfant dans un magasin de jouets, ébahie, éblouie par tout ce qui m'entoure. Je passe toujours ces premiers jours à observer, silencieuse, quelque peu en retrait. Le temps de comprendre, d'assimiler, d'apprécier, de réaliser où je suis. Ça y est ! Je suis en Espagne ! J'arrive à San Sebastián.

J'apprends immédiatement qu'un festival musical se déroule sur la plage. Je m'empresse de regarder quels artistes sont inscrits au programme. Je n'en reviens pas ! Demain va monter sur scène une grande dame dont les chansons ont bercé mon enfance et que j'ai toujours espéré voir en live : l'Américaine Joan Baez ! Voilà un nouveau cadeau d'anniversaire ! Merci la vie !

Je continue ma route au Pays basque, ce pays aux noms de villes imprononçables. C'est si beau, si vert, si vallonné… mais d'une humidité redoutable. Je me crois revenue en Bretagne. Je traverse ensuite la Cantabrie et les Asturies en priant pour une météo plus clémente, mais le climat reste capricieux, extrêmement pluvieux. Je commence vraiment à m'impatienter, à souffrir de ces conditions…

Je croise de plus en plus régulièrement des panneaux directionnels affichant une coquille jaune sur fond bleu : « *Camino de Santiago* ». C'est le chemin qu'empruntent les pèlerins aux coquilles Saint-Jacques sur le sac à dos, à destination de Santiago de Compostela, en Galice. Ces pèlerins aux riches histoires, aux parcours si différents… Sur cette route, entraide, respect, solidarité et franche rigolade se mêlent harmonieusement. Cela reste un très beau souvenir. *Buen camino suerte*. Bonne chance sur la route.

Je fais également de belles rencontres avec les locaux habitués au passage des pèlerins de Saint-Jacques de Compostelle. Rose m'interpelle depuis son jardin en me voyant marcher sur la route :

— Veux-tu des poires ?

Boitillante, elle n'attend pas ma réponse avant de commencer à taper avec sa canne sur les branches de son poirier pour en faire tomber les fruits. Rose a au moins 80 ans, je vais bien sûr lui prêter main-forte. J'avoue que je ne comprends pas grand-chose de ce qu'elle me raconte, mais peu importe. Nous sommes heureuses de partager ce moment à cueillir et à ramasser des poires ensemble. J'en prends trois, mais cela ne la satisfait pas :

— Prends-en plus ! me dit-elle tout en me chargeant les bras.

Elle m'offre aussi une rose en prime. Je passe un doux moment avec elle à visiter son jardin et sa maison. Puis nous immortalisons cette rencontre, avec son accord. Un petit selfie pour la route. Sa réaction est magique lorsqu'elle voit sa tête apparaître sur l'écran du téléphone. Elle n'en revient pas et s'exclame :

— *Bella, Bella !*

C'est peut-être bien la première fois qu'elle voit son visage instantanément affiché, comme par magie, sur un smartphone. Heureuse, elle y arbore le plus beau des sourires, pour un magnifique souvenir.

Touchante aussi, cette rencontre avec José Luis. Je marche alors de bon matin le long de la mer. Un bateau de la Guardia Civil est dans l'eau et plusieurs voitures de la même force de police sont garées sur le trottoir. Un hélicoptère passe au-dessus de ma tête. C'est étrange, inquiétant. Un homme vient spontanément me parler et m'explique qu'un pêcheur est tombé dans l'eau depuis la falaise il y a peu. La police et des plongeurs tentent de le retrouver… Ils y mettent les moyens. Quelle triste nouvelle…

Je fais ainsi connaissance avec José Luis dans ces tragiques circonstances. Je lui explique pourquoi je suis ici, et mon projet dans les grandes lignes. Au regard de la situation, ce projet ne me semble pas vraiment d'une grande priorité. L'hélicoptère tourne toujours au-dessus de nos têtes. José Luis sort un petit carnet, l'ouvre et en extrait un puis deux trèfles à quatre feuilles qu'il me tend. Il me les offre. Un seul suffit largement à mon bonheur. Mais il insiste et je les glisse minutieusement tous les deux dans mon livre de chevet. Merci José Luis ! Il a dû passer des heures à chercher ces trèfles. Me les offrir est tellement riche de sens, ils vont sans aucun doute me porter chance. Encore une fois, je suis touchée, émue. Merci la vie.

Le 2 septembre, je me fais une grosse frayeur avec Huguette. Nous grimpons sur un petit sentier difficile. La vue est sublime et je décide de m'octroyer une pause pour la photographier avec mon téléphone. Soudain, j'entends le klaxon d'Huguette retentir bizarrement. Elle a pris la poudre d'escampette, a dévalé la pente, s'est retournée et se retrouve les quatre fers en l'air ! Je suis, comme Huguette, toute retournée, mais pas dans le même sens du mot. La pauvre !

Je m'empresse de voler à son secours et de la remettre droite. J'ai tellement eu peur de la retrouver en miettes. J'inspecte les dégâts : Huguette est solide. Elle s'en sort par chance avec quelques égratignures. Je suis soulagée. Finalement, le terrain très caillouteux l'a ralentie et a amorti sa chute. Elle n'a pas eu le loisir d'y prendre de la vitesse. J'ai pourtant bien serré le frein à main, mais il a lâché et la pente a fait le reste.

Dix jours plus tard, la roue gauche d'Huguette, qui a pris l'impact de la chute violemment, rencontre quelques soucis. Elle a des velléités d'indépendance et ne reste plus sur son axe. Elle se débine et risque de s'enfuir à tout moment. Je fais très attention, je la replace correctement très souvent en attendant l'arrivée, quelques jours plus tard, d'une nouvelle roue.

Après cette belle étape de Santiago de Compostela, tous ces kilomètres et ces jolies rencontres, nous continuons plus sereines en direction du Portugal.

CHAPITRE 48

HAUTS ET BAS AU PORTUGAL

Les Espagnols m'avaient souvent posé la question :

— *Estás sola ? No tienes miedo ?* Tu n'as pas peur ? *Madre mía…*

Même pas peur, que du plaisir. Il en est de même lorsque j'arrive au Portugal par le bac. C'est un rêve qui est sur le point de se réaliser. J'ai d'ailleurs un peu choisi ce trajet pour pouvoir visiter le Portugal, et notamment l'Algarve, dont les photos m'ont toujours fait rêver. C'est donc un réel bonheur de faire mes premiers pas ici et de découvrir ce pays. Un pays aux maisons colorées, aux murs carrelés, un pays très ensoleillé, d'une incroyable tranquillité. Je retrouve le calme, beaucoup moins de trafic et de bruit qu'en Espagne.

Je suis impressionnée par le bruit des vagues, leur intense puissance, leur hauteur, leurs remous… Je ne me lasse pas de les observer. Les surfeurs s'en donnent à cœur joie. Je contemple tout cela comme hypnotisée, happée par ce spectacle mouvementé. Je croise souvent des pêcheurs à la ligne et des bateaux de pêche au loin ou à quai débarquant leurs poissons et les vendant directement sur le port du village. Chacun attend son tour bien sagement pour être servi. Les Portugais prennent leur temps. Il le faut, ici : le temps semble vraiment s'être arrêté. Sur la route, je suis tranquille, les Portugais roulent doucement, et il y a beaucoup de sentiers et de pistes cyclables qui me permettent de longer le littoral.

Je suis dans le pays depuis à peine un jour et je me retrouve assise sur un banc, discutant du projet avec une dame que je viens de rencontrer. Une jeune femme s'arrête net face à moi. Elle me montre ses bras pleins de bracelets et me lance :

— Je veux t'en offrir un. Choisis une couleur.

Je choisis le rose. Elle me le met au poignet. À peine le temps de la remercier qu'elle est déjà repartie, aussi rapidement qu'elle est arrivée devant moi. *Obrigada*, merci. Je prends le temps de regarder le bracelet. Il comporte l'inscription « *Never give up* », n'abandonne jamais. C'est quelque part un peu ma philosophie avec « *Nothing is impossible* », rien n'est impossible. Ce cadeau est riche de sens. Merci encore.

Huguette et moi avons beaucoup donné, beaucoup souffert pour arriver là et imaginons bientôt prendre une semaine de repos en Algarve. Ma compagne a même perdu un bras juste avant d'arriver à Nazaré. Le guidon s'est cassé net du côté gauche. À force d'appuyer dessus pour monter les trottoirs, à force de passer sur des terrains difficiles, le sable, les pavés, la boue, la terre, je l'ai sans doute épuisée. Et la chute n'a rien arrangé. C'est un peu normal. Mais la voilà réparée et dotée cette fois d'un guidon de secours. Je ne lui refuse rien.

Nous pouvons repartir sereinement de Nazaré vers l'Algarve. Première côte : j'avais oublié que les côtes existaient ! Dur, dur. Je vois au sommet un homme me regarder à travers son objectif. J'arrive enfin à sa hauteur, ils sont plusieurs avec lui.

— Cinq mille kilomètres ? me lance-t-il en français, l'air étonné.

Oui, oui, et même six mille kilomètres. Je commence à leur expliquer mon projet. En fait, j'ai sous-estimé le kilométrage de mon parcours : mon panneau affiche encore cinq mille bornes, mais je ne vais pas tarder à rectifier. Il m'explique qu'ils sont en tournage. Je ne comprends pas bien, mais je vois arriver une magnifique Alpine avec une belle femme à son volant. Son visage me dit quelque chose, elle est suivie d'une voiture qui la filme. Pas de doute, c'est un super tournage et le modèle est une sportive de haut niveau. J'ai déjà vu son visage, mais je ne la resitue pas.

Cette fois, j'explique donc mon projet à toute l'équipe de tournage et à ce modèle. On sympathise. L'équipe est vraiment sympa, on m'offre un thé et un croissant, on m'encourage. Et j'apprends que cette jeune femme n'est autre que la championne de surf, Justine Dupont, surfeuse de *big waves* ! Je suis plus qu'impressionnée, j'ai devant moi la *best* surfeuse du monde, qui surfe des vagues de quinze ou vingt mètres ! Waw ! C'est incroyable. Elle me dit en substance :

— C'est au mental, votre aventure ! Et si vous vous en sortez, c'est une grosse part de mental.

Je ne me rappelle plus exactement ses propos exacts, mais parler de mental avec une championne qui surfe des vagues tellement énormes qu'elle risque la mort tout le temps, c'est… incroyable ! J'ai sensibilisé cette super warrior. J'ai bien fait de monter cette côte !

Après Huguette, c'est à mon tour de me blesser. Une douleur dans le genou droit puis dans la cuisse gauche : nous sommes contraintes de nous arrêter plus tôt que prévu. Après un passage chez le médecin, le verdict tombe : contracture musculaire, synonyme de repos et de kinésithérapie pendant quelques semaines. Problème tout simple : il n'y a aucun kiné dans le coin, le plus proche et compétent étant à un jour de marche. Je me repose alors d'abord quelques jours à Sines, puis je n'ai d'autre choix que de repartir jusqu'à Vila Nova de Milfontes pour me faire soigner et récupérer en toute tranquillité. Au bout du compte, je ne suis pas mécontente de prendre cette pause dans ce village charmant. L'auberge où je séjourne, avec jacuzzi et vue sur mer, est le lieu idéal pour reprendre des forces, me ressourcer et me faire soigner.

L'arrêt dure trois semaines au total avant que nous puissions repartir vers l'Algarve, un petit paradis. Je continue mon chemin sans gros problèmes. Je trouve facilement des petites routes, des sentiers et des pistes cyclables où il est agréable de marcher. C'est sans compter cette journée, non loin de la frontière espagnole, où le choix de prendre une piste cyclable se révèle l'un des plus mauvais de toute l'aventure.

Les panneaux indicateurs comme mon GPS annoncent une piste cyclable en pleine campagne. Je suis tout heureuse de me retrouver là et de profiter de la nature. Mais dès le premier obstacle qui me fait face, je regrette ce choix. Je n'en crois pas mes yeux : une flèche m'annonce que je dois prendre la direction des… rails ! Oui, oui, il faut passer les rails et traverser les voies de chemin de fer ! Il n'y a aucun aménagement. Autrement dit, je dois faire traverser Huguette sur les rails à la force de mes bras tout en m'assurant qu'aucun train ne passe à ce moment-là ! Sympa !

Je regarde à gauche, à droite, j'épie le moindre bruit. Ok, c'est le moment, go ! Mettant mon cerveau sur off, déterminée, je me décide. Je suis finalement assez vite de l'autre côté, mais pas au bout de mes surprises.

Les fortes pluies d'il y a quelques semaines ont laissé le terrain boueux et, quelques mètres plus loin, je me retrouve à devoir franchir une petite rivière. Quelques cailloux font office de pont de fortune… Mais surtout, l'accès à la suite de cette piste n'est pas vraiment… plus accessible. Il faut franchir un escalier taillé dans la terre – devenue de la boue – ou passer sur une planche en bois de vingt centimètres de large pour rejoindre le tracé. Autant dire que, dans les deux cas, Huguette et moi ne pouvons passer. Je tente le coup, mais, très vite, j'abandonne quelque option que ce soit : la suite du terrain est encore moins praticable et demande bien trop d'énergie.

Je suis pour le moins dépitée, dégoûtée d'avoir choisi cette piste prétendument cyclable. Mais je dois trouver une solution. Deux options possibles pour sortir de ce pétrin : soit faire demi-tour, ce qui signifie repasser les rails et revenir sur mes pas sur deux kilomètres ; soit continuer dans cette direction en refranchissant la voie ferrée là aussi et en la longeant pour atteindre le terrain de foot visible au loin. Je ne veux pas revenir en arrière et perdre de temps, je choisis donc la seconde option. Je franchis à nouveau les rails avec la même peur et m'engage pour les longer. Mais le terrain n'est pas approprié, et je dois rouler une bonne partie du temps sur les gros cailloux le long des rails sans perdre de temps, pour ne pas risquer le croisement avec un train.

Je force énormément sur mon corps comme sur le guidon d'Huguette. Cette portion de chemin me paraît très longue, interminable, même… Je parviens enfin à rejoindre le terrain de foot, c'est enfin plat. Mes bras sont en compote, mais j'ai envie de les lever : je suis soulagée, j'ai réussi ! Je ris presque de la situation : « On ne va jamais me croire quand je vais raconter ça ! C'est du grand n'importe quoi ! Et pourtant, ce n'est pas une blague ! C'est de la folie ! Je suis en vie ! Merci la vie ! »

Cette journée est toutefois loin d'être terminée. Je suis d'abord bloquée par des travaux sur la voie et, quelques kilomètres plus loin, en essayant de monter sur un trottoir, j'entends un paf ! Le bras d'Huguette a cassé net. Putain, quelle journée de merde… Heureusement, j'avais anticipé un tel accident et je mets son guidon de rechange, son nouveau bras, à la poussette. Et nous repartons rapidement. Ainsi s'achève mon passage au Portugal. Malgré cette péripétie de dernière minute et ma blessure, il m'a vraiment beaucoup plu.

CHAPITRE 49

ERREMENTS ESPAGNOLS

De Vila Real de Santo António, au Portugal, je prends le ferry pour traverser la frontière et débarque à Ayamonte. Me voici de nouveau en Espagne, de nouveau sous la pluie… Contrairement à ce que j'espérais, les conditions météo sont mauvaises avec cette pluie accompagnée de vent.

Pour couronner le tout, Huguette se retrouve avec un pneu à plat le lendemain matin. La faute à un petit pic venu sournoisement s'introduire dans la tranche latérale du pneu. C'est rare, mais cela arrive. Sympa, cette arrivée en Espagne… J'utilise alors une bombe anti-crevaison et, comme par magie, le pneu redevient opérationnel en attendant que je le fasse réparer par un professionnel dans quelques jours, à Séville.

De l'Andalousie, je me souviens surtout de ses petites routes et de leur dangerosité. Elles nous laissent, à Huguette et à moi, trop peu de place. Les chaussées sont rehaussées et encadrées par des glissières de chaque côté, pour éviter de tomber un ou deux mètres plus bas dans le fossé. Elles ne laissent pas d'espace pour se garer. Depuis mon départ, c'est mon pire cauchemar. Ici, les coups de klaxon des conducteurs ne retentissent pas pour m'encourager, mais pour exprimer leur énervement, leur mécontentement de ma présence. J'entends quelques insultes fuser. Je ne suis pas la bienvenue, je le comprends aisément !

Je déteste ces routes sur lesquelles je ne prends aucun plaisir. C'est un stress permanent de devoir garder une concentration maximale pour éviter l'incident et rester sur ma ligne. Aucun intérêt. À ce moment-là, j'espère juste que ma bonne étoile nous protège, Huguette et moi-même. J'essaye de me rassurer comme je le peux, de m'encourager, mais je sais que je ne suis pas totalement maîtresse de mon destin. Je subis ce cauchemar pendant deux jours avant de pouvoir rejoindre la route nationale, et finalement retrouver de la place et être en sécurité.

L'autre spécialité locale, sur les routes andalouses, ce sont les tunnels. Le premier est quelque peu effrayant. Certes, le pompiste m'a affirmé que je peux passer dessous sans problème, même avec Huguette, mais j'éprouve tout de même quelques doutes à l'idée de pouvoir le faire sans me mettre, nous mettre, en danger. Pourtant, en arrivant devant son entrée, je ne vois aucun panneau d'interdiction et je constate même qu'un léger trottoir est aménagé pour les piétons. Le pompiste avait raison. Toutes lumières allumées, une roue sur le trottoir et une roue sur la route, nous traversons ce tunnel sans difficulté.

Dans cette région, nous en croisons bien d'autres. Certains sont réservés aux cyclistes et aux piétons : agréables, colorés… D'autres, comme le premier rencontré, partagés avec les voitures : ils sont bruyants, un peu étouffants. L'odeur de pétrole y stagne, imprègne les parois. Ils deviennent vite suffocants et quelque peu dangereux. Je les redoute. L'un d'eux me fait d'ailleurs une bonne frayeur. Il se rétrécit et j'entends une voiture klaxonner. Elle me frôle sans que j'aie le temps de réagir. En sortant de là, je me dis que ma bonne étoile veille toujours sur nous et que nous l'avons échappé belle.

Sur la route pour Tarifa, le point le plus au sud du pays, je tombe nez à nez avec un joli reptile. C'est ma hantise ! Un gros serpent, un vrai de vrai. Heureusement pour moi, malheureusement pour lui, il est mort, percuté il y a peu, sans doute par un véhicule. La rencontre ne me rassure guère. Putain, il y a des serpents dans le coin ?!

À partir de ce moment, je vois la route légèrement différemment. Peut-être y a-t-il un serpent qui se cache ici ou là ? Derrière ce muret ? OMG ! La route me paraît bien longue ce jour-là, même si j'accélère le pas.

Me voici enfin à Tarifa, ce lieu unique où se croisent l'Atlantique et la Méditerranée avec, au loin, une vue imprenable sur le Maroc, et donc l'Afrique. Waw ! Enfin j'y suis, je suis au point le plus au sud de l'Europe. Bye l'océan, bonjour la mer. La vue est magnifique, et le qualificatif correspond aussi à tout ce que je verrai de l'Andalousie.

C'est une belle région et, à mes yeux, l'une des plus belles d'Espagne. Le paysage n'est gâché qu'autour d'Almería, une portion d'Andalousie que je découvrirai dans quelques jours. Là, ce ne seront que serres à perte de vue. Dans ce secteur s'étalent des tentes en plastique qui forment ce que les locaux appellent communément une « mer de plastique », tant la surface recouverte par les installations est immense. Il s'agit d'une agriculture intensive, bourrée de pesticides, produite et récoltée par des immigrés. Vive les fruits et légumes bon marché ! C'est un vrai désastre, un spectacle de désolation qui sera mon quotidien pendant quelques jours.

Pour l'heure, sur la route de Nerja, je me régale du décor. J'y fais également l'une de ces rencontres improbables qui pimentent les voyages. En l'occurrence, celle d'une sorte d'homme des cavernes. J'aime ce type de rencontres qui me fait réfléchir. Je découvre cet homme, pieds nus, vêtu de vêtements très usagés, sales, les cheveux longs pas coiffés. Il est sur un flanc de colline, sur des cailloux, où il a aligné trois oranges. Il en dévore une devant moi. Il me demande ce que je fais là, où je vais comme ça. Je lui explique que je viens de France à pied et que je rentre en France à pied. Il me parle des Pyrénées, m'explique qu'il fait froid en février-mars là-bas. Que c'est mieux ici. Il me fait signe et me montre du doigt un trou dans la roche. Il me demande de le suivre. Monsieur veut m'inviter dans son humble demeure, dans sa grotte qui surplombe la route. Je ne sens pas trop la situation, je ne suis pas à l'aise. Il parle très peu mais de manière insistante. Je préfère lui dire au revoir. Il me salue alors et me souhaite bien du courage.

C'est incroyable de rencontrer un homme qui vit dans une grotte, va chercher quelques fruits pour se nourrir, chassant certainement le gibier, totalement en marge de la société. Soit par choix, soit par fuite – il est peut-être recherché par la police –, il en est totalement déconnecté. Mais si j'en crois son sourire, il a trouvé sa voie, et cela me paraît presque magique. Je réfléchis alors à cette voyageuse qui, dans quelques mois, va devoir se réinsérer dans un monde qu'elle a bien du mal à appréhender. Un monde qui ne comprend pas et n'accepte pas sa maladie. Pour elle, travailler demeure d'une grande complexité… Mener une vie « normale » en tant que fibro dans notre société est certainement le plus gros défi qu'il me reste à relever.

CHAPITRE 50

COUPS DE CŒUR ET COUP DE VENT

Une jeune femme me poursuit, elle court vers moi… Je l'ai entendue parler français au téléphone dans le restaurant d'un hôtel près de la plage de La Mamola, elle avait l'air très occupée. Mais c'est en anglais qu'elle m'interpelle. Je l'arrête tout de suite :

— Je suis française !

Elle regarde Huguette avec un grand intérêt, elle l'inspecte. Elle m'explique qu'elle est normande elle aussi et qu'elle réalise elle-même un voyage avec une poussette ! Je n'en crois pas mes oreilles : quelle était la probabilité que deux Normandes engagées dans des voyages avec leur poussette se retrouvent au milieu de l'Espagne à manger dans le même restaurant et à dormir dans le même hôtel ? Une probabilité quasi nulle, et pourtant…

Marie ne marche pas : elle court ! En couvrant la distance d'un marathon six jours sur sept, et ce pendant deux ans, son but est de faire le tour du monde en courant. Elle vient de se lancer dans ce projet. Une folie, un sacré défi ! Je suis impressionnée. Nous échangeons sur nos projets respectifs et elle me présente Bob, sa poussette. Huguette et Bob font également connaissance. Entre eux, c'est un véritable coup de foudre… Cette rencontre avec Marie égaye une période faite de longues journées au milieu de cette « mer de plastique », que je quitte néanmoins pour retrouver de plus beaux paysages.

Sur ma route, je croise Pierre, un cycliste français intrigué par Huguette. Curieux, il s'arrête pour discuter. Il vit avec son épouse à quelques kilomètres de là et m'invite très rapidement à déjeuner. Je n'hésite pas une seconde : ce n'est pas tous les jours qu'on m'invite à partager un repas, je ne peux pas refuser. Je dois en profiter. Je ne suis pas loin de l'arrivée et je m'empresse de parcourir ces quelques kilomètres. Je passe donc un super moment en compagnie de Pierre et de sa compagne. Ils ont beaucoup voyagé en Europe, en van, et ont finalement acheté ici. Ils sont tombés amoureux de ce lieu agréable pour son climat, ses plages et sa proximité avec la montagne. Comme ils pratiquent la randonnée, ils ont trouvé leur terrain de jeu.

Et c'est un très beau terrain de jeu. Entre Carboneras et Puerto de Mazarrón, la région est magnifique. Revers de la médaille, comme elle ne manque pas de relief, on souffre quelque peu, Huguette et moi. Ici, la route est taillée dans la roche, dans la montagne. Des grillages sont accrochés sur toutes les parois pour éviter les chutes de pierres et sécuriser la route. Un matin, nous nous retrouvons face à une route barrée à la circulation automobile. Par chance, avec Huguette, en tant que piétons, nous pouvons passer. La route a été dégagée et réparée, mais l'impact de la chute de rochers a dû être violent : une bonne partie de la chaussée a été regoudronnée et les rails de sécurité, totalement arrachés, sont en cours de réinstallation… À vrai dire, je ne suis pas vraiment rassurée : un énorme bloc en forme de tête semble sur le point de se décrocher. Je ne m'attarde pas ici de peur de le voir s'effondrer sur moi. Avec Huguette, nous ne ferions pas le poids…

À Carthagène, j'apprends un peu par hasard l'arrivée prochaine d'une grosse tempête en discutant avec des Espagnols que j'ai sensibilisés. Gloria est prévue pour le lendemain, et tous les Espagnols ont reçu la même consigne des autorités : éviter de sortir, alerte orange ! Au programme des réjouissances attendues : vents violents à plus de cent trente kilomètres heure, fortes pluies, risques d'inondation et vagues de plus de quatre à cinq mètres de haut… Ah oui, quand même ! Et cela pendant trois jours…

Je reste donc à Carthagène une journée. Mais quand celle-ci s'est écoulée, je constate que le secteur a été peu touché et je décide de repartir et d'improviser. Beaucoup d'eau est tombée durant la nuit et quelques grosses flaques parsèment la route. Je vois de très beaux nuages au loin : ils ne tarderont pas à venir nous lessiver, accompagnés de M. le vent… Quel bonheur ! Je passe toutefois la journée sans trop d'encombre : j'ai juste dû franchir une petite rivière qui traversait la route. Mais il nous en faut beaucoup plus pour nous décourager, Huguette et moi. Par tous les temps, sur tous les terrains, nous sommes prêtes à marcher, inarrêtables. Enfin presque…

Nous sommes bientôt arrivées, cinq cents mètres nous séparent de Santiago de la Ribera, notre destination, lorsque nous nous retrouverons non plus face à une rivière, mais face à un fleuve au milieu de la route. Impossible de passer là avec Huguette… Un bon petit coup sur la tête, si proches de l'arrivée ! Si seulement j'avais l'option radeau, amphibie sur Huguette…

Il me faut faire demi-tour ou bien trouver un chemin à travers les cultures de citrons et de clémentines. Mon GPS m'indique une possibilité, mais il me reste à espérer que ce passage ne soit ni inondé ni impraticable. Finalement, après un grand détour, j'arrive à destination. Non sans difficulté : la pluie ne cessait de tomber et j'ai dû retraverser quelques cours d'eau qui barraient la route. Pas de doute : Gloria était bien là.

Le lendemain, je me lève sans grand espoir de reprendre mon périple. Il a plu toute la nuit sans discontinuer et, lorsque je mets un pied dehors, je découvre des rues totalement inondées, les lumières des éclairs qui zèbrent le ciel, et j'entends le tonnerre gronder. C'est le déluge. La scène est apocalyptique et inquiétante. Je rentre très vite me mettre à l'abri en attendant que la tempête soit passée. Le soir même, la pluie s'arrête et les rues commencent à retrouver leur aspect habituel. Les voitures circulent à nouveau. Je vais pouvoir repartir. Ouf !

Gloria a laissé des traces de son passage. Sur le front de mer, le sable a envahi les *ramblas*, les *paseos*. Les aménagements en bois n'ont pas résisté et se sont brisés sous la puissance des vagues, des morceaux de route ont parfois même été emportés par la mer. Habituée à longer le littoral, je dois donc m'adapter et m'en éloigner quelque temps, jusqu'à ce que tout rentre dans l'ordre, que les réparations soient terminées.

CHAPITRE 51

RETOUR À LA MAISON

Cela va peut-être paraître surprenant (humour !), mais le mode « poussette » n'existe pas sur les applications GPS... Depuis mon départ, je prépare donc mes itinéraires en mode vélo, à la fois sur Maps.me et sur Google Maps, pour éviter toute mauvaise surprise. Je prends souvent le plus court des deux, assez logiquement... Après avoir essuyé la tempête Gloria, je continue aujourd'hui ma route vers Barcelone puis Gérone. Au jeu du plus court chemin y menant, c'est Google Maps qui a gagné et je décide d'utiliser ses services. Aux abords de Gérone, il me réserve néanmoins une surprise.

Je suis sur la Nationale II et le GPS m'indique la possibilité d'aller tout droit. Mais face à moi se profile une large route à deux fois deux voies. Coup d'œil de vérification sur le GPS : Google Maps annonce à cet endroit précis le chevauchement de la N-II avec l'A-2 mais considère bien cette route comme la N-II. Erreur : je suis bel à bien face à une authentique autoroute. Et donc pas le moins du monde à ma place puisqu'elle est évidemment interdite aux piétons. Mais pas le choix : je dois avancer et sortir de là au plus vite, dès que possible. J'entends des camions klaxonner. Je ne réfléchis pas, je prends la première sortie au pied de l'autoroute, quelque peu soulagée. Mon GPS affiche une possibilité de bifurquer sur une route communale dans cent cinquante mètres. C'est la C-35. Go ! C'est ma seule chance.

J'essaye de ne pas trop réfléchir, je vois le panneau, je fixe l'objectif, concentrée comme jamais. Bordel de m**** ! Je suis sur une route à trois voies. Pour atteindre la C-35, la sortie est tout à gauche ! Je dois donc traverser les deux premières, m'intercaler entre les voies 2 et 3 en me plaçant sur la maigre ligne blanche, tout en espérant que les voitures lancées derrière moi à quatre-vingt-dix kilomètres heure ne me rasent pas de trop près en passant de l'un ou l'autre côté de moi. Je dois bien l'avouer : je ne suis plus en train de marcher mais de courir pour me sortir au plus vite de ce cauchemar et me retrouver en sécurité. Cela ne tarde pas, mais je l'ai échappé belle !

J'arrive donc saine et sauve à Gérone. Je suis de plus en plus proche de la France. Le 4 mars, je vois mon premier indicateur étaler le nom de Perpignan. Le lendemain, 5 mars, le premier marqué d'un grand « France ». Après ces presque onze mois passés sur la route, voir ces panneaux me fait énormément de bien. Je me répète : « Putain, je ne suis pas loin ! »

Sans vraiment m'en rendre compte, je viens de longer tout le littoral de la péninsule Ibérique, Espagne et Portugal confondus.

— C'est fou ! C'est dingue ! Et je suis presque arrivée ! Putain, Huguette, on est en passe de relever le défi, de mener le projet à bien ! Tu te rends compte ? C'est énorme !

Après une petite pause à Figueras, dans le nord de la Catalogne espagnole, il est temps de reprendre la direction de la France ! C'est le grand jour, le 9 mars. Comme pour faire durer l'attente et le suspense, il y a énormément de vent ce jour-là. Et du vent de face, bien sûr, qui rend la marche plus difficile. Même motivée comme je le suis, la tâche s'annonce ardue : il y a encore une montée, encore un col à franchir avant d'être de l'autre côté, de retour en France. Enfin, je vois le premier panneau indiquant le col de Banyuls. Ça donne du baume au cœur.

— On est y presque, Huguette !

La montée est longue, elle me paraît interminable… Le vent est toujours aussi présent, toujours aussi violent. J'arrive enfin en haut, épuisée, exténuée… Mais ça y est !

C'est fait. Je suis bel et bien de retour en France ! Derrière nous, la montagne à perte de vue : l'Espagne. Et devant, la mer : la France, en l'occurrence, Banyuls-sur-Mer.

Clin d'œil du hasard, j'arrive au col en même temps que quatre cyclistes français qui arrivent, eux, dans l'autre sens, de Banyuls. Ils viennent de Limoges à vélo et vont continuer vers le sud de l'Espagne. Un peu fatigués eux aussi par la montée, et pour fêter notre rencontre – leur arrivée en Espagne en même temps que mon retour en France –, ils m'invitent à prendre l'apéro. Évidemment, je ne vais pas refuser. Quel retour en France : je n'aurais pas pu rêver mieux. Merci à eux.

J'aurais du mal à décrire ce qui se passe alors dans ma tête, à ce moment précis. Mais une chose est sûre : je suis vraiment heureuse d'être de retour dans mon pays et de retrouver ma culture, la nourriture, les boulangeries, le fromage… Enfin, je renoue avec ce qui m'est familier et qui, je m'en aperçois soudain, m'a un peu manqué.

CHAPITRE 52

EN STAND-BY SANITAIRE

Mon retour en France se présente sous les meilleurs auspices. Je me sens bien, et bien accueillie. Alors que je déambule dans les rues de Collioure, je passe avec Huguette devant un restaurant du quartier historique littoral, dans la zone piétonne, en visitant cette charmante petite ville des Pyrénées-Orientales. Le gérant m'interpelle. Il est curieux, me pose des questions et nous engageons la discussion sur mon projet. Agréable surprise : il m'invite subitement à déjeuner ! Je n'en demandais pas tant.

— Prends ce que tu veux sur le menu !

Je ne me fais pas prier et retrouve là la finesse et les saveurs de la restauration française.

— Hum, quel délice, quel bonheur ! Merci !

Merci la vie et, en l'occurrence, merci le restaurant Le Puits.

Je repars le ventre plein en direction de Perpignan. Je profite de la vue imprenable sur le Canigou. Ce retour en France se passe aussi bien que je l'avais souhaité. J'avance, l'arrivée se profile. Mais c'est sans compter sur l'événement exceptionnel qui va contraindre le pays entier à s'arrêter : la pandémie de Covid-19. Le jeudi 12 mars, l'annonce de la fermeture des écoles est officielle. Le samedi 14, c'est au tour des bars, restaurants, cafés de baisser leurs rideaux. Les hôtels et les supermarchés demeurent encore ouverts, mais l'incertitude règne sur leur activité future. Cela devient inquiétant pour moi, compte tenu de mon fonctionnement sur le parcours.

Le 16 mars, j'atteins Gruissan, une petite commune de l'Aude, en Région Occitanie. J'ai parcouru alors 6 460 kilomètres depuis mon départ du Mont-Saint-Michel, et Marseille n'est plus qu'à quinze jours de marche. Je touche au but, mais il me faut couper mon élan. Je dois suspendre mon projet. Je me retrouve à la fois si près et si loin de mon objectif. Je prends le dernier train disponible direction Paris, d'où je pars pour la Normandie retrouver ma famille et me confiner, jusqu'à nouvel ordre, comme tout le monde.

Je laisse Huguette en pension chez Christiane (une warrior) et Maxime, qui se sont gentiment proposés pour la garder le temps du confinement.

En soi, un confinement ne me fait pas peur. J'ai connu bien pire par le passé, notamment à l'époque où, au plus fort de ma crise, je me suis retrouvée au lit, confinée dans mon propre corps. Je ne pouvais plus sortir, je ne pouvais plus bouger. Alors que, cette fois, je peux en profiter d'abord pour me reposer, me refaire une santé. Pour trier mes vidéos, mes photos aussi, en nombre incalculable. Pour écrire également, parce que cela me tient tellement à cœur. L'écriture est un partage, elle me permet de faire bénéficier les lecteurs de mes expériences un peu… comment dire ? Originales ? Riches ? À vous de choisir.

Je m'occupe, je m'arme de patience, je continue à m'entraîner dans l'attente d'un nouveau départ.

En soi, ce confinement n'est donc pas la fin du monde. Mais c'est un sacré coup de pied à mes projets immédiats. Je suis dégoûtée. Je savais que mon arrivée à Marseille serait médiatisée et qu'elle constituerait le moment idéal pour tirer les bénéfices de mon parcours, en termes de sensibilisation et d'information. Et là, je doute qu'on me donne la parole…

J'appréhende que ma mission soit mise à mal après tant d'efforts ; je redoute d'avoir fait ces 6 700 bornes pour qu'on n'en parle pas ; je crains d'avoir passé un an sur la route pour rien. Pas seulement pour moi, à titre personnel, mais davantage pour tous ceux qui me soutiennent… Après avoir bénéficié de tous ces appuis, après avoir recueilli tous ces témoignages, j'ai peur que notre message ne soit pas entendu, passe inaperçu… Je gamberge beaucoup, mais, malgré tout, je continue à y croire. Je ne suis cependant pas maîtresse de mon destin, je suis quelque peu déboussolée.

De l'extérieur, sur les dernières semaines ou les derniers jours de mon parcours, l'expansion de l'épidémie du coronavirus a provoqué en moi une sensation très étrange. Au début, j'ai sans doute sous-estimé un peu l'impact de la maladie, même si, c'est vrai, je me suis quelquefois posé la question : est-ce que je dois m'arrêter ? Je voyais au fur et à mesure nos libertés diminuer, au fil des annonces successives des restrictions. Je croisais de moins en moins de monde sur la route, jusqu'à ce que finalement le confinement soit décrété. Comme les autres, j'ai dû me confiner et laisser Huguette.

Non pas que j'aie pris cette maladie, cette pandémie, pour un détail. Mais c'est plutôt que, quand tu es sur la route, tu es déconnecté d'une certaine réalité. Je ne me trouvais pas dans les grandes villes mais plus souvent dans la nature à m'extasier, par exemple, aux abords de Gruissan, de la présence de flamants roses. Dans un tel contexte, tu vois les événements de manière différente. Et je pense de toute façon que personne n'aurait pu imaginer quelques semaines plus tôt qu'un jour on pourrait être confinés… Ça reste une expérience unique dans une vie… J'avoue que je m'en serais bien passée.

Mais là, soudain, le coronavirus et ses conséquences sont entrés dans ma vie et en ont modifié le cours. Je ne vis plus cela de l'extérieur. Je suis dedans. J'avais prévu de chercher un travail dès mon arrivée à Marseille pour pouvoir faire la saison complète en camping. Raté. Mon projet n'est pas terminé. Il me faut attendre, prendre mon mal en patience et tenir compte de cet imprévu que personne n'a vu venir. Et cela pour une durée que j'étais bien en mal d'envisager. Je reconnais qu'au début j'imaginais que cela allait durer quinze jours…

C'est un sujet d'inquiétude, en plus du sentiment de frustration de ne pas être allée au bout. Je vais terminer mon parcours, j'en suis certaine. Mais quand ? Et comment ?

Pour moi, il est hors de question de ne pas repartir. La mise en œuvre de ce projet a certes déjà servi à sensibiliser des milliers de personnes, à interpeller les médias, à faire parler de la fibromyalgie. Même à ce point pas encore final du parcours, cela a été une réussite tout au long de la marche. Je sais que le projet a aidé bien des personnes. Il n'empêche : je veux finir en beauté à Marseille. C'est l'objectif, il n'est pas négociable.

Moi, je vais au bout des choses, je ne m'arrête pas à mi-chemin. Je vais au bout de mes idées, je suis déterminée, mon engagement est total. Donc, il n'est pas question de m'arrêter là. L'objectif est toujours le même : finir le projet, repartir sur la route, en ayant obtenu tous les feux verts pour les médias. Ce qui finalement sera bien le cas…

CHAPITRE 53

HAPPY END

Les retrouvailles avec Huguette m'ont fait bien plaisir. À elle aussi, semble-t-il. Je la sens toute fringante, prête à en découdre avec l'asphalte des routes et la terre des chemins pour les deux semaines qui manquent encore à son palmarès. Depuis le 16 mars, elle n'a pas été malheureuse. Elle a été hébergée par deux amis, Christiane et Maxime, qui avaient pris une remorque pour venir la chercher à Gruissan et ont pris soin d'elle, chez eux, à Béziers. Mais la voilà de retour pour un nouveau départ, en ce 8 juin.

Évidemment, nous reprenons notre itinéraire à Gruissan, là où nous l'avions arrêté pour cause de confinement sanitaire. Plusieurs warriors sont venus m'encourager. Je repars pour ces trois cents kilomètres, plus déterminée que jamais.

À Villeneuve-lès-Béziers, les hôtes d'Huguette nous rejoignent pour la journée en compagnie de Bernard et Raymond, des amis à eux. Le moment est agréable. Le lendemain, Bernard m'accompagne : nous longeons le canal du Midi et découvrons ses péniches. De forts orages se sont abattus récemment sur le secteur et le sol en garde les stigmates. Huguette s'embourbe, la boue colle sous ses roues…

Nous retrouvons le bitume pour terminer la journée à Marseillan Plage. En nous voyant, Huguette et moi, le gérant du camping nous offre notre emplacement. Huguette a toujours autant de succès : nous nous faisons toujours autant arrêter par des curieux.

Nous continuons vers Sète où je retrouve Pauline, une voyageuse avec qui j'avais découvert la Nouvelle-Zélande. Elle est gentiment venue m'encourager. Cela fait du bien de reparler voyage… Nous visitons Sète ensemble.

Mais je dois déjà repartir : les trois premiers kilomètres à la sortie de cette jolie ville sont constitués par une départementale très passante. Il y a très peu de place pour nous, et beaucoup de camions, en revanche. Nous redoublons d'attention. Nous finissons par retrouver la tranquillité grâce à une piste cyclable. Je suis hébergée par un ami à Montpellier. Jérôme est un aventurier, un marin, qui connaît les îles du Pacifique tout comme moi. Nous passons notre soirée à parler de nos voyages respectifs, à évoquer nos souvenirs de bout du monde. Ah, comme nous aimerions repartir !

Après ces quelques moments d'évasion, nous revenons à notre mission. J'apprends que Rémi et Anaëlle, deux autres aventuriers, sont au Grau-du-Roi. J'écourte mon séjour à Montpellier pour partir à leur rencontre. Rémi a relevé plein de super défis autour du monde, et Anaëlle des aventures pour sensibiliser sur les déchets. Elle s'est investie dans des collectes de déchets sauvages en France, à vélo, en kayak, à pied… Ce combat me touche également. Je suis heureuse que nos routes se croisent.

Malheureusement, les conditions météo sont parmi les pires que j'ai connues durant cette aventure : pluie, vent violent et tempête de sable. Rien que ça. Je n'imaginais pas vraiment finir mon aventure sous la pluie. Mais pas le choix : à l'arrivée, nous sommes rincés, ensablés et fatigués.

Je fais la connaissance de Brian et Morgan qui ont vécu de multiples aventures autour du monde, à vélo et en parapente. Ils habitent dans le coin et nous hébergent pour la nuit avec Rémi et Anaëlle. L'endroit est perdu en pleine nature. Un vrai bonheur. Ce sera une belle réunion d'aventuriers voyageurs.

Anaëlle me conseille de prendre la digue à la mer. Elle en vient :

— C'est très accessible et c'est le plus beau ici, me dit-elle. Il faut que tu y passes.

Le lendemain, direction donc la Camargue sauvage. Je me perds entre les canaux et les étangs, les flamants roses volent au-dessus de ma tête : c'est sublime. Sublime mais très boueux et, d'ailleurs, ici les gens roulent en 4x4… Huguette n'a pas le mode 4x4 et nous peinons pour avancer : il y a de gros trous, de grosses flaques, mais nous ne sommes pas loin. Enfin, c'est sans compter sur le nombre élevé de propriétés privées dans le coin…

Faire demi-tour, je n'y songe même pas. Je continue et franchis un panneau « Propriété privée ». Je me dis que, de toute façon, il y a très peu de chances de rencontrer quelqu'un, que c'est là juste pour dissuader les gens, et je le franchis. Malheureusement, je me retrouve vite face à un 4x4 dont le conducteur me sermonne :

— Vous ne devriez pas être là, c'est une propriété privée. C'est ma propriété !

Bien sûr que je le sais… Je lui explique ma mission, je lui dis que j'ai voulu prendre un raccourci par la campagne au lieu d'avancer sur la départementale. Je lui présente mes excuses. Il ne se fâche pas mais m'informe tout de même que l'endroit est dangereux : il y a paraît-il des taureaux. Je n'en ai pas croisé un seul, mais je n'argumente pas. Il décide de nous ramener sur la route. Ok, je comprends. Je fais profil bas, je n'étais pas loin de la route de toute façon…

J'arrive aux Saintes-Maries-de-la-Mer où je vais enfin prendre cette fameuse « digue à la mer ». Je suis vite face à des flamants roses au milieu des étangs, sur cette digue, en pleine nature. Quel bonheur ! Que de couleurs ! Sur plus de quinze kilomètres, je suis émerveillée.

Huguette, elle, fait son petit effet. Nous sensibilisons un bon nombre de cyclistes sur le chemin.

Aux abords d'Istres, je vois enfin mon premier panneau indiquant « Marseille ». Ça sent bon la fin de parcours. Pour éviter le trafic, je passe par des petits sentiers. Jusqu'à Martigues, le chemin est agréable. Mais ensuite, je me retrouve au milieu de montagnes certes magnifiques mais caillouteuses. Dès la première montée, avec Huguette, on cale ! J'arrive tout de même à bout de cette satanée côte ! Je fais alors la rencontre d'Yves, un grand marcheur qui connaît les moindres recoins de la région. J'étais sur le point de changer de direction, mais il m'explique que j'ai fait le plus dur, que je dois continuer tout droit sur ma lancée.

Reboostée, je finis cette longue journée en arrivant à Sausset-les-Pins. Enfin, je vois Marseille au loin, la Bonne Mère ! Enfin ! Il y a plus d'un an que je marche pour y parvenir et savourer la vue, les calanques. Quel bonheur ! Marseille enfin se présente à moi.

La veille de l'arrivée, je suis aux abords de Marseille, à L'Estaque. Enfin, L'Estaque, c'est déjà Marseille. Mais le quartier est situé dans l'extrême nord-ouest de la ville, loin du centre…

Quelques warriors ont tenu à m'accompagner pour la journée, M6 est venu faire un reportage… Je traverse le dernier tunnel. Je suis lessivée mais heureuse.

20 juin : c'est le jour de l'ultime étape, entre L'Estaque et le Vieux-Port. Il y a du monde malgré les restrictions liées à

la pandémie de Covid-19. Ma famille est là, des amis aussi, des warriors et des inconnus. Enfin, des inconnus pour moi : eux, ils me suivent et me connaissent.

Une voiture allume ses warnings sur le côté de la route. Deux personnes m'interpellent :

— Salut ! C'est Rachid et Paquita. On s'est croisés à Biarritz, tu te souviens ? Bravo ! On gare la voiture et on vient marcher avec toi !

Leurs visages me disent en effet quelque chose, mais, avec la fatigue, j'ai du mal à les resituer instantanément. Cependant, très vite, je me souviens effectivement les avoir croisés avec leurs enfants il y a presque un an… Ils ont depuis suivi mon périple. Je ne m'y attendais pas, c'est touchant de leur part.

Finalement, les médias sont bien au rendez-vous. France 3 filme mon arrivée avec les personnes qui m'accompagnent, depuis le Mucem (Musée des civilisations de l'Europe et de la Méditerranée) jusqu'au Vieux-Port et son Ombrière, cette ombrière-miroir géante de style design futuriste qui sert d'abri. La fibromyalgie va apparaître en pleine lumière. Je n'ai pas parcouru six mille kilomètres pour rien.

Les gens m'applaudissent, me félicitent, j'en suis un peu gênée. Mais je suis heureuse d'être arrivée, d'avoir atteint l'objectif que je m'étais fixé. Je suis allée au bout de mes idées, de moi-même, et je suis exténuée. La pression retombe. J'ai réussi, bordel ! Je n'ai pas changé le monde, mais j'ai fait ma part, avec mes moyens et mes capacités physiques.

Je n'ai pas l'impression d'avoir accompli un exploit, même si je viens de parcourir l'équivalent d'un Paris-Dubaï à pied… Il y a toujours un temps nécessaire pour « digérer » ce genre d'aventures. Et j'imagine déjà qu'il y aura probablement une suite. La sensibilisation a fonctionné et j'en suis heureuse, mais l'objectif d'obtenir la reconnaissance de la fibromyalgie n'a hélas pas été atteint au cours de ce projet. Il reste un vrai frein à notre prise en charge, à notre écoute.

Dans un coin de ma tête, j'ai déjà des idées pour la suite, et je sais que toute cette expérience accumulée et tous ces témoignages récoltés vont germer et engendrer d'autres aventures. Ils vont me faire revenir au combat, encore plus forte et encore plus déterminée, pour obtenir une véritable reconnaissance de la part des autorités.

Ce combat, c'est le combat d'une vie. C'est une mission pour la vie.

Sur cette aventure, j'ai plus été une fibromyalgique aventurière qu'une aventurière fibromyalgique. Je sais que cela ne peut être que temporaire car, au fond de moi, je me sens plus aventurière que malade. Et j'ai envie de redevenir aventurière. C'est vital…

REMERCIEMENTS

Merci à ma famille et à mes amis de m'avoir toujours soutenue, même dans mes projets les plus fous.

Merci à mon kiné de m'avoir remise sur pied.

Merci à mon éditeur et à mon co-auteur de m'avoir donné l'opportunité de raconter mon histoire.

Merci à vous, les warriors, qui m'avez soutenue dans cette marche. Sans vous, avec Huguette, on ne serait pas allées bien loin. Vous m'avez donné cette force supplémentaire de me battre et de faire entendre notre voix.

Merci à tous ceux que j'ai pu rencontrer sur la route lors de mes voyages, qui ont fait de ma vie un voyage extraordinaire.

Merci, la vie. Merci, la maladie.